내신과 영문법을 하나로!

김행필 지음

중학 내신
영문법
연습

구 성 과 특 징

Structure

THINKPLUS ENGLISH SERIES

중학 내신 영문법 연습

➡ 자세한 문법해설

영문법의 원리를 체계적으로 이해할 수 있도록 설명하였습니다. 학생들이 어려워하는 부분은 더 많은 지면을 할애하여 충분히 이해할 수 있도록 하였습니다. 자주 틀리거나, 시험에서 오답 문항으로 자주 출제되는 문장은 별도로 표기(NOT:~)하여 정확한 개념 이해와 더불어 시험에도 대비할 수 있게 하였습니다.

➡ 바로 바로 EXERCISE

교사는 학습자가 제대로 이해하고 있는지 바로 바로 확인할 수 있고, 학습자 입장에서는 배운 내용을 반복 연습하여 몸에 익힐 수 있도록 모든 학습요소마다 Exercise를 실었습니다. Exercise문제는 학교 시험에서 자주 출제되는 주관식문제를 참조하여 1~2권 합계 총 1950문항을 수록하였습니다.

➡ 학교시험 출제경향

배운 내용이 학교 시험에는 어떻게 출제되는지 경향을 학인할 수 있도록 학교 시험 출제경향문제를 수록하였습니다. 출제 가능한 모든 유형을 실전처럼 풀어 볼 수 있도록 1~2권 합계 총 1350문항을 수록하였습니다.

➡ 학교 교육과정과 연계학습

학습 단위(Unit)도 가급적 교과서의 학습단위 구분 방식을 반영하여, 학생이 학교 내신 준비를 위해 필요한 단원을 쉽게 찾아 공부할 수 있도록 하였습니다.

➡ 접근 쉽게, 목표는 최고로

쉽게 접근하지만 중학교에 필요한 문법사항은 빠뜨리지 않고 실었습니다. 중학교 교과수준을 넘어서지만 중학교 상위권 학생들이 꼭 알아야 할 내용이라 판단되는 것은 수록하여 내신 고난도 문제에 대비할 수 있도록 하였고, 고등학교 교과과정과 자연스럽게 연계 되도록 하였습니다.

➡ 학교시험에 자주 출제되는 영어질문 수록

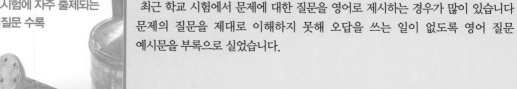

최근 학교 시험에서 문제에 대한 질문을 영어로 제시하는 경우가 많이 있습니다 문제의 질문을 제대로 이해하지 못해 오답을 쓰는 일이 없도록 영어 질문 예시문을 부록으로 실었습니다.

Contents

THINKPLUS ● ENGLISH SERIES

I권

중학내신 영문법 연습

Contents

THINKPLUS ● ENGLISH SERIES

Ⅱ권

중학내신 영문법 연습

중학내신

THINKPLUS ◆ ENGLISH SERIES

영문법 요소

용기를 내어서 그대가 생각하는 대로 살지 않으면 머지않아 그대는 사는 대로 생각하게 된다.

— 폴 발레리 —

Chapter **01**

be 동사/일반동사

THINKPLUS ✚ ENGLISH SERIES

be동사

 be동사의 종류와 의미

be동사의 현재형에는 am, are, is가 있고 주로 '~이다, ~에 있다'의 뜻으로 쓰인다.

1 be동사의 종류

be동사에는 am, are, is가 있으며 인칭과 수에 따라 구별하여 쓰인다.

- 주어가 1인칭 단수일 때 am

  · **I am** Mike.

  · **I am** 13 years old.

- 주어가 2인칭 단수와 복수, 1인칭과 3인칭 복수일 때 are를 쓴다.

  · **You are** very cute.

  · **You are** middle school students.

  · **They are** kind to me.

- 주어가 3인칭 단수일 때 is를 쓴다.

  · **He is** my friend.

  · **She is** from Australia.

  · **My cat is** very cute.

▪나는 Mike이다.
▪나는 13살이다.

▪너는 정말 귀엽다.
▪너희들은 중학생들이다.
▪그들은 나에게 친절하다.

▪그는 내 친구다.
▪그녀는 호주에서 왔다.
▪내 고양이는 매우 귀엽다.

인칭과 수

→ 1인칭 : 나(I), 우리(we), 다른 사람과 나(Jane and I)
  항상 '나'를 포함하고 있다.
→ 2인칭 : 너(you), 너희들(you), 너와 다른 사람(you and Tom)
  항상 상대방인 '너'를 포함하고 있다.
→ 3인칭 : 그(he), 그녀(she), 그것(it), 그들(they), 그와 그녀(he and she)
  '나'와 '너'를 제외한 사람, 동물, 사물 모두가 이에 해당된다.
· 단수와 복수 : 사람이나 사물의 수가 한 명 혹은 하나일 때 '단수'라 하며 둘 이상일 때 '복수'라 한다.

2 be동사+명사 혹은 형용사 : ~이다 (상태, 성격이)어떠하다

· **I am** a middle school student.

· **You are** tall.

· **He is** an engineer.

▪나는 중학생이다.
▪너는 키가 크다.
▪그는 기술자이다.

3 be동사+장소를 나타내는 말 : ～에 있다

· She **is** at the top of the mountain.

· The book **is** on the desk.

· They **are** in England now.

· There **is** a book on the desk.

There is[are] ～는 '～이 있다' 의 의미이다. There는 '거기에' 라고 해석하지 않으며 be동사
는 항상 '있다' 의 뜻으로 쓰인다.

■ 그녀는 산의 정상에 있다.
■ 그 책은 책상 위에 있다.
■ 그들은 지금 영국에 있다.
■ 책상 위에 책이 한 권 있다.

■ **EXERCISE** ■ A

[01～11] 빈칸에 알맞은 be동사의 현재형을 써 넣으시오.

01 I ＿＿＿＿ a student

02 We ＿＿＿＿ good friends.

03 Min-su and I ＿＿＿＿ good friends.

04 You ＿＿＿＿ right.

05 You and Mi-na ＿＿＿＿ in the classroom.

06 He ＿＿＿＿ sad.

07 She ＿＿＿＿ kind.

08 It ＿＿＿＿ a computer.

09 Mi-na ＿＿＿＿ happy.

10 They ＿＿＿＿ sad.

11 Min-su and Mi-na ＿＿＿＿ happy.

[12～16] 다음 밑줄 친 부분에 유의하여 우리말로 옮기시오.

12 She <u>is</u> a doctor.

13 I <u>am</u> in Seoul now.

14 She <u>is</u> very kind.

15 My brother <u>is</u> at home now.

16 There <u>is</u> a cat in the room.

○━ **MEMO** ○
■classroom 몡 교실
■right 혱 옳은
■sad 혱 슬픈

■in Seoul 서울에
■at home 집에
■now 閈 지금

2 be동사의 줄임말

I am = I'm　　You are = You're　　He is = He's

She is = She's　　They are = They're　　It is = It's

That is = That's　　This is (NOT : ~~This's~~)

· **I am(=I'm)** a student.

· **You are(=You're)** very tall.

· **He is(=He's)** an engineer.

· **It is(=It's)** my cat.

· **This is** my sister. (NOT : ~~this's~~)
  This is는 This's로 쓸 수 없다.

· **Mike is(=Mike's)** my brother.

cf. **Mike's** bag is very clean.
  이때 Mike's는 Mike is의 줄임말이 아니라 Mike의 소유격이다.

▪나는 학생이다.
▪너는 키가 아주 크다.
▪그는 기술자다.
▪그것은 내 고양이다.
▪이 애는 나의 여동생이다.
▪Mike는 내 형이다.
cf. Mike의 가방은 아주 깨끗하다.

EXERCISE B

[01~05] **다음 밑줄 친 부분을 줄임말로 쓰시오.**

01 <u>I am</u> from New York.

02 <u>You are</u> lucky.

03 <u>She is</u> your sister.

04 <u>He is</u> a doctor.

05 <u>They are</u> pretty.

[06~10] **다음 중 <u>틀린</u> 부분을 찾아 고치시오.**

06 You'e my age.

07 He'is thin.

08 This's my brother.

09 Its my bag.

10 Susans house is very old.

MEMO
▪be from~ ~출신이다
▪lucky 형 행운의
▪doctor 명 의사

▪ age 명 나이
▪ thin 형 마른, 얇은

3 be동사의 부정문

be동사 다음에 부정어 not을 써서 부정문을 만든다.

1 be동사+not : ～이 아니다, ～이 없다

· I **am not** busy.
· He **is not** busy.
· They **are not** at home.

· 나는 바쁘지 않다.
· 그는 바쁘지 않다.
· 그들은 집에 없다.

2 be동사와 not은 줄여 쓸 수 있다. are not = aren't / is not = isn't

· You **are not(=aren't)** his friend.
· This book **is not(=isn't)** interesting.
· I **am not** a teacher. (NOT : I amn't a teacher)
   am not 은 줄여 쓸 수 없다.

· 너는 그의 친구가 아니다.
· 이 책은 재미가 없다.
· 나는 선생님이 아니다.

주의! 줄여 쓸 수 없는 경우
   · am not ➤ (NOT : amn't)
   · You are not ➤ You're not(O), You aren't(O), (NOT : You'ren't)
   · It is not ➤ It's not(O), It isn't(O), (NOT : It'sn't)

▌EXERCISE ▌ C

[01~07] **주어진 문장을 부정문으로 바꾸시오.**

01 I am Mike.

02 You are right.

03 He is busy.

04 She is kind.

05 It is a computer

06 Mi-na is happy.

07 They are good friends.

[08~11] **다음 중 틀린 부분을 찾아 고치시오.**

08 You not are busy.

09 He is kind not.

10 I amn't a student.

11 They aren't not Koreans.

○ MEMO ○
· right ⑧ 옳은
· busy ⑧ 바쁜

· Korean ⑲ 한국인 ⑲ 한국의

be동사의 의문문과 대답

주어 + be동사~ → Be동사 + 주어 ~?

긍정 : Yes, 주어 + be동사.   부정 : No, 주어 + be동사 + not.

· A : **Are you** happy?
  B : Yes, **I am**. / No, **I'm not**.

· A : **Is he** your brother?
  B : Yes, **he is**. / No, **he isn't**.

▪너는 행복하니?/응, 행복해. / 아니, 행복하지 않아.
▪그가 너의 형이니?/응, 그래. / 아니, 그렇지 않아.

▌ **EXERCISE** ▌ D

[01~06] 주어진 문장을 의문문으로 바꾸시오.

01 He is your teacher.

02 You are hungry.

03 She is kind to you.

04 Mrs. Kim is your math teacher.

05 They are busy.

06 I am late for the game. (주어 I 사용)

[07~12] 다음 대화의 빈칸을 채우시오.

07 A : Are you Mike?
    B : Yes, _____ _____.

08 A : Is he sad?
    B : No, _____ _____.

09 A : Are they happy?
    B : Yes, _____ _____.

10 A : Are you good friends?
    B : Yes, _____ _____.

11 A : _____ Mi-ra Korean?
    B : Yes, _____ is.

12 A : Is Mr. Brown a teacher?
    B : _____, _____ _____. He is a dentist.

○ **MEMO** ○
▪hungry 휑 배고픈
▪math 몡 수학
▪late 휑 늦은

▪sad 휑 슬픈
▪dentist 몡 치과 의사

01 다음 빈칸에 들어갈 be동사가 나머지와 <u>다른</u> 것은?
① This _____ a puppy.
② You _____ a student.
③ That _____ a mouse.
④ She _____ my sister.
⑤ He _____ Mr. Smith.

02 다음 문장의 빈칸에 들어갈 말이 알맞게 짝지어진 것은?

· She _____ a nurse.
· I _____ Jane.
· They _____ doctors.

① is - are
② is - am - are
③ is - is - am
④ are - were - is
⑤ am - is - is

03 다음 문장 중 밑줄 친 부분의 쓰임이 바르지 <u>않은</u> 것은?
① <u>They are</u> good players.
② <u>Mr. Lee is</u> very diligent.
③ <u>You are</u> a student.
④ <u>The boys is</u> honest.
⑤ <u>We are</u> angry now.

04 다음 중 빈칸에 들어갈 동사가 나머지 넷과 <u>다른</u> 것은?
① London _____ a city.
② English _____ a language.
③ China _____ a country.
④ An ant _____ an insect.
⑤ Mi-na and Han-su _____ in the room.

05 다음 빈칸에 알맞은 것은?

_____ is an elementary school student.

① I
② We
③ They
④ He
⑤ So-ra and Min-ji

06 다음 두 단어의 줄임꼴(축약형)이 <u>잘못된</u> 것은?
① he + is : he's
② she + is : she's
③ this + is : this's
④ they + are : they're
⑤ Tom + is : Tom's

07 다음 밑줄 친 부분의 성격이 <u>다른</u> 하나는?
① <u>She's</u> my sister.
② <u>My father's</u> an English teacher.
③ <u>Tom's</u> house is over there.
④ <u>He's</u> from China.
⑤ <u>Jane's</u> ten years old.

08 다음 문장을 부정문으로 만들 때 not이 들어갈 알맞은 위치는?

① His mother ② is ③ an ④ English teacher. ⑤

09 다음 중 줄임말이 잘못 쓰인 것은?
① They <u>aren't</u> Americans.
② <u>You're</u> not Korean.
③ No, it <u>isn't</u>.
④ I <u>amn't</u> a teacher.
⑤ He <u>isn't</u> my brother.

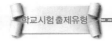

10 다음 중 줄임말이 잘못 쓰인 것은?

① No, it <u>isn't</u>.

② <u>She's</u> my sister.

③ You <u>aren't</u> a boy.

④ <u>I'm</u> from Korea.

⑤ <u>This's</u> my teacher, Mrs. Brown.

11 다음 중 밑줄 친 부분을 줄여 쓸 수 <u>없는</u> 것은?

① I <u>am not</u> a teacher.

② My parents <u>are not</u> rich.

③ It <u>is not</u> cold today.

④ You <u>are not</u> twenty-one.

⑤ He <u>is not</u> a student.

12 다음 대화의 빈칸에 들어갈 알맞은 것은?

A : Is he a police officer?

B : _____ He's a pilot.

① Yes, he is.　　② That's right.

③ No, he isn't.　④ Yes, he does.

⑤ No, he doesn't.

13 다음 물음에 대한 옳은 대답은?

Are you a student?

① Yes, I am not.

② No, I am.

③ Yes, I'm a teacher.

④ Yes, I am.

⑤ Yes, I'm from Korea.

14 다음 대화의 빈칸에 들어갈 알맞은 것은?

A : Are you a teacher?

B : _____ I'm a nurse.

① Yes, I am.　　② No, I'm not.

③ Yes, I do.　　④ No, I don't.

⑤ Sure.

15 다음 중 묻는 표현으로 바르게 쓰인 것은?

① Mrs. Kim is a teacher.

② Busy they are?

③ Is he China from?

④ Is he from China?

⑤ I am not happy.

16 주어진 문장을 부정문으로 바꿀 때 빈칸에 알맞은 말을 쓰시오.

She is my English teacher.

➤ She _____ _____ my English teacher.
그녀는 나의 영어 선생님이 아닙니다.

17 다음 두 문장이 같은 의미가 되도록 빈 칸에 알맞은 말을 쓰시오.

I am Kim Mi-ran.

= _____ _____ is Kim Mi-ran.

Unit 02 일반동사

Chapter 01

ENGLISH ✦ GRAMMAR

1 일반동사

be동사와 조동사(will, can, may 등)를 제외한 동사를 일반동사라고 한다.
일반동사는 사람이나 사물의 동작이나 상태를 나타낸다. 주어가 3인칭 단수
일 때 일반동사 뒤에 -s나 -es를 붙인다.

	단 수	복 수
1인칭	I **like** apples.	We **like** apples. Tony and I **like** apples.
2인칭	You **like** apples.	You **like** apples. Tony and you **like** apples.
3인칭	He **likes** apples. She **likes** apples. Tony **likes** apples. Mr.Kim **likes** apples.	They **like** apples. Tom and Jane **like** apples.

▌ EXERCISE ▌ A

[01~10] 다음 빈칸에 '~에 산다'는 의미가 되도록 live의 알맞은 형태를 쓰시오.

01 I _____ in Seoul.

02 You _____ in America.

03 He _____ in Toronto, Canada.

04 She _____ in London.

05 Michico _____ in Kyoto, Japan.

06 Min-ho _____ with his grandparents.

07 We _____ in Moscow, Russia.

08 They _____ in Shanghai, China.

09 My sister and I _____ in Seoul.

10 You and your parents _____ in Busan.

일반동사 3인칭 단수형

일반동사의 주어가 3인칭 단수일 때는 동사 뒤에 보통 −s나 −es를 붙인다.

- − s를 붙이는 동사가 대부분이다.
  like - likes, know - knows

  · I **know** him very well.

  · She **knows** him very well.

- −o, −s, −sh, −ch로 끝나는 동사는 −es를 붙인다.
  go - goes, watch - watches, wash - washes

  · I **go** to school by bike.

  · He **goes** to school by bike.

- 「자음+y」로 끝나는 단어는 y를 i로 고치고 -es를 붙인다.
  study - studies, cry - cries, fly - flies, hurry - hurries

  · I **study** English.

  · She **studies** English.

- have의 경우 has가 된다.

  · I **have** a computer.

  · He **has** a computer.

- 나는 그를 매우 잘 안다.
- 그녀는 그를 매우 잘 안다.
- 나는 자전거를 타고 학교에 간다.
- 그는 자전거를 타고 학교에 간다.
- 나는 영어를 공부한다.
- 그녀는 영어를 공부한다.
- 나는 컴퓨터 한 대가 있다.
- 그는 컴퓨터 한 대가 있다.

주의! 주어와 일반동사 사이에 부사가 온다 하더라도 주어가 3인칭 단수일 때는 일반동사는 3인칭 단수형을 쓴다.
　　　Mike usually **studies** at night. (NOT : Mike usually studies at night)

- Mike는 보통 밤에 공부한다.

▌EXERCISE ▌B

[01~14] 다음 동사를 3인칭 단수 현재형으로 고쳐 쓰시오.

01 play - _____

02 take - _____

03 watch - _____

04 catch - _____

05 try - _____

06 study - _____

07 enjoy - _____

08 have - _____

09 carry - _____

10 wash - _____

11 miss - _____

12 do - _____

13 buy - _____

14 brush - _____

○ MEMO ○
- carry ⑧ 나르다
- catch ⑧ 잡다,(감기에)걸리다
- miss ⑧ 그리워 하다
- enjoy ⑧ 즐기다
- brush ⑧ 닦다

2 동사의 어미에 붙은 -(e)s의 발음

- **[s]** : 「f, k, p, t 등의 무성음」 뒤의 -s

  · like<u>s</u> look<u>s</u> walk<u>s</u> talk<u>s</u> help<u>s</u> want<u>s</u>

  [ts]는 '트스'로 읽지 않고 '츠'로 발음

- **[z]** : 「모음, d, l, m, n, b 등의 유성음」 뒤의 -s

  · play<u>s</u> live<u>s</u> learn<u>s</u> goe<u>s</u> come<u>s</u>

- **[iz]** : 어미의 발음이 「s, z, ʃ, ʧ」 뒤의 -es

  · wash<u>es</u> teach<u>es</u> clos<u>es</u> pass<u>es</u>

■ 좋아하다 / ~처럼 보이다 / 걷다 / 말하다 / 돕다 / 원하다
■ (경기를)하다,(악기를)연주하다 / 살다 / 배우다 / 가다 / 오다
■ 씻다 / 가르치다 / 닫다 / 건네주다, 지나가다

▌EXERCISE ▌ C

[01~12] 다음 밑줄 친 부분에 해당하는 발음을 [s],[z],[iz]중에서 골라 표기하시오.

○ MEMO ○

01 clos<u>es</u> - [   ]   07 live<u>s</u> - [   ]

02 com<u>es</u> - [   ]   08 look<u>s</u> - [   ]

03 goe<u>s</u> - [   ]   09 pass<u>es</u> - [   ]

04 help<u>s</u> - [   ]   10 talk<u>s</u> - [   ]

05 learn<u>s</u> - [   ]   11 teach<u>es</u> - [   ]

06 like<u>s</u> - [   ]   12 wash<u>es</u> - [   ]

 3 일반동사의 부정문

일반동사가 있는 문장을 부정문으로 만들 때는 don't 또는 doesn't를 동사 앞에 쓰고 동사는 원형으로 바꿔 쓴다.

- 주어가 3인칭 단수가 아닐 때 : 주어 + do not[don't] + 동사원형
- 주어가 3인칭 단수일 때 : 주어 + does not[doesn't] + 동사원형

· I **like** apples. <긍정문>

· I **don't like** apples. <부정문>

· He **likes** apples. <긍정문>

· He **doesn't like** apples. <부정문>

■ 나는 사과를 좋아한다.
■ 나는 사과를 좋아하지 않는다.
■ 그는 사과를 좋아한다.
■ 그는 사과를 좋아하지 않는다.

▌EXERCISE ▌ D

[01~10] 다음 문장을 모두 부정문으로 바꾸시오.

○ **MEMO** ○
▪learn ⑤ 배우다
▪early ⑮ 일찍
▪every Sunday 일요일마다
▪make sense 이해하다

01 I like apples.

   → _____

02 We learn English at school.

   → _____

03 Gi-ho comes to school early.

   → _____

04 He plays soccer.

   → _____

05 She makes a cake.

   → _____

06 So-ra studies English very hard.

   → _____

07 His father plays soccer every Sunday.

   → _____

08 He has dinner at 5 : 30.

   → _____

09 It makes sense.

   → _____

10 They like pizza.

   → _____

[11~16] **틀린** 부분을 찾아 올바르게 고치시오.(주어는 그대로)

▪wash ⑤ 씻다
▪go to bed 잠자리에 들다

11 My father washs his car.

12 Linda gos to bed early.

13 He haves a nice car.

14 Tom don't like cats.

15 You doesn't have a car.

16 She doesn't loves him.

4 일반동사의 의문문

- 주어가 3인칭 단수가 아닐 때 : 문장의 첫 머리에 Do를 쓰고, 문장 끝에 ?를 붙인다.
- 주어가 3인칭 단수일 때 : 문장의 첫 머리에 Does를 쓰고, 문장 끝에 ?를 붙인다.
- 대답 : Yes, 주어 + do[does] / No, 주어 + don't[doesn't]

  · (You **learn** English at school.)

  · A : **Do** you **learn** English at school?
  B : Yes, I **do**. / No, I **don't**.

  · (She **learns** English at school.)

  · A : **Does** she **learn** English at school?
  B : Yes, she **does**. / No, she **doesn't**.

- (너는 학교에서 영어를 배운다.)
- 너는 학교에서 영어를 배우니?/ 응, 배워. / 아니, 배우지 않아.
- (그녀는 학교에서 영어를 배운다.)
- 그녀는 학교에서 영어를 배우니?/응, 배워. / 아니, 배우지 않아.

▌EXERCISE ▌ E

[01~05] 다음 주어진 문장을 의문문으로 고쳐 A에 쓰고, B의 빈칸에 적절한 대답을 쓰시오.

○ **MEMO** ○
- cook ⑤ 요리하다 ⑨ 요리사

01 You like soccer.
A : _____
B : Yes, I _____. / No, I _____.

02 They live in Seoul.
A : _____
B : Yes, _____ _____.

03 He goes to work at 6 : 30.
A : _____
B : No, _____ _____.

04 Your mother cooks well.
A : _____
B : No, _____ _____.

05 He goes to school.
A : _____
B : No, _____ _____.

01 다음 동사의 변화에서 철자가 잘못된 것은?

① go - goes ② teach - teachs
③ have - has ④ get - gets
⑤ play - plays

02 짝지어진 두 단어의 관계가 잘못된 것은?

① eat - eats ② watch - watches
③ wash - washes ④ come - comes
⑤ go - gos

03 밑줄 친 부분의 발음이 보기와 같은 것은?

> likes

① know**s** ② sing**s** ③ pass**es**
④ touch**es** ⑤ stop**s**

04 다음 짝지어진 단어 중 밑줄 친 부분의 발음이 서로 다른 것은?

① take**s** - play**s** ② sing**s** - **z**ebra
③ stop**s** - work**s** ④ flower**s** - sell**s**
⑤ live**s** - drive**s**

05 다음 빈칸에 알맞지 않은 것은?

> Mary _____ English.

① likes ② speaks ③ study
④ teaches ⑤ likes to learn

[06~07] 다음 밑줄 친 부분의 쓰임이 바르지 않은 것을 고르시오.

06 ① My sister likes Chinese.
② Mr. Han brings us happy news.
③ He flies an airplane.
④ Mike goes to school at 8.
⑤ She studyes English very hard.

07 ① He practices everyday.
② They play football very much.
③ My sister watches TV on Sundays.
④ In-ho and Su-mi likes English.
⑤ We study math everyday.

08 다음 우리말을 영어로 옮길 때 빈칸을 채우시오.

> Bill은 학교에 자전거를 타고 간다.
> Bill _____ to school by bike.

09 다음 중 빈칸에 들어갈 수 없는 것은?

> _____ walks to school.

① He ② Mike ③ They
④ Susan ⑤ My brother

10 다음 문장을 부정문으로 고칠 때 맞는 것은?

> She goes to school by bike.

① She goes not to school by bike.
② She doesn't goes to school by bike.
③ She don't go to school by bike.
④ She doesn't go to school by bike.
⑤ She isn't go to school by bike.

11 다음 중 밑줄 친 부분의 쓰임이 어법상 옳지 <u>않은</u> 것은?

① She <u>doesn't like</u> me.

② Girls <u>don't like</u> bad boys.

③ Min-su <u>doesn't knows</u> me.

④ They <u>don't listen</u> to music.

⑤ I <u>don't wear</u> blue jeans.

12 다음 문장의 빈칸에 들어갈 알맞은 말은?

> I like soccer, but my brother _____ soccer. He likes tennis.

① like

② don't like

③ likes

④ doesn't like

⑤ hate

13 다음 중 옳은 문장은?

① You doesn't have a car.

② He don't like basketball.

③ She plays not the piano well.

④ She doesn't loves him.

⑤ She doesn't have a sister.

14 다음 중 어법상 옳지 <u>않은</u> 문장은?

① Susan doesn't like fish.

② Susan likes meat.

③ In-ho and Susan doesn't drink coffee.

④ In-ho and Susan drink milk.

⑤ In-ho likes pork.

15 다음 대화의 빈칸에 들어갈 말이 알맞게 짝지어진 것은?

> A : Wow! It's rainy.
> B : Yes, _____.
>   Do you like rainy days?
> A : Yes, _____.

① it does - I am

② it is - you do

③ it do - I does

④ it does - I do

⑤ it is - I do

16 다음 질문에 대한 응답으로 <u>어색한</u> 것은?

> Does your friend play soccer well?

① I like soccer.

② Yes, he does.

③ No, he doesn't.

④ Yes, he is a good soccer player.

⑤ No, he is poor at soccer.

17 다음 빈칸에 들어갈 수 <u>없는</u> 것은?

> Does _____ have long hair?

① their friends

② Jackson

③ he

④ your brother

⑤ the woman

18 다음 빈칸에 들어갈 알맞은 말은?

> A : Do you like cartoons?
> B : _____ I often watch them.

① Yes, I am.

② Yes, I do.

③ No, I am not.

④ No, I don't.

⑤ No, he doesn't.

19 다음 빈칸에 들어갈 말로 알맞은 것은?

A : Do you have long hair?
B : _____ I have short hair.

① Yes, I don't.   ② No, I don't.
③ Yes, you do.   ④ No, you don't.
⑤ Yes, I do.

20 다음 대화의 빈칸에 알맞은 것은?

A : Does she have any brothers or sisters?
B : _____ She has a brother and a sister.

① Yes, she don't.   ② No, she doesn't.
③ Yes, she does.   ④ Yes, I am.
⑤ Yes, she doesn't.

[21-22] 다음 대화의 빈칸에 알맞은 말을 고르시오.

21

A : Does she have a puppy?
B : _____ But she has a beautiful bird.

① Yes, she is.   ② No, she don't.
③ Yes, she does.   ④ No, she wasn't.
⑤ No, she doesn't.

22

A : Do you like pizza?
B : _____ I like hamburger, too.

① No, I do.   ② No, I don't.
③ Yes, I do.   ④ Yes, I don't.
⑤ No, thanks.

23 빈칸에 들어갈 말로 알맞지 않은 것은?

Do you _____?

① like ice cream   ② has many CDs
③ speak Chinese   ④ know this boy
⑤ play the piano

24 다음 밑줄 친 부분의 쓰임이 잘못된 것은?

① I like music.
② Do you like baseball?
③ He has a computer on his desk.
④ Does she have a brother?
⑤ Tom and Jane doesn't go to bed early.

25 다음 빈칸에 들어갈 단어가 순서대로 맞게 짝지어진 것은?

· She _____ her face and hands.
· Does he _____ to school by bike?
· Su-dong doesn't _____ English.

① wash - go - like
② washs - goes - likes
③ washes - goes - likes
④ washes - go - like
⑤ wash - go - likes

26 다음 빈칸에 들어갈 말이 나머지 넷과 다른 것은?

① _____ your father work for a company?
② _____ Andy live with his family?
③ _____ she have a sister?
④ _____ Mr. Baker speak Korean?
⑤ _____ they exercise every day?

Chapter

02

대명사 1

THINKPLUS ENGLISH SERIES

인칭대명사의 격 변화

ENGLISH GRAMMAR

 인칭대명사와 명사의 격

인칭대명사와 명사는 문장에서 하는 역할에 따라 주격, 소유격, 목적격으로 나눌 수 있다.

〈인칭대명사〉

수	인칭	주격 (~이,~가)	소유격 (~의)	목적격 (~를,~을)
단수	1인칭	I	my	me
	2인칭	you	your	you
	3인칭	he	his	him
		she	her	her
		it	its	it
복수	1인칭	we	our	us
	2인칭	you	your	you
	3인칭	they	their	them

주의! · you는 격 변화가 단수, 복수 동일하다.
· she는 소유격과 목적격의 형태가 같다.
· it의 소유격은 its이며 it's(it is의 줄임말)와 혼동하지 않도록 주의한다.

〈명사〉

수	인칭	주격 (~이, ~가)	소유격 (~의)	목적격 (~를, ~을)
단수	3인칭	Jack	Jack's	Jack
복수		girls	girls'	girls
		children	children's	children

주의! ※ 명사의 소유격은 명사에 -'s를 붙인다.
· -s로 끝나는 복수명사의 소유격은 -'(어퍼스트로피)만 붙인다.
· -s로 끝나지 않은 복수명사의 소유격은 -'s를 붙인다.

주격 : ~은, ~는, ~이, ~가
문장의 주어는 항상 주격으로 쓴다.

· **I** am a student.

· **We** are students.

▪ 나는 학생이다.
▪ 우리는 학생들이다.

2 소유격 : ～의

사람이나 물건 앞에 쓰여서 소유 관계를 나타낸다.

· This is **your** book. (NOT : ... a your book. ... your a book.)
  소유격 앞이나 뒤에는 관사를 쓰지 않는다.

· These are **his** books.

▪이것은 너의 책이다.
▪이것들은 그의 책들이다.

3 목적격 : ～을, ～를, ～에게

동사의 목적어, 또는 전치사의 목적어는 목적격을 쓴다.

· I love **him**.
  him은 타동사 love의 목적어이므로 목적격이 쓰였다.

· We know **her** well.
  her는 타동사 know의 목적어이다.

· I play basketball with **them**.
  them은 전치사 with의 목적어이다. 전치사 뒤의 인칭대명사는 목적격을 써야 한다.

▪나는 그를 사랑한다.
▪우리는 그녀를 잘 알고 있다.
▪나는 그들과 함께 농구를 한다.

▌ EXERCISE ▌ A

[01~08] 다음 단어의 소유격과 목적격을 빈칸에 순서대로 쓰시오.

01 I - _____ - _____   05 it - _____ - _____

02 you - _____ - _____   06 we - _____ - _____

03 he - _____ - _____   07 they - _____ - _____

04 she - _____ - _____   08 Tom - _____ - _____

[09~18] 다음 대명사의 알맞은 형태를 쓰시오.

09 I like_____. (they)

10 _____ name is Sang-min. (he)

11 Bob is the only child in _____ family. (he)

12 Min-ji sits next to _____. (I)

13 Mike is _____ friend. (In-ho)

14 These are _____ books. (they)

15 This is _____ classroom. (we)

16 Do you know _____ nickname? (she)

17 _____ name is Mike. (I)

18 Ba-ram is _____ dog. (I)
   He likes _____ (I) and I like _____ (he).

○ MEMO ○
▪only child 외아들, 외동딸
▪next to ~ ~옆에
▪nickname ⑬ 별명, 애칭

2 소유대명사

1 소유대명사 : ~의 것

■ 대명사는 명사를 대신 받는 말이므로, 「소유격+명사」의 의미를 하나의 대명사로 나타내는 말을 '소유대명사'라 한다.

· This is **my** book. <소유격>

· This book is **mine**. <소유대명사>

■이것은 나의 책이다.
■이 책은 나의 것이다.

〈소유대명사〉

수	격 인칭	주격 (~이, ~가)	소유대명사 (~의 것)
단수	1인칭	I	mine
	2인칭	you	yours
	3인칭	he	his
		she	hers
		it	없음
		Jack	Jack's
복수	1인칭	we	ours
	2인칭	you	yours
	3인칭	they	theirs

■ 명사의 경우 소유격처럼 -'s를 붙이고 독립소유격이라 한다.

· This is **Jack's** book. <소유격>

· This book is **Jack's**. <독립소유격>

■이것은 Jack의 책이다.
■이 책은 Jack의 것이다.

▌EXERCISE▐ B

[01~07] 다음 두 문장이 같은 의미가 되도록 빈칸을 채우시오.

01 This is my book. = This book is _____.

02 This is your book. = This book is _____.

03 These are his books. = These books are _____.

04 These are her books. = These books are _____.

05 Those are our books. = Those books are _____.

06 Those are their books. = Those books are _____.

07 This is Jack's book. = This book is _____.

○ MEMO ○
■mine 떼 내 것
■hers 떼 그녀의 것

2 소유 관계를 묻는 whose

어떤 사물이 누구의 것인지 물을 때 「Whose(누구의) + 명사 + be동사 + 주어?」 또는 「Whose(누구의 것) + be동사 + 주어?」를 사용할 수 있다.

· A : **Whose** umbrella is this? <의문형용사 : 누구의>
  B : It's **mine**. <소유대명사>

· A : **Whose** is this umbrella? <의문대명사 : 누구의 것>
  B : It's **mine**. <소유대명사>

단수일 경우 「It's + 소유대명사.」로, 복수일 경우 「They're + 소유대명사.」로 답한다.

▪이것은 누구의 우산이니?
▪내 거야.
▪이 우산은 누구의 것이니?
▪내 거야.

▌EXERCISE ▌ C

[01~04] 다음 두 문장이 같은 의미가 되도록 빈칸에 알맞은 말을 쓰시오.

01 Whose notebook is this?
   = Whose is _____ _____?

02 Whose house is that?
   = Whose is _____ _____?

03 Whose shoes are these?
   = Whose are _____ _____?

04 Whose erasers are those?
   = Whose are _____ _____?

[05~06] 다음 괄호 안에서 알맞은 말을 고르시오.

05 A : (Who, Whose, Whom) pencil is this?
   B : It's Tom's.

06 A : Whose is this bat?
   B : It's (my, you. his).

[07~10] 다음 주어진 단어를 알맞은 형태로 고치시오.

07 A : Whose car is this?
   B : It is _____. (she)

08 A : Whose cup is that?
   B : It is _____. (I)

09 A : Whose books are these?
   B : They are _____. (James)

10 A : Whose pencils are those?
   B : They are _____. (Brian)

○ **MEMO** ○
▪shoes ⑲ 신발
▪eraser ⑲ 지우개

01 다음 중 소유격이 <u>잘못된</u> 것은?

① I - my   ② he - his
③ they - their   ④ we - us
⑤ she - her

02 다음 짝지어진 단어의 관계가 나머지와 <u>다른</u> 것은?

① I - mine   ② he - his
③ we - ours   ④ Jack - Jack's
⑤ she - her

03 다음 빈칸에 들어갈 수 있는 말을 고르시오.

I have a brother. _____ name is Sang-min.

① I   ② His   ③ Your
④ She   ⑤ Her

04 다음 문장의 빈칸에 들어갈 수 <u>없는</u> 표현은?

This is _____ desk.

① a   ② her   ③ his
④ my sister ⑤ Mary's

05 다음 밑줄 친 부분의 쓰임이 옳은 것은?

① These are <u>they</u> books.
② Ba-ram is <u>mine</u> dog.
③ He likes <u>Mary</u> sister.
④ This is <u>we</u> house.
⑤ I like <u>him</u>.

06 다음 빈칸에 알맞지 <u>않은</u> 것은?

They like _____ very much.

① her   ② me   ③ you
④ your   ⑤ our teacher

07 다음 빈칸에 알맞지 <u>않은</u> 것은?

_____ is a teacher.

① Mr. Cho   ② He   ③ It
④ She   ⑤ Miss Kim

08 다음 밑줄 친 부분의 쓰임이 보기와 같은 것은?

They are <u>Susan's</u> books.

① <u>She's</u> my aunt.
② <u>It's</u> beautiful.
③ <u>Susan's</u> my partner.
④ This is <u>my sister's</u> picture.
⑤ <u>He's</u> my friend.

09 다음은 수미에게 Mr. Kim을 소개하는 표현이다. 빈칸에 알맞은 말을 쓰시오.

> Su-mi, _____ is Mr. Kim.
> _____ is a doctor.

10 다음 밑줄 친 부분이 옳은 것은?

① I meet <u>their</u>.
② She <u>live</u> here.
③ Mr. John likes <u>his</u>.
④ <u>My</u> am a businessman.
⑤ <u>Her</u> favorite color is green.

11 다음 빈칸에 들어갈 말끼리 알맞게 짝지어진 것은?

> · This is Mr. Lee. _____ is my uncle.
> · Jane is my sister. She _____ a nice puppy.

① He - has
② She - have
③ You - have
④ I - has
⑤ She - has

12 다음 대화를 읽고 빈칸에 알맞은 것은?

> A : How about these shoes? Do you like _____?
> B : Yes, I like _____ very much.

① her
② them
③ me
④ her
⑤ him

13 다음 보기와 같이 문장을 쓸 때, 아래 문장의 빈칸에 들어가지 <u>않는</u> 것은?

> ──• 보 기 •──
> <u>We</u> like <u>our</u> name.

> · I like _____ parents.
> · Ms. Min loves _____ students.
> · Tom and John like _____ teacher.
> · Do you like _____ dog?

① his
② my
③ your
④ their
⑤ her

14 다음 빈칸에 들어갈 말이 바르게 짝지어진 것은?

> A : He is Su-mi's brother.
> B : _____ name is Chul-su.
> A : Do you like English?
> B : Yes, I like _____ very much.

① Her - it
② His - it
③ My - them
④ Your - them
⑤ Their - it

15 빈칸에 들어갈 말이 알맞게 짝지어진 것은?

> · I don't eat apples. I don't like _____.
> · Mrs. Baker is kind. I like _____.
> · Richard is a very nice man. I like _____.

① them - her - him
② her - them - him
③ him - her - them
④ them - him - her
⑤ her - him - them

16 다음 빈칸에 공통으로 들어갈 수 있는 것은?

> · I know Mr. Shin but I don't know
> _____ wife.
> · John has a brother and a sister.
> _____ sister is beautiful.

① my   ② your   ③ his
④ her   ⑤ their

17 다음 빈칸에 알맞은 말을 쓰시오.

> This is my book.
> = This book is _____.

18 다음 대화의 빈칸에 알맞은 것은?

> A : _____ ball is that?
> B : It's Tom's.

① Who   ② What   ③ When
④ Whose   ⑤ How

19 다음 질문에 대한 응답으로 적당하지 <u>않은</u> 것은?

> A : Whose umbrella is this?
> B : _____

① It's mine.   ② It's yours.
③ It's hers.   ④ It's hims.
⑤ It's ours.

20 다음 중 밑줄 친 의문사의 쓰임이 <u>다른</u> 것은?

① <u>Whose</u> sock is this?
② <u>Whose</u> watches are these?
③ <u>Whose</u> camera is this?
④ <u>Whose</u> is this ball?
⑤ <u>Whose</u> pen is this?

21 다음 대화의 빈칸에 들어가기에 알맞은 응답은?

> A : Whose pencil is that?
> B : _____

① No, it's not mine.② It's on the chair.
③ Yes, it's mine.   ④ It's Jane's.
⑤ It's very pretty.

22 다음 두 문장의 의미가 같도록 빈칸에 알맞은 말을 쓰시오.

> Whose umbrella is this?
> = _____ is _____ _____?

ENGLISH ✦ GRAMMAR

1 this / these

this는 '이것, 이 사람'의 뜻으로 가까이에 있는 사물이나 사람을 가리킬 때 쓰고, 복수는 these이다.

1 단수 this, 복수 these

· **This** is an album.　· **These** are his books.

- 이것은 사진첩이다.
- 이것들은 그의 책들이다.

2 의문문

· A : Is **this** your car?
  B : Yes, **it** is. / No, **it** isn't.(= is not)
  this로 물었을 때 it로 답한다.

· A : Are **these** your chairs?
  B : Yes, **they** are. / No, **they** aren't.
  these로 물었을 때 they로 대답한다.

- 이것은 너의 자동차니?
- 응, 그래. / 아니, 그렇지 않아.
- 이것들이 네 의자니?
- 응, 그래. / 아니, 그렇지 않아.

3 this의 여러가지 의미

· Hi, Brad. **This** is my sister, Su-mi.
  사람을 소개할 때 this is를 쓰며, 「이 분은 ~입니다」의 뜻이다.

· **This** is my first day in middle school.
  this는 '오늘(today)'의 의미로 쓰인다.

· **This** is he[she] speaking. = **This** is he[she].
  전화로 대화를 할 때 '접니다'라는 표현은 'I am ~'을 쓰지 않고 'This is ~'를 쓴다.

- 안녕, Brad. 이 애가 내 여동생 수미야.
- 오늘은 중학교에서 첫 날이다.
- 접니다.

▌EXERCISE ▌A

[01~03] 다음 우리말을 영어로 옮길 때 알맞은 말을 쓰시오.

01 이것은 연필이다.　　　→ ＿＿＿＿＿ is a pencil.

02 이 애는 내 여동생이다.　→ ＿＿＿＿＿ is my sister.

03 이것들은 공이다.　　　→ ＿＿＿＿＿ ＿＿＿＿＿ balls.

[04~07] 다음 밑줄 친 부분을 알맞은 형태로 고치시오.

04 This <u>are</u> my album.

05 Is <u>these</u> his bike?

06 Is this your book? No, <u>they aren't</u>.

07 <u>This's</u> my father.

2 that / those

'저것, 저 사람'의 뜻으로 좀 떨어져 있는 사물이나 사람을 가리킬 때 쓴다.

1 단수 that, 복수 those

· **That** is a clock.

· **Those** are her notebooks.

■ 저것은 시계다.
■ 저것들은 그녀의 노트이다.

2 의문문

· A : **Is that** your book?
  B : Yes, **it is**. / No, **it isn't**.
  that으로 물었을 때 it으로 대답한다.

· A : Are **those** apples?
  B : Yes, **they are**. / No, **they aren't**.
  those로 물었을 때 they로 대답한다.

■ 저것은 너의 책이니?/응, 그래.
  / 아니, 그렇지 않아.
■ 저것들은 사과니?/응, 그래. /
  아니, 그렇지 않아.

3 지시형용사

this, that이 뒤에 오는 명사를 수식하는 경우에 지시형용사라 하며
「이 ~」, 「저 ~」라 해석한다.

· **This** cat is very cute. <지시형용사 : 이 ~>
  = **This** is a very cute cat. <지시대명사 : 이것은>

· **That** book is very interesting. <지시형용사 : 저 ~>
  = **That** is a very interesting book. <지시대명사 : 저것은>

■ 이 고양이는 매우 귀엽다.
  =이것은 매우 귀여운 고양이다.
■ 저 책은 매우 재미있다.
  =저것은 재미있는 책이다.

▌EXERCISE ▌ B

[01~02] 다음 우리말을 영어로 옮길 때 빈칸에 알맞은 말을 쓰시오.

01 저것은 인형이다. →_____ is a doll.

02 저것들은 그녀의 책들이다. →_____ _____ her books.

[03~07] 다음 밑줄 친 부분을 알맞은 형태로 고치시오.

03 Those <u>not are</u> her tables.

04 That is her <u>pencils</u>.

05 <u>This</u> books are mine.

06 <u>Those</u> book is his.

07 Those are my <u>book</u>.

○ **MEMO** ○
■ doll ⑲ 인형

3 대명사 it / 비인칭 주어 it

1 대명사 it과 they

사물이 단수일 때 it으로 받고, 사물이 복수일 때 they로 받는다.
it의 소유격은 its이며 it is의 줄임말인 it's와 혼동하지 않아야 한다.

· This is a book. **It** is mine.

· These are books. **They** are his.

· This is my dog. **Its** name is Bok-ku. (NOT : It's name is ... .)

· A : What is this/that?

  B : **It**'s a hamster.

  this나 that으로 물으면 it으로 답한다.

· A : What are these/those?

  B : **They** are snakes.

  these나 those로 물으면 they로 답한다.

· **They** are my brothers.

  they는 사물뿐만 아니라 사람을 대신하여 쓴다. they '그들은'

- 이것은 책이다. 그것은 나의 것이다.
- 이것들은 책들이다. 그것들은 그의 것이다.
- 이것은 나의 개이다. 그것의 이름은 복구이다.
- 이것/저것은 무엇이니? / 그것은 햄스터다.
- 이것들/저것들은 무엇이니? / 그것들은 뱀이다.
- 그들은 나의 형들이다.

2 비인칭 주어 it

날씨, 시간, 요일, 거리, 명암 등을 표현할 때 it이 문장의 주어로 사용되고,
우리말로 해석하지 않는다.

■ 날씨를 말할 때

· A : What's the weather like in Seoul?

  B : **It**'s hot.

  주의! · 문장 전환

  1. It rains a lot. 비가 많이 온다.
     = We have a lot of rain.
  2. It snows a lot. 눈이 많이 온다.
     = We have a lot of snow.

- 서울의 날씨 어때?
- 더워.

■ 요일과 날짜를 말할 때

· A : What day is it today?

  B : **It**'s Friday.

· A : What date is it?

  B : **It**'s November 10.

- 무슨 요일이니?/ 금요일이다.
- 오늘은 몇 월 며칠이니? /11월 10일이다.

■ 시간을 말할 때

· A : What time is it?

B : **It**'s ten o'clock.

, What time is it? = What's the time? = Do you have the time?

cf. Do you have time? 시간 있니?

▪몇 시니?/10시다.

■ 거리를 말할 때

· A : How far is **it** from here to the station?

B : **It**'s not far from here.

▪여기서 역까지 얼마나 멉니까?/
  여기서 멀지 않습니다.

■ 명암을 나타낼 때

· **It**'s dark outside.

· **It**'s very bright here.

▪밖이 어둡습니다.
▪여기는 매우 밝습니다.

■ EXERCISE ■ C

[01~06] 다음 빈칸에 들어갈 알맞은 대명사를 쓰시오.

01 This is my brother's dress. _____ is very nice.

02 These shoes are mine. _____ are not clean.

03 The bird is sick. _____ leg is broken.

04 These are my dogs. I like _____ very much.

05 A : How is the weather? B : _____ is hot.

06 A : Do you have the time? B : _____ is seven o'clock.

[07~10] 다음 대화의 A에 들어갈 말을 보기에서 골라 쓰시오.

보기) What's the weather like?   What time is it?
        What day is it?   What date is it?

07 A : _____

B : It is Tuesday.

08 A : _____

B : It is cold and windy.

09 A : _____

B : It's six in the morning.

10 A : _____

B : It's the fifth of May.

○ **MEMO** ○
▪clean 깨끗한
▪leg 다리
▪be broken 부러지다
▪weather 날씨
▪Do you have the time?
 = What time is it?

01 다음 빈칸에 들어갈 말이 알맞게 짝지어진 것은?

> A : Is this your pencil?
> B : Yes, _____ is.
> A : Are those your books?
> B : No, _____ aren't.

① this - those ② these - that
③ it - it ④ it - they
⑤ they - they

02 다음 밑줄 친 부분의 쓰임이 나머지 넷과 <u>다른</u> 것은?

① Is <u>that</u> your pencil?
② <u>That</u> is a watch.
③ Is <u>that</u> your dog?
④ What is <u>this</u>?
⑤ <u>That</u> cat is very cute.

03 다음 빈칸에 들어갈 말로 알맞은 것은?

> A : Whose books are these?
> B : _____ are Tom's books.

① They ② It ③ He
④ She ⑤ You

04 우리말을 영어로 바르게 표현한 것은?

> 상호야, 이 아이는 민수야.

① Sang-ho, he is a Min-su.
② Sang-ho, he is Min-su.
③ Sang-ho, this is a Min-su.
④ Sang-ho, this is Min-su.
⑤ Sang-ho, I am Min-su.

05 다음 대화의 빈칸에 공통으로 들어갈 알맞은 말은?

> A : Hi, Tony.
> B : Hi, David. _____ my sister, Ann. Ann, _____ my friend, David.

① she is ② I am ③ he is
④ this is ⑤ It is

06 다음 밑줄 친 This의 의미로 알맞은 것은?

> My name is Kim Min-su. I am 13 years old. I am from Daejeon. It's a special day today. <u>This</u> is my first day in middle school.

① middle school ② Daejeon
③ Min-su ④ today
⑤ special day

07 다음 전화 대화 중 쓰는 표현으로 옳지 <u>않은</u> 것은?

① Who's calling, please?
= 누구세요?
② May I speak to Lisa?
= Lisa 좀 바꿔 주시겠어요?
③ I'm he speaking.
= 접니다.
④ Can I take a message?
= 전하실 말씀 있습니까?
⑤ Hold on a second.
= 잠깐만 기다리세요.

[08~09] 다음 중 it의 쓰임이 다른 하나를 고르시오.

08 ① It's 10 in the morning.
   ② It's dark outside.
   ③ It's July 30th.
   ④ It's boring.
   ⑤ What time is it?

09 ① It is a nice pencil.
   ② It is warm and pleasant.
   ③ It is a cute puppy.
   ④ It is a sweet cat.
   ⑤ It is my favorite food.

10 다음 대화의 빈칸에 들어갈 알맞은 표현은?

A : _____
B : It's very foggy.

① What's this?
② What is it?
③ What's the weather?
④ What's like the weather?
⑤ What's the weather like?

11 다음 빈칸에 들어갈 단어로 알맞은 것은?

What's the weather _____ in Seoul?

① like   ② of   ③ on
④ from   ⑤ with

12 다음 대화의 빈칸에 알맞은 말을 쓰시오.

A : What's the temperature?
B : It's 27 _____.

13 다음 두 문장이 같은 의미가 되도록 빈칸에 알맞은 말을 쓰시오.

We have a lot of rain in summer.
= _____ _____ a lot in summer.

14 짝지어진 두 문장의 의미가 다른 것은?
   ① We have a lot of snow.
      = It snows a lot.
   ② In Korea we have four seasons.
      = In Korea there are four seasons.
   ③ What's your favorite sport?
      = What sport do you like best?
   ④ We have hot and dry weather in L.A.
      = It is hot and dry in L.A.
   ⑤ How is the weather?
      = What is the weather?

Chapter

03

의문사

THINKPLUS ENGLISH SERIES

who, what, where, when

Chapter **03**

ENGLISH ✦ GRAMMAR

 의문사 who

'누구'라는 의미를 갖는 의문사로, 사람의 이름이나 관계를 물을 때 쓴다.

1 이름이나 관계를 물을 때

· A : **Who** is she?

B : She is my teacher. / She is Jane

Who는 이름 혹은 어떤 관계인지를 물을 때 쓴다.

▪그녀는 누구니?
▪그녀는 나의 선생님이다./그녀
는 Jane이다.

2 who(주격), whose(소유격), whom(목적격)

▪ 주격 : 누가, 누가

· A : **Who** knows him?

B : Mary does.

▪ 소유격 : 누구의

· A : **Whose** books are these?

B : They are mine.

▪ 목적격 : 누구를

· A : **Who(Whom)** does John love?

B : He loves Su-mi.

목적격 whom 대신에 who를 많이 쓴다.

▪누가 그를 아니?/Mary가 안다.
▪이것들은 누구의 책이니?/그것
들은 내 책이다.
▪John은 누구를 사랑하니? / 그
는 수미를 사랑해.

▌ EXERCISE ▌ A

[01~06] 자연스러운 대화가 되도록 괄호 안에서 알맞은 말을 고르시오.

○ **MEMO** ○

01 A : (Who, Whose, What) is he?

B : He is Mike.

02 A : (Who, Whose, What) is she?

B : She is my sister.

03 A : (Who, Whose, What) pen is this?

B : It's hers.

04 A : (Who, Whose, What) lives in that house?

B : Kevin does.

05 A : Who is that man?

B : He is (a teacher, my teacher).

06 A : Whose books are these?

B : They are (his, him).

2 의문사 what

1 사물의 이름을 물을 때

· A : **What** is that?

B : It's a chocolate cake.

▪저것은 무엇이니? / 그것은 초콜릿 케익이다.

2 직업을 물을 때

· A : **What** does your father do?

B : He is an engineer.

▪너의 아버지 직업은 무엇이니? /기술자이다.

직업을 묻는 표현

· What do you do?
= What do you do for a living?   = What's your job?
= What are you?   = How do you make a living?

3 주의해야 할 표현

· A : **What** is Su-mi **like**? <모습, 성격 등을 물을 때>

B : She is very kind.

cf. How is Su-mi? 수미는 어떻게 지내니?<안부>

· **What** is the weather **like**? <날씨>

= **How** is the weather?

· **What** day is it today? <요일>   · **What** date is it today? <날짜>

· **What** do you think about this? (NOT : How do you think ...?)

= How do you feel about this?

'어떻게' 로 해석하지만 'how'를 쓰지 않음에 주의한다.

▪수미는 어때? / 그녀는 매우 친절해.
▪날씨가 어때?
▪오늘이 무슨 요일이니?
▪오늘이 몇 월 며칠이니?
▪이것에 대해 어떻게 생각하니?

▌EXERCISE ▌ B

[01~05] 다음 괄호 안에서 알맞은 말을 고르시오.

01 A : (Who, What) is he?

B : He's my English teacher.

02 A : (Who, What) is she?

B : She is a nurse.

03 A : (Who, What) does he do?

B : He drives a taxi.

04 A : (Who, What, How) is the weather like?

B : It's nice

05 A : (What, How) do you think about this?

B : I think it's nice.

---○ **MEMO** ○
▪nurse 명 간호사
▪drive 동 운전하다
▪weather 명 날씨

3 where, when

1 장소, 출신 묻기

'어디에'라는 뜻으로 장소, 길, 위치 등을 물을 때 쓴다. 출신을 물을 때는
'출신, 근원'을 나타내는 전치사 from이 쓰인다.

· A : **Where** do you live?
  B : I live in Seoul.

· A : **Where** are you from?
  B : I'm from Korea.
  Where are you from?
  = Where do you come from?

▪어디에서 사니?/서울에서 산다.
▪어디에서 왔니?/한국에서 왔다.

2 시간, 때 묻기

'언제'의 뜻으로 때를 물을 때 쓴다.

· A : **When** is your birthday?
  B : It's next Wednesday.

· A : **When** did you hear the news?
  B : This morning.

▪너의 생일은 언제니? / 다음 주
  수요일이다.
▪너는 언제 그 소식을 들었니?/
  오늘 아침에.

▌EXERCISE ▌C

[01~02] 다음 문장의 빈칸을 채우시오.

01 A : _____ are you from?
   B : I am _____ Seoul, Korea.

02 Where is he from?
   = Where _____ he come from?

[03~04] 다음 괄호 안에서 알맞은 말을 고르시오.

03 A : (Where, When) does he live?
   B : In Gwangju.

04 A : (Where, When) does the concert begin?
   B : At 6:30.

○ MEMO ○
▪concert 명 연주회, 콘서트

01 다음 대화의 빈칸에 들어갈 알맞은 말은?

> A : _____ is she?
> B : She is our new teacher, Mrs. Brown.

① Who   ② When   ③ Where
④ What   ⑤ How

02 다음 중 짝지어진 대화가 <u>어색한</u> 것은?

① A : Who is this boy?
   B : This is my nephew, Gi-ho.
② A : Who's Gi-ho?
   B : He is the boy over there.
③ A : Who's this woman?
   B : She's my mother.
④ A : Who is this woman?
   B : She is a nurse.
⑤ A : Who do you live with?
   B : I live with my parents.

03 다음 대화의 빈칸에 알맞은 것은?

> A : _____ pencil is this?
> B : It's mine.

① What   ② Where   ③ Who
④ Which   ⑤ Whose

04 다음 대화의 빈칸에 들어갈 말을 쓰시오.

> A : _____ does he do?
> B : He is a doctor.

05 다음 두 대화의 빈칸에 공통으로 들어갈 의문사를 쓰시오.

> A : _____ is this?
> B : It is a book.
> A : _____ is your favorite subject?
> B : I like math.

06 다음 대화의 빈칸에 적당한 것은?

> A : _____
> B : My name is Jenny.

① What is her name?
② Where are you from?
③ What is your name?
④ How old are you?
⑤ How are you?

07 빈칸에 들어갈 말로 알맞은 것은?

> A : _____ is your hobby?
> B : My hobby is drawing cartoons.

① How   ② What   ③ When
④ Where   ⑤ Who

08 다음 대화의 빈칸에 알맞은 말은?

A : _____ is it today?
B : It's Thursday.

① How
② What year
③ What day
④ What time
⑤ What date

09 다음 질문에 대한 알맞은 응답은?

A : What date is it today?
B : _____.

① Yes, please.
② It's January 17th.
③ It's 534-8760
④ It's fine.
⑤ It's Monday.

10 다음 두 문장의 뜻이 같도록 빈칸에 알맞은 말을 쓰시오.

How is the weather in Seoul?
= _____ is the weather like in Seoul?

11 빈칸에 들어갈 알맞은 말은?

A : _____ did you go with?
B : I went there with my uncle.

① Where
② When
③ Why
④ How
⑤ Who

12 다음 밑줄 친 부분과 바꾸어 쓸 수 있는 것은?

A : What time is it?
B : It's 8:30.

① Do you have the time?
② What day is it today?
③ How about you?
④ Come on!
⑤ Do you have time?

13 다음 대화의 빈칸에 알맞은 말을 쓰시오.

A : _____ are you from?
B : I'm from Incheon.

14 다음 주어진 단어를 알맞은 순서로 배열하시오.

A : Mary, is, where, from, ?
B : She is from France.

15 다음 대화의 빈칸에 들어갈 말로 알맞게 짝지어진 것은?

A : Where _____ the books?
B : _____ are on the desk.

① are − It
② are − They
③ is − It
④ are − There
⑤ is − There

16 다음 대화의 빈칸에 들어갈 알맞은 말은?

> A : _____ is the nearest restaurant?
> B : It's next to the bookstore.

① How   ② What   ③ When
④ Who   ⑤ Where

17 빈칸에 들어갈 알맞은 말은?

> A : _____ did you visit your uncle?
> B : Last month.

① How   ② What   ③ When
④ Who   ⑤ Where

18 다음 대화의 빈칸에 알맞은 말은?

> A : _____?
> B : At 7:30.

① What's your phone number?
② Can you come to the party?
③ When is your birthday?
④ When does the party start?
⑤ What day is it?

19 다음 대화의 빈칸에 들어갈 알맞은 말은?

> A : _____ was the first World Cup held?
> B : It was held in 1930.

① How   ② What   ③ When
④ Who   ⑤ Where

20 다음 대화의 빈칸에 가장 알맞은 것은?

> A : When do you come home?
> B : _____

① It's Wednesday.
② I go to swimming lesson every Sunday.
③ At five.
④ It's 9:50.
⑤ It's June 25th.

21 다음과 같은 응답이 나올 수 있는 질문으로 알맞은 것은?

> He goes to school at 8:30 a.m.

① Whom do you like?
② Where do Mike get up?
③ What time does Jane go to school?
④ When does Mike go to school?
⑤ When Mike goes to school?

22 다음 대화의 밑줄 친 부분과 바꾸어 쓸 수 있는 알맞은 의문사를 한 단어로 쓰시오.

> A : <u>What time</u> does the concert begin?
> B : It begins at 7:00.

ENGLISH ❖ GRAMMAR

how, which, why

1 의문사 how

'어떻게'의 뜻으로 방법, 수단, 의견, 안부 등을 물을 때 쓴다.

1 방법, 수단

· A : **How** do you go to school?

B : I go to school **on foot**.

I go to school on foot.
= I walk to school.

▪어떻게 학교에 가니?/ 걸어서 학교에 가.

2 의견 묻기

· **How do you like** this food?

= **What do you think of** this food?

· **How** was your trip to America?

= **How** did you like your trip to America?

· **How about** you?

= **What about** you?

· **How** is the weather?

= **What** is the weather **like**?

▪이 음식 어때? (맘에 드니?)
▪미국 여행 어땠어?
▪너는 어때?
▪날씨가 어때?

3 안부 인사

· **How** are you?

= **How** are you doing?

= **How**'s it going?

= **How**'s everything?

▪어떻게 지내니?

▌EXERCISE ▌A

[01~04] 다음 두 문장이 같은 의미가 되도록 빈칸에 알맞은 말을 쓰시오.

01 How do you like your school?

= _____ do you think of your school?

02 What about you?　　= _____ about you?

03 How's it going?　　= _____ are you?

04 How is the weather?　　= What is the weather _____?

○ MEMO ○
▪think of ~ ~에 대해 생각하다
▪weather ⑲ 날씨

2 how + 형용사(부사)

1 나이 묻기
· A : **How old** is your brother?
  B : He is sixteen years old.

•너의 형은 몇 살이니?/그는 16 살이다.

2 키 묻기
· A : **How tall** is she?
  B : She is 155 centimeters tall.

•그녀의 키는 몇이니?/그녀는 155cm이다.

3 수량 묻기
· A : **How many** pencils do you have?
  B : I have three pencils.
  How many + 셀 수 있는 명사의 복수형 : 얼마나 많은 (수) ~?, 몇 개의 ~?
  How much + 셀 수 없는 명사 : 얼마나 많은 (양) ~?

•너는 몇 개의 연필을 가지고 있니?/난 3개의 펜을 가지고 있어.

4 가격 묻기
· A : **How much** is this book?
  B : It's 5,000 won.

•이 책은 얼마입니까?/그것은 5천 원입니다.

5 빈도 · 횟수 묻기
· A : **How often** do you cook a week?
  B : Once a week.
  How often ~?은 How many times ~?로 바꾸어 쓸 수 있다.

•넌 일주일에 몇 번이나 요리를 하니?/일주일에 한 번 해.

6 기간 묻기
· A : **How long** do you watch TV every day?
  B : About 30 minutes.

•넌 매일 얼마나 오래 TV를 보니?/30분 정도.

▌EXERCISE ▌B

[01~04] 다음 빈칸에 알맞은 말을 쓰시오.

○ MEMO ○
•station 명 역

01 A : _____ _____ is he?   B : He is 170cm tall.

02 A : _____ _____ is the doll?   B : It's ten dollars.

03 A : _____ _____ does it take to get to the station?
   B : It takes 15 minutes by bus

04 A : How _____ do you read books a week?
   B : I read a book every day.

의문사 which

선택의 대상이 정해져 있을 때는 which(어느 것)를, 선택의 대상이 정해져 있지 않을 때는 what(무엇)을 쓰는 것이 원칙이지만 잘 지켜지지 않는 경우도 있다.

· A : **Which** season do you like, summer or winter?
  B : I like summer.

▪너는 여름과 겨울 중에 어느 계절을 좋아하니?/나는 여름을 좋아해.

· A : **Which** car do you want to buy?
  B : I'd like to buy that car.
  바로 눈앞에 보이는 차 중에서 어느 차를 의미할 때는 Which car~?를 쓰고 수많은 차 중에서 어떤 차를 물을 때는 What kind of car~?를 쓴다.

▪어느 차를 사고 싶니?/저 차를 사고 싶어.

· I have a red cap and a blue cap. **Which** do you want?

▪빨간 모자와 청색 모자가 있다. 어느 것을 원하니?

▌ EXERCISE ▌ C

[01~05] 다음 빈칸에 알맞은 단어를 쓰시오.

⊸ **MEMO** ⚬
▪boss 몡 사장

01 A : _____ is that man?
   B : He's my boss.

02 A : _____ likes Min-su?
   B : Su-jin does.

03 A : _____ is your name?
   B : My name is Mike.

04 A : _____ is he?
   B : He is a doctor.

05 A : _____ do you want, juice or tea?
   B : Juice, please.

4 why

'왜'의 뜻으로 이유를 물을 때 쓴다. 접속사 because를 사용하여 답할 수 있다.

· A : **Why** are you late for school?
  B : Because I got up late this morning.

  be late for ∼ : ∼에 늦다 / because ∼ : ∼ 때문에

· A : **Why** did he go to the U.S.?
  B : To study English.

  He went to the U.S. to study English의 줄임말이다. to study는 '공부하기 위해서'
  의 의미이다.

· A : **Why don't you** look for a job?
  B : OK. I think I will.

  Why don't you + 동사원형? ∼하는 게 어때? / look for∼ ∼을 찾다

- 왜 지각했니?/오늘 아침에 늦게 일어났어.
- 왜 그는 미국에 갔니?/영어를 공부하기 위해서.
- 직장을 찾아보는 게 어때?/그럴 생각이야.

▌EXERCISE ▌ D

[01∼04] 다음 괄호 안에서 알맞은 말을 고르시오.

01 A : (When, Why, How) don't you have this cake?
    B : Because I'm full.

02 A : (When, Why, How) do you love her?
    B : Because she is pretty and smart.

03 A : (What, How, Why) don't you make it yourself?
    B : OK. I will.

04 A : (What, How, Why) do you think so?
    B : Because she always gets up late.

○ MEMO ○
- smart 형 영리한
- yourself 대 너 자신

01 다음 질문에 대한 대답으로 <u>어색한</u> 것은?

> How are you doing?

① Fine, thanks.　② I'm fine.
③ Not bad.　④ Pretty good.
⑤ That's right.

02 다음 밑줄 친 부분과 바꿔 쓸 수 <u>없는</u> 것은?

> A : Hello, Jane. <u>How are you?</u>
> B : Not bad.

① How's everything?
② How are things going?
③ How are you doing?
④ How's it going?
⑤ How about you?

03 다음 대화의 빈칸에 알맞은 말을 쓰시오.

> A : How do you go to school?
> B : I go to school _____ bus.

04 다음 대화의 빈칸에 들어갈 말로 알맞은 것은?

> A : How do you like the watch?
> B : _____

① Oh, I like it very much.
② Thank you.
③ I am glad.
④ That's all right.
⑤ How nice of you.

05 다음 대화의 빈칸에 알맞은 것은?

> A : Do you exercise every day?
> B : No, I don't. _____
> A : I exercise every day.

① How are you?
② What's wrong?
③ How about you?
④ Where do you exercise?
⑤ How long do you exercise?

06 다음 대화의 빈칸에 알맞은 표현은?

> A : _____
> B : He is thirteen years old.

① Who's he?
② What's his name?
③ Where is he?
④ What does your father do?
⑤ How old is he?

07 다음 대화의 빈칸에 들어갈 알맞은 문장은?

> A : _____
> B : I have Mom, Dad and a brother.

① How many are there in your family?
② What does your father do?
③ How about going to your family?
④ Where is your family from?
⑤ What does your family want?

08 다음 대화의 빈칸에 들어갈 말로 알맞은 것은?

> A : How do you _____ your first name?
> B : S, U, M, I.

① speak ② read ③ write
④ spell ⑤ act

09 다음 대화에서 A의 질문으로 알맞은 것은 무엇인가?

> A : _____
> B : We have four cousins.

① How much cousin do you have?
② How many cousin do you have?
③ How many do you have cousins?
④ How many cousins do you have?
⑤ How much cousin do you have?

10 다음 빈칸에 알맞은 표현은?

> A : _____ do you go to church?
> B : Once a week.

① How much ② How long
③ How far ④ How
⑤ How often

11 다음 대화의 빈칸에 들어갈 수 없는 것은?

> A : How often does he use a dictionary?
> B : He _____ uses a dictionary.

① several ② never ③ sometimes
④ often ⑤ always

12 두 문장의 뜻이 같도록 할 때 빈칸에 들어갈 알맞은 표현은?

> How many times do you exercise a week?
> = _____ do you exercise a week?

① How many ② Why
③ How often ④ When
⑤ How much

13 다음 대화의 빈칸에 어울리지 않은 것은?

> A : How many times do you watch TV?
> B : _____

① On Saturdays.
② Every other day.
③ About two weeks.
④ Several times a week.
⑤ Twice a month.

14 다음 대화의 빈칸에 들어갈 알맞은 말은?

> A : _____ does it take to go to your school?
> B : It takes 20 minutes to go to my school.

① How far ② How long
③ How often ④ How soon
⑤ How much

15 다음 대화가 완성되도록 빈칸에 알맞은 말을 쓰시오.

> A : How long does it take to the station?
> B : _____ _____ five minutes.

16 다음 밑줄 친 부분과 같은 의미가 되도록 빈칸에 알맞은 한 단어를 쓰시오.

> A : How long does it take to get there?
> B : It takes thirty minutes.
> = It takes _____ an hour.

17 다음 대화의 빈칸에 알맞은 말은?

> A : _____ will you stay in Korea?
> B : For three weeks.

① How often ② How long
③ How many ④ How much
⑤ How well

18 다음 빈칸에 들어갈 알맞은 말은?

> _____ flowers do you like better, roses or carnations?

① Whose ② Which ③ What
④ How ⑤ Who

19 다음 대화의 빈칸에 들어갈 단어는?

> A : _____ are you so late?
> B : I got up late, so I missed the bus.

① Why ② When ③ How
④ Who ⑤ Where

20 다음 질문에 이어질 응답으로 알맞은 말은?

> A : Why do you want to be a doctor?
> B : _____

① Yes, I do.
② I like studying birds.
③ I like watching movies.
④ I want to be a scientist.
⑤ I like helping sick people.

21 다음 두 문장이 같은 의미가 되도록 할 때 빈칸에 알맞은 의문사는?

> Why are you so happy?
> = _____ makes you so happy?

① How ② When ③ What
④ Where ⑤ Why

22 다음 주어진 단어를 알맞게 배열하여 다시 쓰시오.

> so, angry, why, you, are, ?

23 다음 대화의 빈칸에 들어갈 말로 가장 알맞은 것은?

> A : _____ is Su-jin absent from school?
> B : Because she has a terrible cold.

① What ② How ③ When
④ Why ⑤ Where

Chapter

04

명사와 관사

THINKPLUS ✦ ENGLISH SERIES

07 Unit

ENGLISH ✛ GRAMMAR

명사

Chapter 04

사람, 사물, 장소, 생각 등을 나타내는 말을 명사라 한다.

1 셀 수 있는 명사

1 보통명사
일정한 형태가 있거나, 형태는 없지만 구별이 분명하여 셀 수 있는 명사

예 book, apple, chair, friend, teacher, man

· This is **a chair**. **The chair** is mine. (NOT : This is chair. ~~Chair~~ is mine.)
셀 수 있는 명사의 단수형은 a[an], the, this, that 혹은 소유격과 같은 수식어가 반드시 필요하며 홀로 쓰이지 못한다.

· This is a chair, too. It isn't **my chair**.

· There are **four seasons** in Korea.
둘 이상을 의미할 때는 복수형으로 써야 한다. seasons는 season(계절)의 복수형이다.

· These are **chairs**.
복수형은 수식어 없이도 쓰일 수 있다.

▪이것은 의자이다. 그 의자는 나의 것이다.
▪이것 또한 의자이다. 그것은 나의 의자가 아니다.
▪한국에는 4계절이 있다.
▪이것들은 의자들이다.

2 집합명사
개개의 사람이나 사물이 모여서 이루어진 집합체를 나타내는 말.

예 class(학급), family(가족)

· My **family** *is* a large one.   <단수>

· Twenty **families** *live* in the village. <복수>

· My **family** *are* all well.   <복수>
집합체에 속한 개개인의 사람을 의미할 때는 복수 취급한다. 가족이라는 집합이 건강하다는 것을 의미하는 것이 아니라 가족에 속한 사람들 개개인이 건강하다는 의미이므로 복수동사 are를 쓴다.

▪우리 가족은 대가족이다.
▪20세대가 그 마을에 산다.
▪우리 식구들은 모두 건강하다.

▌EXERCISE ▌A

[01~07] 다음 괄호 안에서 알맞은 말을 고르시오.

01 She is (teacher, a teacher).

02 I like (apple, apples).

03 These are (a pencil, my pencils).

04 The class (is, are) all diligent.

05 His class (is, are) very small.

06 My family (rises, rise) early in the morning.

07 Our school has twenty-four (class, classes).

○ MEMO ○
▪diligent ⑱ 부지런한, 근면한

2 셀 수 있는 명사의 복수형

1 규칙 변화

■ 대부분 -s를 붙인다.

· pencil - pencils   · doctor - doctors   · hospital - hospitals   ■연필 의사 병원

■ 자음+o, -s, -x[s], -sh, ch로 끝나는 단어는 -es를 붙인다

· bus - buses   · watch - watches   · dish - dishes   ■버스 시계 접시
· potato - potatoes   · tomato - tomatoes   · hero - heroes   ■감자 토마토 영웅

예외 : piano(피아노) – pianos ﹑photo(사진) – photos

■ 모음+o는 -s를 붙인다.

· zoo - zoos   radio - radios   ■동물원 라디오

■ 「자음+y」로 끝나는 단어는 y를 i로 고치고 -es를 붙인다. 단,「모음+y」로 끝나는 단어는 -s만 붙인다

· baby - babies   · party - parties   · lily - lilies   ■아기 파티 백합
· candy - candies   · boy - boys   · monkey - monkeys   ■사탕 소년 원숭이

■ -f나 -fe로 끝나는 단어는 f나 fe를 v로 고치고 -es를 붙인다.

· leaf - leaves   · wolf - wolves   · knife - knives   ■잎 늑대 칼
· thief - thieves   ■도둑

예외 : · roof(지붕) – roofs   · cliff(벼랑) – cliffs

2 불규칙 변화

· man - men   · woman - women   · foot - feet   ■남자 여자 발
· tooth - teeth   · child - children   · mouse - mice   ■이 아이 쥐
· fish - fish   · sheep - sheep   · deer - deer   ■물고기 양 사슴

▌EXERCISE ▌B

[01~12] 다음 단어의 복수형을 쓰시오.

○ MEMO ○

01 pencil - _____   07 lady - _____

02 doctor - _____   08 key - _____

03 potato - _____   09 leaf - _____

04 hero - _____   10 roof - _____

05 dish - _____   11 child - _____

06 photo - _____   12 tooth - _____

3 복수명사 어미 -s,-es의 발음

■ 무성음(p, f, k, t 등)뒤의 -s는 [s]로 읽는다.

· [s]   cat**s**   week**s**   sock**s**

■ 유성음(모음, b, d, g, l, m 등)뒤의 -s는 [z]로 읽는다.

· [z]   tree**s**   dog**s**   boy**s**   car**s**

■ -s, sh, -ch, -x로 끝나는 명사 뒤의 -es는 [iz]로 읽는다.

· [iz]   bus**es**   dish**es**   watch**es**   box**es**

▌EXERCISE ▌ C

[01~06] 다음 밑줄 친 부분의 발음을 [s],[z],[iz]로 구별하여 표기하시오.

01 park<u>s</u>   03 bench<u>es</u>   05 book<u>s</u>

02 room<u>s</u>   04 hous<u>es</u>   06 tomato<u>es</u>

○ MEMO ○
- park ⑲ 공원
- bench ⑲ 긴 의자

4 형태는 복수이지만 단수 명사이고 단수 동사를 받는 명사

mathematics(수학)   economics(경제학)   physics(물리학)   news(뉴스)

· **Mathematics** *is* my favorite subject.

· The **news** *makes* me angry.

- 수학은 내가 가장 좋아하는 과목이다.
- 그 소식은 나를 화나게 한다.

5 항상 복수로 쓰는 명사

짝을 이루어 쓰는 말들은 항상 복수형을 쓰며, 수량을 셀 때는 「a pair of + 복수명사」, 「two pairs of + 복수명사」와 같이 쓴다.

예 socks(양말), shoes(구두), pants(바지), scissors(가위), glasses(안경), sneakers (운동화), gloves(장갑)

· a pair of **pants** (NOT : ~~a pants~~)   · a pair of **shoes** (NOT : ~~a shoes~~)

· two pairs of **shoes** (NOT : ~~two shoes~~)

- 바지 한 벌
- 신발 한 켤레
- 신발 두 켤레

▌EXERCISE ▌ D

[01~02] 다음 틀린 부분을 알맞게 고쳐 쓰시오.

01 I'm looking for a pair of sneaker.

02 I am going to buy two pair of shoes.

○ MEMO ○
- sneakers ⑲ 운동화

3 셀 수 없는 명사

1 고유명사

사람 · 장소 · 사물의 고유한 이름을 나타내는 말이다. 첫 글자는 대문자

> 예 Jane, Mike, Seoul, Korea

· **Kim Min-su.** <한국인 : 성+이름 > · **David Smith.** <미국인 : 이름+성 >

서로 잘 알지 못하는 사이에는 이름과 성(David Smith) 혹은 Mr. Smith라 부르지만, 서로 친한 사이에서는 이름(David)만 부른다.

· **Seoul** is the capital of **Korea**.

▪서울은 한국의 수도이다.

2 물질명사

일정하지 않은 물질이나 재료, 음식물 등에 붙여진 이름을 말한다. 단수 취급한다.

> 예 flour(밀가루), sugar(설탕), salt(소금) / water(물), milk(우유) / butter(버터), bread(빵), cheese(치즈) / paper(종이), stone(돌), wood(나무) / rain(비), snow(눈), fog(안개) / money(돈), furniture(가구)

· **Money** is not everything.

· I'm going to buy some **bread**. (NOT : … some ~~breads~~)

· I need **butter**, **sugar**, and **an egg**.

▪돈이 전부는 아니다.
▪나는 빵을 사러 갈 예정이다.
▪난 버터와 설탕, 그리고 계란 하나가 필요하다.

3 추상명사

사람의 마음 속에 존재하는 추상적인 성질, 상태, 개념 등에 붙여진 이름을 말한다. 단수 취급한다.

> 예 love(사랑), time(시간), advice(충고), information(정보), homework(숙제), work(일)

· I have much **work** to do.

· I need some **information** about him.

▪나는 할 일이 많다.
▪나는 그에 관한 정보가 필요하다.

▌EXERCISE ▌ E

[01~12] 셀 수 있는 명사는 C, 셀 수 없는 명사는 U로 표기하시오.

○ MEMO ○
▪season 명 계절

01 flour - _____   07 rain - _____

02 chair - _____   08 dollar - _____

03 furniture - _____   09 butter - _____

04 advice - _____   10 work - _____

05 picture - _____   11 homework - _____

06 information - _____   12 season - _____

4 　같은 단어가 의미에 따라 셀 수 없는 명사로 쓰이기도 하고 셀 수 있
　　는 명사로 쓰이기도 한다.

　　　· She has long **hair**. <머리 모양 전체> - 셀 수 없는 명사

　　　· There is **a hair** in this food. <머리카락 하나> - 셀 수 있는 명사

　　　· This bottle is made of **glass**. <유리>

　　　· There are two **glasses** on the table. <유리잔>

　　　· He is wearing **glasses**. <안경>

▪ 그녀는 긴 머리를 하고 있다.
▪ 이 음식에 머리카락이 하나 있
　다.
▪ 이 병은 유리로 만들어졌다.
▪ 탁자위에 두 개의 잔이 있다.
▪ 그는 안경을 쓰고 있다.

5 　셀 수 없는 명사의 수량 표현
　　셀 수 없는 명사의 수량은 그 물건의 형태나 용기와 관계있는 명사(조수사)
　　를 사용하여 나타낸다.

　　　· a cup of coffee[tea] = 커피[차] 한 잔

　　　· two cups of coffee = 커피 두 잔

　　　· a glass of milk[water] = 우유[물] 한 잔

　　　· two glasses of milk = 우유 두 잔

　　　· a slice of pizza = 피자 한 조각

　　　· two slices of pizza = 피자 두 조각

　　　· a piece[loaf] of bread = 빵 한 조각[덩어리]

　　　· a piece of chalk = 분필 한 자루

　　　· a sheet[piece] of paper = 종이 한 장

　　　· 1 1/2 cups of flour = 밀가루 한 컵 반

　　　· 1/3 cup of sugar = 설탕 1/3컵

　　　· a piece of advice = 충고 한마디

▌EXERCISE▌F

[01~06] **다음 우리말을 영어로 옮기시오.**

01 커피 한 잔 _____

02 우유 두 잔 _____

03 빵 한 조각 _____

04 피자 두 조각 _____

05 종이 한 장 _____

06 충고 한 마디 _____

○ **MEMO** ○
▪bread 영 빵
▪advice 영 충고

4 셀 수 있는 명사와 셀 수 없는 명사 비교

수량의 표현	셀 수 있는 명사		셀 수 없는 명사	
	옳은 표현	틀린 표현	옳은 표현	틀린 표현
a/an (one)	a book	This is book.	a glass of water	a water
two	two books	two book	two cups of water	two water two waters
three	three books	three book	three glasses of water	three water three waters
some	some books	some book	some water	some waters
a few 혹은 few	a few books	a few book	없음	
a little 혹은 little	없음		a little water	a little waters
a lot of = lots of(많은)	a lot of books	a lot of book	a lot of water	a lot of waters
many(많은)	many books	many book	없음	many water many waters
much(많은)	없음	much book much books	much water	much waters

· few '거의 없는', a few '조금 있는, 몇 개의', little '거의 없는', a little '조금 있는'
· few/a few+셀 수 있는 명사(복수형), little/a little+셀 수 없는 명사

▌EXERCISE ▌G

[01~06] 다음 틀린 부분을 바르게 고쳐 쓰시오.

01 My mother drinks milks every morning.

02 I don't put sugars in coffee.

03 We have to drink a water every day.

04 I need some informations about him.

05 I have many work to do today.

06 I have a little friends.

○ MEMO ○
· information ⑱ 정보
· have to + 동사원형
  = ~해야 한다

[01~02] 단어의 복수형이 바르지 않은 것을 고르시오.

01 ① egg - eggs ② pear - pears
   ③ candy - candies ④ potato - potatos
   ⑤ leaf - leaves

02 ① a box - boxes
   ② a boy - boys
   ③ a baby - babies
   ④ a child - children
   ⑤ a foot - foots

03 다음 단어의 복수형이 바르게 연결된 것은?
   ① boy - boies ② box - boxs
   ③ apple - apples ④ bench - benchs
   ⑤ lady - ladys

04 다음 밑줄 친 부분이 잘못 쓰인 것은?
   ① I like bananas.
   ② She has two babies.
   ③ Mom washes the dishes.
   ④ They have only one children.
   ⑤ Three potatoes are on the table.

05 다음 밑줄 친 부분이 바르게 쓰인 것은?
   ① I have three bookes.
   ② Mr. Kim has two childs.
   ③ My sister has two watches.
   ④ Look at the boxs on the table.
   ⑤ There is two dogs near the tree.

06 다음 빈칸에 쓸 수 있는 말은?

   > I have three _____.

   ① money ② water ③ milk
   ④ apples ⑤ book

07 다음 빈칸에 올 수 없는 표현은?

   > Su-mi likes _____.

   ① orange ② milk ③ books
   ④ Busan ⑤ music

08 다음 문장 중 틀린 것을 2개 고르시오.
   ① This is my dog, Ben.
   ② She has big black eyes.
   ③ She has brown hairs.
   ④ She is a wonderful pet.
   ⑤ She has a small ears, a small nose and a big mouth.

09 다음 밑줄 친 말과 같은 의미를 가진 단어끼리 알맞게 짝지어진 것은?

   > · There are a lot of books on the desk.
   > · There is a lot of food in the party.

   ① a few - few ② much - many
   ③ a little - little ④ many - much
   ⑤ some - any

10 다음 중 밑줄 친 부분이 바르게 쓰인 것은?

> I have flour, ①baking sodas, sugar, ② a butter, ③egg and ④milks. But I don't have any ⑤bananas.

11 다음 빈칸에 들어갈 알맞은 말이 바르게 짝지어진 것은?

> · I have _____ work to do.
>   나는 할 일이 많다.
> · She has _____ books.
>   그녀는 많은 책을 가지고 있다.

① many - much   ② much - some
③ a lot of - much   ④ much - many
⑤ many - a lot of

12 다음 빈칸에 공통으로 쓸 수 있는 것은?

> · We spend _____ time together.
> · We will have _____ fun.
> · He told me _____ interesting things about you.

① many   ② much   ③ a lot of
④ a few   ⑤ a little

13 다음 빈칸에 들어갈 수 없는 것은?

> He is going to buy a few _____ at the supermarket.

① clothes   ② apples   ③ water
④ pencils   ⑤ books

14 다음 빈칸에 들어갈 수 없는 것은?

> I have _____ friends in my class.

① some   ② many   ③ a few
④ a little   ⑤ three

15 다음 빈칸에 알맞지 않은 것은?

> I'm looking for a pair of _____.

① pants   ② socks   ③ glasses
④ shirts   ⑤ sneakers

16 다음 문장에서 잘못된 것은?

> I am ①looking ②for a ③pair of ④ pants. But ⑤this pants are good.

17 빈칸에 들어갈 말이 보기의 밑줄 친 것과 같은 것은?

> Yesterday I bought a <u>pair</u> of sneakers at a flea market.

① I ate a _____ of cake for lunch.
② Tom drank a _____ of milk.
③ I want to buy a _____ of glasses.
④ Jane gave a _____ of paper to Tom.
⑤ Tom bought a _____ of sugar at the market.

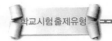
18 다음 빈칸에 들어갈 낱말이 차례대로 올바른 것은?

> · Su-jin bought two _____ of ice cream.
> · Would you like a _____ of pizza?
> · Please give me a _____ of water.

① glass – slice – piece
② cups – glass – glass
③ corns – piece – slice
④ cups – slice – glass
⑤ glass – piece – cup

19 다음 밑줄 친 부분의 표현이 <u>어색한</u> 것은?

① Cathy ate <u>two slice of pizza</u>.
② Can I get you <u>a cup of coffee</u>?
③ I drink <u>a glass of water</u> after meal.
④ Will you bring me <u>a slice of cheese</u>?
⑤ They bought <u>three cups of ice cream</u>.

20 밑줄 친 말의 쓰임이 바르게 된 것은?

① Su-mi gave me <u>two waters</u>.
② Mi-jin bought <u>two cups of ice creams</u>.
③ I don't have <u>a lot of moneys</u>.
④ There are <u>some pieces of chalk</u> in the box.
⑤ I ate <u>two slice of cheese</u> in the morning.

21 다음 중 어법상 옳은 문장은?

① I need a butter, sugar, and an egg.
② I need two cups of coffees.
③ I need two orange and two apples.
④ I need a glass of milk.
⑤ I need some waters to drink.

22 다음 문장의 빈칸에 공통으로 들어갈 말을 쓰시오.

> · I'll have a _____ of pizza.
> · I want to buy a _____ of cheese.

23 다음 문장에서 <u>틀린</u> 부분을 찾아 바르게 고치시오.

> Can you give me some informations about planes to New York?

24 다음 중 옳은 문장은?

① Korea stands between china and japan.
② Mathematics are my favorite subject.
③ We had much rain last year.
④ There is a lot of people in the park.
⑤ We have some furnitures.

1 부정관사 a(an)

부정관사 a(an)은 셀 수 있는 단수 명사 앞에 쓴다. 복수명사나 셀 수 없는 명사 앞에는 부정관사를 쓰지 않는다.

 부정관사 a(an)의 쓰임

■ 자음 발음으로 시작되는 단어 앞에 a를 쓰고 모음 발음으로 시작되는 단어 앞에 an을 쓴다.

· **a** book   · **a** chair   · **a** girl   · **a** hamburger

· **an** apple   · **an** egg   · **an** orange   · **an** American

　· 자음 발음 기호 : [b, ʧ, d, f, g, h, ʤ, k, l, m, n, p, r, s, t, v, z 등]
　· 모음 발음 기호 : [a, e, i, o, u, ɔ, æ, ɛ, 등]

■ 철자와 발음이 다른 경우 발음을 기준으로 a와 an을 구별하여 쓴다. 발음 기호 [j],[w]는 자음으로 취급한다.

· **a** year   · **a** uniform   · **a** window   · **an** hour

■ 명사 앞에 형용사가 올 경우 형용사의 첫 발음에 따라 a와 an을 구별하여 쓴다.

· **a** computer · **a** new computer   · **an** old computer

· **a** car   · **a** useful car   · **an** old car

· **an** honest girl

2 부정관사의 의미

■ 막연한 하나 (해석하지 않음)

· My father is **a** teacher.

■ 하나의 (one)

· **A** week has seven days.

· Rome was not built in **a** day.

· He didn't say **a** word.

■ 똑같은 (=the same)

· We are of **an** age.

■ ~마다 (=per)

· I play soccer once **a** week.

· Take this medicine three times **a** day.

■ 아빠는 선생님이다.
■ 일주일에는 7일이 있다.
■ 로마는 하루에 이루어지지 않았다.
■ 그는 한 마디도 하지 않았다.
■ 우리는 같은 나이(동갑)이다.
■ 나는 일주일에 한 번 축구를 한다.
■ 이 약을 하루에 세 번 드시오.

▌EXERCISE ▌A

[01~08] 다음 빈칸에 a 또는 an을 쓰시오.

01 I am _____ student.

02 He likes _____ apple.

03 She wears _____ uniform.

04 _____ hour has sixty minutes.

05 He is _____ honest boy.

06 She is _____ nice teacher.

07 Mr. Kim is _____ English teacher.

08 I have _____ old computer.

○ MEMO ○
▪ wear ⑤ 입다
▪ uniform ⑲ 제복, 유니폼
▪ honest ⑲ 정직한

2 관사가 쓰이지 않는 경우

1 셀 수 없는 명사 앞
고유명사(사람이름, 지명), 물질명사(water, bread, paper, money 등), 추상명사(love, peace 등) 앞에 관사를 쓸 수 없다

· My name is **Mike**. (NOT : a Mike)

· I'm from **Korea**.

▪ 내 이름은 Mike이다.
▪ 나는 한국에서 왔다.

2 my, his, her, your 등 소유격의 앞뒤에

· She is my mother. (NOT : a my mother)

▪ 그녀는 나의 엄마다.

3 운동경기, 식사이름, 과목, 계절 이름 앞에

· play **baseball** <운동경기> (NOT : play the baseball)

· have **breakfast** <식사이름>   · study **English** <과목>

· **Spring** has come.<계절>

▪ 야구를 하다
▪ 아침을 먹다
▪ 영어를 공부하다
▪ 봄이 왔다.

4 교통수단을 나타낼 때

· by **bus**   · by **subway**   · on **foot**

▪ 버스로
▪ 지하철로
▪ 걸어서

5 뒤에 명사가 없는 형용사 앞에

· I am happy. (NOT : I am a happy.)

▪ 나는 행복하다.

▌EXERCISE ▌B

[01~08] 다음 중 옳은 문장에 O, 틀린 문장에 X를 표기하세요.

01 We are a students.(　　)

02 I am from Korea.(　　)

03 He is a kind.(　　)

04 It is my pen.(　　)

05 You are a Jane.(　　)

06 He is your a teacher.(　　)

07 She goes to school by a bus.(　　)

08 He is playing basketball now.(　　)

[09~12] 다음 빈칸에 a 또는 an을 쓰고, 둘 다 쓸 수 없는 경우에는 ∅표 하세요.

09 He is wearing _____ uniform.

10 He is _____ engineer.

11 Let's play _____ soccer.

12 I go to school on _____ foot every day.

───○ MEMO ○───
▪engineer ⑲ 기술자

3 정관사

정관사 the는 단수 명사 또는 복수 명사 앞에 모두 쓸 수 있으며, 셀 수 없는 명사 앞에도 쓰일 수 있다. 서로 알고 있는 특정한 어떤 사물을 말하고자 할 때 쓴다.

1 앞에서 언급한 내용을 다시 말할 때 쓰고 「그」라고 해석한다.

· I have a piano. **The piano** is in my room.

▪나는 피아노 한 대가 있다. 그 피아노는 나의 방 안에 있다.

2 서로 알고 있는 것을 가리킬 때 : 주로 명령문

· Please open **the window**.
명령하는 사람이나 명령을 받는 사람이나 어떤 창문인지 서로 알고 있다.

▪창문 좀 열어 주십시오.

3 다른 말에 의해 꾸밈을 받는 명사 앞에

· **The water** *in this lake* is very clean.

· **The book** *on the desk* is mine.

▪이 호수에 있는 물은 아주 깨끗하다.
▪책상 위에 있는 책은 나의 것이다.

4 세상에서 유일한 것

· **the** sun   · **the** moon   · **the** Earth   · **the** world

· **The** sun rises in the east.

▪태양, 달, 지구, 세계
▪해가 동쪽에서 뜬다.

5 '(악기를) 연주하다' 에서 악기 이름 앞에

· She plays **the violin** very well.

cf. He plays **baseball** well.
운동경기 앞에는 관사를 붙이지 않는다.

▪그녀는 바이올린을 잘 연주한다.
cf. 그는 야구를 잘 한다.

6 관용적인 표현

· in **the** morning   · in **the** afternoon   · in **the** evening

cf. at night

▪아침에 오후에 저녁에
cf. 밤에

▌EXERCISE ▌C

[01~08] 다음 빈칸에 알맞은 관사(a, an, the)를 쓰고 필요 없으면 ⑪표 하시오.

01 There are 24 hours in _____ day.

02 He is _____ honest boy.

03 He plays _____ soccer after school.

04 My sister is playing _____ piano.

05 _____ sun rises in the east.

06 Please pass me _____ salt.

07 I get up late in _____ morning.

08 I have a cat. _____ cat is very cute.

○ MEMO ○
▪honest 혱 정직한
▪rise 동 일어나다, (해가)뜨다

01 다음 중 빈칸에 an이 들어갈 수 있는 것은?

① That's ____ old house.

② This is ____ new pen.

③ She is ____ teacher.

④ This is ____ big apple.

⑤ This is ____ book.

02 다음 빈칸에 a가 들어갈 수 있는 것은?

① She is ____ Miss Song.

② I am ____ American.

③ It is ____ your book.

④ This is ____ computer.

⑤ That is ____ my radio.

03 다음 문장의 빈칸에 들어갈 말이 <u>다른</u> 하나는?

① I'm ____ middle school student

② He is ____ tall boy.

③ Jane is ____ beautiful.

④ It is ____ rabbit.

⑤ This is ____ computer.

04 다음 빈칸에 들어갈 수 <u>없는</u> 것은?

I have a _____.

① uniform   ② banana

③ friend   ④ English book

⑤ sister

05 다음 중 옳은 문장은?

① This is a cute.

② This is cute dog.

③ This is a cute dog.

④ This is a my dog.

⑤ This is my the dog.

06 다음 중 빈칸에 들어갈 말이 <u>다른</u> 하나는?

① This is _____ big apple.

② That is _____ pen.

③ It is _____ bicycle.

④ You are _____ girl.

⑤ He is _____ English teacher.

07 다음 빈칸에 들어갈 수 <u>없는</u> 말은?

I'll give you a _____ as a present.

① watch   ② book   ③ pencil

④ CD   ⑤ milk

08 다음 빈칸에 'a'가 들어갈 수 <u>없는</u> 것은?

① My sister has ____ beautiful handbag.

② Use ____ my pencil-case on the desk.

③ We have ____ radio in our room.

④ She is ____ doctor.

⑤ She doesn't have ____ house.

09 다음 중 어법상 표현이 어색한 것은?

> Jane bought ①a slice of cheese and ②a cup of ice cream. Cathy had ③ three apples and ④a cheese. Mike had ⑤a hamburger.

10 빈칸에 공통으로 들어갈 말을 쓰시오.

> · I have ＿＿ high fever.
> · He has ＿＿ cough.
> · She has ＿＿ terrible cold.
> · She has ＿＿ runny nose.

11 다음 밑줄 친 부분과 쓰임이 같은 것은?

> We have music once a week.

① It is a book.
② He didn't say a word.
③ They are of an age.
④ A dog is a clever animal.
⑤ John plays tennis twice a week.

12 다음 중 빈칸에 the가 필요한 것은?

① I can play ＿＿ chess.
② Su-mi plays ＿＿ guitar.
③ She doesn't like to play ＿＿ tennis.
④ He plays ＿＿ soccer with his friend.
⑤ They play ＿＿ baseball after school.

13 다음 빈칸에 the를 쓸 수 없는 것은?

① I get up early in ＿＿ morning.
② Please close ＿＿ door.
③ The moon moves around ＿＿ Earth.
④ He plays ＿＿ guitar very well.
⑤ He plays ＿＿ baseball very well.

14 다음 빈칸에 들어갈 말이 알맞게 짝지어진 것은?

> I have ＿＿ iguana. ＿＿ iguana is too small.

① a - an   ② an - An   ③ a - A
④ an - The   ⑤ a - The

15 다음 빈칸에 들어갈 알맞은 말을 한 단어로 쓰시오.

> He is my age.
> = He and I are of ＿＿＿＿ age.
> 그는 나와 동갑이다.

16 다음 중 어법상 옳은 문장은?

① Is your father teacher?
② She is playing piano.
③ Your friend is a very kind.
④ We went to the park by the bus.
⑤ Did you play baseball yesterday?

Chapter

05

여러가지 문장

THINKPLUS ✦ ENGLISH SERIES

 명령문의 형태와 의미

상대방에게 명령, 지시, 부탁 등을 할 때 명령문을 쓴다. 주어 You를 빼고 동사원형으로 시작한다.

1 지시, 명령 : ~해라
주어 you를 생략하고 동사원형으로 시작한다. are의 동사원형은 be임에 주의한다.

· **Turn** to the left at the corner.

· **Be** kind to the old.

· **Put** this pencil on the desk.

· **Open** the window.

· **Drink** water here.

- 모퉁이에서 왼쪽으로 돌아가라.
- 창문을 열어라.
- 노인에게 친절해라.
- 여기에서 물을 마셔라.
- 이 연필을 책상 위에 놓아라.

2 부탁 : ~해 주세요
명령문 뒤에 please를 붙이면 공손한 표현이 된다. 문장 끝에 붙일 땐 보통 앞에 ,(콤마)를 붙인다.

· **Open** the window, **please**. = **Please open** the window.

· **Please be** seated.

- 창문을 열어주세요.
- 자리에 앉으세요.

▌EXERCISE ▌ A

[01~03] 다음 문장을 명령문으로 고치시오.

01 You study hard English.

02 You are diligent.

03 You drive carefully.

[04~07] 다음 우리말을 영어로 옮길 때 빈칸에 알맞은 말을 보기에서 골라 쓰시오.

보기   open, add, wash, mix

04 먼저 손을 씻으세요. _____ your hand first.

05 냉장고를 여시오. _____ the refrigerator.

06 밀가루와 코코아 가루를 섞으시오.
_____ the flour and cocoa powder.

07 버터에 설탕을 넣으시오. _____ the sugar to the butter.

○ MEMO ○
- diligent ⑲ 근면한
- carefully ⑭ 주의 깊게

- add ⑧ 더하다, 첨가하다
- mix ⑧ 섞다
- refrigerator ⑲ 냉장고
- flour ⑲ 밀가루

2 부정명령문

명령문 앞에 Don't나 Never를 써서 부정명령문을 만들고 '~하지 마라'는 금지의 의미를 지닌다.

· **Don't make** a noise. = You **must not make** a noise.

   조동사 must나 should를 써서 〈You must[should] not + 동사원형 ~ : ~ 해서는 안 된다〉구문으로 바꿔 쓸 수 있다.

· **Don't** cut in line.

   cut in line 새치기 하다

· **Don't watch** TV too long.

· **Don't be** too nervous.

· **Never tell** a lie!

- 떠들지 마라.
- 새치기하지 마라.
- TV를 너무 오래 보지 마라.
- 너무 신경 쓰지 마라.
- 거짓말하지 마라!

▌ EXERCISE ▌ B

[01~02] 다음 문장을 명령문으로 고치시오.

01 You don't make a noise in the classroom.

   ➤ _____

02 You aren't late for class.

   ➤ _____

[03~06] 다음 우리말을 영어로 옮길 때 빈칸에 알맞은 말을 쓰시오.

03 연못에서 낚시하지 마시오.

   = _____ _____ in the pond.

04 잔디 위로 걷지 마시오.

   = _____ _____ on the grass.

05 꽃을 꺾지 마시오.

   = _____ _____ the flowers.

06 여기에 주차하지 마시오.

   = _____ _____ here.

○ **MEMO** ○
- make a noise 떠들다
- be late for~ ~에 늦다

- fish 몡 물고기 용 낚시하다
- pick 용 (~을)꺾다, 따다
- park 용 주차하다

01 다음 문장에서 틀린 부분은?

> Washes your hands before cooking.
> ①   ②   ③   ④   ⑤

02 다음 문장의 빈칸에 알맞은 말은?

> _____ the window. It's too hot.

① Close   ② Closes   ③ Open
④ Opens   ⑤ Opened

03 다음 주어진 문장을 명령문으로 바르게 바꾼 것은?

> You are a kind boy.
> → _____

① Be a kind boy.
② Do a kind boy.
③ Don't be a kind boy.
④ Are a kind boy.
⑤ Please a kind boy.

04 다음 우리말을 영어로 옮기시오. (단 주어진 철자로 시작하는 단어를 이용할 것)

> W_____! (조심해)
> A car is coming.

05 빈칸에 공통으로 알맞은 것은?

> · _____ make a noise.
> · _____ watch TV too long.

① Mike   ② Don't   ③ She
④ Does   ⑤ Do

06 다음 우리말을 영어로 바르게 옮긴 것은?

> 학교에 늦지 마라.

① Doesn't be late for school.
② Don't be late for school.
③ Aren't late for school.
④ Let's be late for school.
⑤ Be late for school.

07 다음 중 우리말을 영어로 가장 잘 옮긴 것은?

> 수미야, 다시는 지각하지 마라.

① Don't late again, Su-mi.
② Su-mi is not late again.
③ Su-mi, don't be late again.
④ Never is late again, Su-mi.
⑤ Su-mi, doesn't be late again.

08 다음 문장의 빈칸에 알맞은 말은?

> _____ go out! It's raining.

① Be   ② Please   ③ Do
④ Don't   ⑤ You

09 다음과 같은 상황에서 선생님이 내린 지시로 가장 알맞은 것은?

> A boy is running and shouting in the library. Many students are studying there. The teacher says to the boy, "_____"

① Be quiet.　　② Don't eat.
③ Study hard.　　④ Let's go home.
⑤ Don't read books.

10 다음 안내문을 주로 볼 수 있는 곳은?

> · Don't touch things.
> · Don't run.
> · Don't take pictures.

① library　　② police station
③ hospital　　④ take
⑤ museum

11 다음 안내문을 주로 볼 수 있는 곳은?

> · Don't eat or drink.
> · Don't run.
> · Don't speak loudly.
> · Read quietly.

① police station　　② bakery
③ post office　　④ hospital
⑤ library

12 다음 표현 중 어색한 것은?

① Be on time.
② Don't late again.
③ Do your homework.
④ Clean up your room.
⑤ Students have to bring gloves.

13 다음 중 해석이 잘못된 것은?

① Be on time. 시간을 지켜라.
② Clean the classroom. 교실을 청소해라.
③ Don't be late for class. 수업시간에 늦지 마라.
④ Don't stay up late. 밤늦게까지 자지 말고 공부해라.
⑤ Get along with your friends. 친구들과 사이좋게 지내라.

14 다음 문장과 같은 의미가 되도록 빈칸에 알맞은 단어를 넣으시오.

> You must not park here.
> = _____ park here.

15 다음 경고문에 들어갈 알맞은 단어끼리 짝지어진 것은?

> · _____ cook. (취사금지)
> · Do not litter. (쓰레기를 버리지 말 것)
> · _____ campfire. (캠프파이어 금지)

① Do - Do　　② Do not - Do not
③ Don't - Doesn't　　④ Don't - No
⑤ Doesn't - No

There is / are

ENGLISH ✦ GRAMMAR

 의미와 형태

1 there is/are의 뜻
there는 원래 부사로 '거기에'라는 뜻이지만, there is/are ~에서 there는 유도부사로 해석하지 않으며 '~이 있다'라고 해석한다.

· My uncle has a farm **there**. <부사 : 거기에>

· **There** is a toy car on the desk. <유도부사 : 해석하지 않음>

> ▪ 나의 삼촌은 거기에 농장을 갖고 있다.
> ▪ 책상 위에 장난감 차가 있다.

2 there is + 단수명사 / there are + 복수명사
is, are는 뒤에 오는 명사가 단수인지 복수인지에 따라 결정된다. 셀 수 없는 명사(water, milk 등)는 단수 취급한다.

· **There is** a church in the city.

· **There are** many interesting sites on the Internet.
  many는 셀 수 있는 명사(복수형)를 수식한다. many = a lot of = lots of

· **There is** much water in this pond. (NOT : There are much …)
  much는 셀 수 없는 명사를 수식한다. much = a lot of = lots of

> ▪ 그 도시에는 교회가 하나 있다.
> ▪ 인터넷에 흥미로운 사이트가 많이 있다.
> ▪ 이 연못에는 물이 많이 있다.

3 There is/are + 주어 + 전치사 + 명사
「전치사 + the + 명사」는 장소를 나타내는 부사구이다.

<장소를 나타내는 전치사>

① on : ~ 위에   ② in : ~ 안에   ③ under : ~ 아래에

④ beside : ~ 옆에   ⑤ near : ~ 근처에   ⑥ behind : ~ 뒤에

⑦ in front of ~ : ~ 앞에

▌ EXERCISE ▌ A

[01~06] 다음 빈칸에 is 또는 are를 넣으시오.

01 There _____ a computer on the desk.

02 There _____ some flowers in the vase.

03 There _____ many stars in the sky.

04 There _____ a clock and a picture on the wall.

05 There _____ a desk and two chairs in the room.

06 There _____ some water in the glass.

> ○ **MEMO** ○
> ▪ vase ⑲ 화병
> ▪ clock ⑲ 시계
> ▪ picture ⑲ 그림, 사진
> ▪ some ⑱ 약간의, 몇 개의

? there is/are의 의문문과 부정문

평서문을 부정문이나 의문문으로 만들 때 some은 꼭 any로 바꿔 준다.

1 부정문

there is/are 다음에 not을 쓴다.

· **There aren't** any books in the schoolbag. (NOT : … ~~some books~~)
  some(약간의, 몇 개의)은 긍정문에 쓰이고, any는 부정문과 의문문에 쓰인다.

· **There isn't** any money in my pocket.(NOT : … ~~some money~~)

· **There are no** classes on Saturday and Sunday.

▪책가방 안에 책이 한 권도 없다.
▪주머니에 돈이 한 푼도 없다.
▪토요일과 일요일에는 수업이 없다.

▌EXERCISE ▌B

[01~06] 다음 문장을 부정문으로 바꾸시오.

01 There is a house here.
  ➤ _____

02 There is some furniture in the house.
  ➤ _____

03 There is a desk in the room.
  ➤ _____

04 There are some chairs around the desk.
  ➤ _____

05 There is a bed beside the desk.
  ➤ _____

06 There are some pillows on the bed.
  ➤ _____

○ *MEMO* ○
▪furniture 몡 가구(셀 수 없는 명사)
▪around 젠 ~주변에
▪pillow 몡 베개

2 의문문

there와 is/are의 위치를 바꾸고 문장 끝에 물음표(?)를 붙인다.
대답도 Yes, there is/are. 혹은 No, there isn't/aren't.로 한다.

· A : **Is there** a hospital around here?
  B : Yes, **there is**. / No, **there isn't**.

· A : **Are there** any eggs in the refrigerator?
    (NOT : Are there ~~some~~ eggs in the refrigerator?)
  B : Yes, **there are** some.

▪이 근처에 병원이 있어요?/예, 있어요. / 아니오, 없어요.
▪냉장고 안에 달걀이 있어요? / 예, 몇 개 있어요.

3 How many (복수명사) are there ~? ~에 얼마나 많은 (복수명사)가 있니?

· A : **How many students are there** in your class?
  B : There are forty.

· A : **How many letters are there** in the English alphabet?
  B : There are 26 letters.

· A : **How much milk is there** in the refrigerator?
  B : There is some.

- 너의 학급에는 학생이 몇이나 있니?/40명 있어.
- 영어 알파벳은 몇 글자가 있니?/ 26 글자가 있어.
- 냉장고에 우유가 얼마만큼 있니? / 조금 있어.

▌ EXERCISE ▌ C

[01~06] 다음 문장을 의문문으로 만드시오.

01 There is a telephone on the table.
  → _____

02 There are some books beside the telephone.
  → _____

03 There is a chair in front of the table.
  → _____

04 There is a cat under the chair.
  → _____

05 There is a refrigerator behind the table.
  → _____

06 There are some eggs in the refrigerator.
  → _____

[07~10] 다음 문장의 빈칸에 알맞은 말을 쓰시오.

07 A : _____ there two trees in the picture?
  B : Yes, _____ _____.

08 A : _____ there a park near here?
  B : No, _____ _____.

09 A : _____ _____ students are there in your class?
  B : There are forty-five students in my class.

10 A : How _____ sugar ____ there in the pot?
  B : There is some.

○ MEMO ○
- beside 전 ~ 옆에
- in front of 전 ~ 앞에
- under 전 ~ 아래
- behind 전 ~ 뒤에

- picture 명 사진, 그림
- near 전 ~에 가까이, 근처에
- pot 명 단지, 항아리

01 다음 빈칸에 들어갈 말이 <u>다른</u> 하나는?

① There _____ a rose in the vase.
② There _____ many stars in the night sky.
③ There _____ a toy car on the desk.
④ There _____ a doll under the bed.
⑤ There _____ a nose in my face.

02 다음 밑줄 친 부분의 쓰임이 <u>다른</u> 것은?

① Is <u>there</u> a map on the wall?
② <u>There</u> are three pens in my bag.
③ You can see roses <u>there</u>.
④ How many are <u>there</u> in his family?
⑤ Are <u>there</u> your friends in the house?

03 다음 빈칸에 들어갈 수 <u>없는</u> 것은?

There are _____ on the table.

① many books   ② some money
③ three apples   ④ two bags
⑤ pencils

04 다음 빈칸에 들어갈 수 있는 것은?

There is _____ in my bag.

① two books   ② CDs
③ a pencil case   ④ some notebooks
⑤ a comb and a brush

05 다음 우리말에 맞도록 빈칸에 알맞은 말을 쓰시오.

_____ _____ three books on the desk.
책상 위에 세 권의 책이 있다.

06 다음 빈칸에 공통으로 들어갈 말을 쓰시오.

· Can you surf _____ the sea?
· There are books _____ the desk.

07 다음 대화의 빈칸에 알맞은 것은?

A : Is there a computer in your room?
B : _____ It's very fast.

① Yes, it is.   ② No, it isn't.
③ Yes, there is.   ④ No, there isn't.
⑤ Of course, I do.

08 어법상 옳은 것끼리 묶인 것은?

ⓐ There are two child in the room.
ⓑ He is cleaning his room.
ⓒ There is a boy and two girls in the classroom.
ⓓ Is there a computer in your room?
ⓔ There are many book in front of my house.

① ⓐ,ⓒ   ② ⓐ,ⓑ,ⓓ   ③ ⓑ,ⓒ
④ ⓓ,ⓔ   ⑤ ⓑ,ⓓ

09 A에 대한 B의 대답으로 알맞은 것은?

A : Are there many flowers in the park?
B : _____.

① Yes, there are.   ② Yes, there is.
③ No, there isn't.   ④ Yes, they are.
⑤ No, they aren't.

10 다음 문장을 의문문으로 바꿀 때 빈칸에 알맞은 말을 쓰시오.

> There is a shelf in her room.
> → _____ _____ a shelf in her room?

11 다음 괄호 안의 말을 알맞은 형태로 고치시오.

> There are many (child) in the playground.

12 다음 대화의 빈칸에 알맞은 말을 쓰시오.

> A : Is there a picture on the wall?
> B : Yes, _____ _____.
>   It's so beautiful.

13 다음 중 틀린 문장은?

① There is a table in the room.
② There is a computer and a CD on the desk.
③ There is milk in the glass.
④ There are many children in the park.
⑤ There are a lot of fish in the river.

14 다음 대화의 빈칸에 알맞은 것은?

> A : _____ apples are there on the table?
> B : There is one on the table.

① How many   ② What many
③ How tall   ④ How old
⑤ What tall

15 다음 질문에 대한 응답으로 알맞은 것은?

> How many students are there in your school?

① Pretty good.
② I love it. It's great.
③ How about you?
④ Fine, thanks.
⑤ About 800.

16 다음 대화의 빈칸에 들어갈 수 없는 단어는?

> A : How many _____ are there in your bag?
> B : There are five _____.

① books   ② pencils   ③ apples
④ bread   ⑤ watches

17 다음 문장에서 틀린 곳은?

> ①How many ②teacher ③are ④there ⑤in your school?

18 다음 대화에서 A의 질문으로 가장 적당한 것은?

> A : _____
> B : There are three pianos.

① What are they?
② Are they your pianos?
③ What do you like in your school?
④ Are there any pictures in the music room?
⑤ How many pianos are there in your school?

Unit 11

감탄문

ENGLISH GRAMMAR

 1 감탄문의 의미

놀라거나 칭찬을 할 때 쓰는 표현으로, "참으로(정말로) ~하구나!"로 해석한다.

· What a nice boy he is!

· How wonderful it is!

- 정말 멋진 소년이야!
- 정말 멋지다!

 2 감탄문의 형식

1 What으로 시작하는 감탄문

■ What + a(an) + 형용사 + 단수명사 + 주어 + 동사!

■ What + 형용사 + 복수명사 or 셀 수 없는 명사 + 주어 + 동사!

■ 평서문이 <a + very + 형용사 + 단수명사> 또는 <very + 형용사 + 명사>일 때 What 감탄문을 쓰고 명사를 강조한다.

· It is **a very pretty doll**.
  ➜ **What a pretty doll** it is! (NOT : ~~How a pretty doll it is!~~)
  What과 '주어+동사' 사이에 명사가 꼭 있어야 한다. What이나 How를 써야 할 자리 바로 뒤에 부정관사 a(n)이 온다면 what감탄문이다.

· They are **very pretty dolls**.
  ➜ **What pretty dolls** they are! (NOT : ~~How pretty dolls they are!~~)
  이미 감탄문의 형식 속에 very 혹은 really의 의미를 지니고 있으므로 very, really 등은 감탄문에서 생략한다.

- 정말 예쁜 인형이구나!
- 정말 예쁜 인형들이구나!

2 How로 시작하는 감탄문

■ How + 형용사/부사 + 주어 + 동사!

■ 평서문이 <very + 형용사(부사)> 일 때 How 감탄문을 쓰고 형용사나 부사를 강조한다.

· She is **very cute**.
  ➜ **How cute** she is!
  How바로 뒤에 부정관사 a(n)이 올 수 없고, How와 '주어+동사' 사이에 명사가 올 수 없다.

· He runs **very fast**.
  ➜ **How fast** he runs! (NOT : ~~What fast he runs!~~)

- 그녀는 정말 귀엽구나!
- 그는 정말 빨리 뛰는구나!

3 감탄문의 〈주어+동사〉가 누구나 알 수 있는 분명한 내용일 때는 보통 생략하여 사용한다.

· What a nice gift (it is)!

▪정말 좋은 선물이구나!

4 감탄문과 의문문의 비교

■ 의문문 : How + 형용사/부사 + <u>동사</u> + <u>주어</u>?
■ 감탄문 : How + 형용사/부사 + <u>주어</u> + <u>동사</u>!

· How old is he? <의문문>   · How old he is! <감탄문>

▪그는 나이가 몇살이니?
▪그는 나이가 정말 많구나!

▌ EXERCISE ▌ A

[01~09] 다음 문장을 감탄문으로 고치시오.

01 She is very pretty.
  ➡ _____

02 It is a very pretty dress.
  ➡ _____

03 She has a very pretty dress.
  ➡ _____

04 It's very interesting.
  ➡ _____

05 He is very tall.
  ➡ _____

06 This doll is very pretty.
  ➡ _____

07 This is a very good camera.
  ➡ _____

08 He swims very fast.
  ➡ _____

09 The girl plays the piano very well.
  ➡ _____

[10~11] 다음 우리말을 영어로 옮기시오.

10 그녀는 정말 예쁘구나! (how, pretty)
  ➡ _____

11 그것은 정말 멋진 선물이군요! (what, nice)
  ➡ _____

○─ MEMO ○
▪interesting 혱 재미있는, 흥미있는
▪fast 児 빨리(=quickly)
      혱 빠른(=quick)

01 빈칸에 들어갈 말이 나머지와 <u>다른</u> 하나는?

① _____ pretty she is!
② _____ old are you?
③ _____ much is it?
④ _____ are you?
⑤ _____ a nice watch it is!

02 우리말을 영어로 알맞게 옮긴 것은?

> 정말 멋진 선물이군요!

① What a nice!
② How a nice gift it is!
③ What a nice gift it is!
④ How nice!
⑤ What a nice it is!

03 다음 문장을 감탄문으로 바꿀 때 올바른 것은?

> It's a very pretty dress.

① What a pretty dress is it!
② Which pretty a dress it is!
③ How a pretty dress it is!
④ How dress a pretty it is!
⑤ What a pretty dress it is!

04 두 문장의 의미가 같도록 빈칸에 알맞은 말을 쓰시오.

> It is a very pretty doll.
> = _____ a pretty doll!

05 다음 우리말을 영어로 가장 바르게 옮긴 것은?

> 정말 행복한 소녀로구나!

① She is a happy girl.
② How happy girl she is!
③ What a happy girl!
④ What happy girl she is!
⑤ How happy a girl!

06 다음 문장이 같은 뜻이 되도록 빈칸에 알맞은 말을 순서대로 쓰시오.

> She is a very cute girl.
> = _____ a cute girl she is!
> = _____ cute the girl is!

07 다음 문장을 How로 시작하는 감탄문으로 만드시오.

> She is very tall.
> → _____

08 다음을 감탄문으로 바꿀 때 빈칸에 알맞은 단어를 넣으시오.

> This is a very tall building.
> = _____ _____ tall building this is!

09 두 문장이 같은 뜻이 되도록 할 때 빈칸에 들어갈 말을 바르게 짝지은 것은?

_____ a nice gift it is!
= It is a _____ nice gift.

① Very - how
② Very - what
③ How - what
④ What - very
⑤ How - very

10 다음 대화의 응답으로 가장 적절한 것은?

A : What a nice party!
B : _____

① I have an idea.
② Thank you.
③ How greedy!
④ A good idea.
⑤ Thank you for inviting me.

11 다음 문장을 감탄문으로 바르게 바꾼 것은?

The flower is really beautiful.

① How beautiful the flower!
② How beautiful the flower is!
③ How beautiful is the flower!
④ How really beautiful the flower is!
⑤ How a beautiful flower is!

12 다음 두 문장의 뜻이 같도록 빈칸에 알맞은 것은?

She is very beautiful.
= _____ beautiful she is!

① How
② What
③ Where
④ Which
⑤ Who

13 다음 중 감탄문으로 잘못 옮긴 것은?

① She is very smart.
  ➔ How smart she is!
② It is a very big party.
  ➔ What a big party it is!
③ They are very nice.
  ➔ How nice are they!
④ The flowers are very beautiful.
  ➔ How beautiful the flowers are!
⑤ You have a very cute dog.
  ➔ What a cute dog you have!

14 다음 문장을 감탄문으로 바꾸시오.

She is a really good student.
➔ _____

15 다음 두 문장이 같은 의미가 되도록 빈칸에 알맞은 말을 쓰시오.

What a good singer she is!
= How _____ she sings!

16 다음 두 문장이 같은 의미가 되도록 빈칸에 알맞은 말을 쓰시오.

How well he cooks!
= What a good _____ he is!

Unit 12 부가의문문

Chapter 05

ENGLISH GRAMMAR

 부가의문문

1 부가의문문(Tag question)이란?

평서문 끝에 꼬리표(tag)처럼 붙는 의문문을 가리킨다.

· He is a student. <평서문>

· Is he a student? <의문문>

· He is a student, **isn't he**? <부가의문문>

· 그는 학생이다.
· 그는 학생이니?
· 그는 학생이다, 그렇지 않니?

2 부가의문문의 대답

■ 의문사가 없는 의문문과 똑같이 대답한다.

· A : He is English, **isn't he**?
  B : Yes, he is. / No, he isn't.

· 그는 영국인이야. 그렇지 않니?/ 맞아, 영국인이야. / 아니, 영국인이 아니야.

■ 평서문이 부정이면 '부정의문문'과 같다.

· A : He isn't English, **is he**?
  B : Yes, he is. / No, he isn't.
  Yes 뒤에는 항상 긍정이, No 뒤에는 항상 부정(not)문이 온다.

· 그는 영국인이 아니지?(아니),영국인이야./(응), 영국인이 아니야.

3 부가의문문 만드는 방법

평서문	부가의문문
긍정이면	부정
부정	긍정[부정의문문과 같다]
be동사	be동사
will/can<조동사>	will/can<조동사>
일반동사	do/does/did
명사 주어	대명사 주어
this/that	it
these/those	they
Let's~	shall we?[okay?]
명령문	will you?

4 부가의문문의 억양

· A : You like games, don't you? (↓)

B : Yes. I do.

짐작하고 있는 사실을 확인하는 경우 끝을 내려 읽는다.

· A : You like games, don't you? (↑)

B : Yes, I do.

몰라서 묻는 경우 의문문처럼 끝을 올려 읽는다.

• 너 게임을 좋아하는구나?/응, 좋아해.

• 너 게임을 좋아하니?/응, 좋아해.

▌EXERCISE ▌A

[01~09] 다음 빈칸에 알맞은 부가의문문을 쓰시오.

01 A : You are very happy, _____ _____?

B : Yes, I am. / No, I am not.

02 A : He isn't rich, _____ _____?

B : Yes, he is. / No, he isn't.

03 A : She can play the piano, _____ _____?

B : Yes, she can. / No, she can't.

04 A : You watch TV every day, _____ _____?

B : Yes, I do. / No, I don't.

05 A : You did your homework, _____ _____?

B : Yes, I did. / No, I didn't.

06 A : The girl is an American student, _____ _____?

B : Yes, she is. / No, she isn't.

07 A : This is your book, _____ _____?

B : Yes, it is. / No, it isn't.

08 A : Let's go to the movies, _____ _____?

B : That's a good idea.

09 A : You made a few mistakes, _____ _____?

B : Yes, I did.

○ **MEMO** ○

• make a mistake 실수하다

• a few 몇 개의

학교시험 출제유형
UNIT·TEST

01 다음 빈칸에 알맞은 말은?

> She is Korean, _____

① is he?   ② is she?   ③ isn't he?
④ isn't she?   ⑤ isn't it?

02 다음 중 밑줄 친 부분이 어법상 어색한 것은?

① You aren't a student, are you?
② You can swim, can't you?
③ Mary likes music, isn't she?
④ He runs fast, doesn't he?
⑤ This is your book, isn't it?

03 다음 중 밑줄 친 부분이 잘못된 것은?

① It's a nice car, isn't it?
② She isn't a student, isn't she?
③ She can drive a car, can't she?
④ She works very hard, doesn't she?
⑤ Mike doesn't come to the party, does he?

04 밑줄 친 부가의문문의 쓰임이 바르지 않은 것은?

① He lives in New York, doesn't he?
② It's an interesting sport, isn't it?
③ You don't know much about her, do you?
④ Seoul is a big city, isn't Seoul?
⑤ He can swim, can't he?

05 다음 중 밑줄 친 부분이 바르지 않은 것은?

① You are tired, aren't you?
② Mi-na isn't pretty, is she?
③ His hobby is playing basketball, isn't he?
④ Cooking isn't easy, is it?
⑤ It's difficult, isn't it?

06 다음 빈칸에 알맞은 말을 쓰시오.

> A : Speaking English well is difficult, _____?
> B : Yes, it is.

07 다음 대화의 빈칸에 알맞은 것은?

> A : You played baseball yesterday, _____?
> B : Yes, I did.

① do you   ② don't you   ③ were you
④ didn't you   ⑤ weren't you

08 다음 밑줄 친 부분이 바르게 된 것은?

① You like Kimchi, don't you?
② She can play the violin, doesn't she?
③ Your uncle is a teacher, isn't him?
④ They don't like baseball, do you?
⑤ That is too big, is it?

Chapter 05

09 다음 대화의 빈칸에 알맞은 것은?

A : Drawing a lion is difficult, isn't it?
B : _____ It's very easy. You can draw, too.

① Of course.　　② Yes, it is.
③ Yes, it's not.　④ No, it isn't.
⑤ Yes, of course not.

10 다음 중 밑줄 친 부분이 틀린 것은?

① It's a cold day, isn't it?
② Jenny can't swim, can she?
③ Su-mi likes English, doesn't she?
④ You studied English yesterday, don't you?
⑤ You are very happy, aren't you?

11 다음 중 빈칸에 들어갈 수 없는 것은?

You _____, don't you?

① are tired　　② get up early
③ study hard　④ like science
⑤ want the computer

12 다음 부가의문문이 잘못 쓰인 문장은?

① Jane has a good voice, doesn't Jane?
② You're very tired, aren't you?
③ You like games, don't you?
④ He doesn't help his mother, does he?
⑤ You don't like snakes, do you?

13 다음 빈칸에 알맞은 부가 의문문을 쓰시오.

She can use computer, _____ _____?

14 다음 중 밑줄 친 부분이 틀린 것은?

① It is not cold, is it?
② She will go home, won't she?
③ Tom lives in New York, doesn't he?
④ You like music very much, don't you?
⑤ Mary and Tom can swim well, don't they?

15 다음 밑줄 친 부분이 잘못된 것은?

① Tony can dance, can't he?
② You are Tom's brother, aren't you?
③ Let's have lunch, don't you?
④ Mary and Tom saw the ball, didn't they?
⑤ It's not mine, is it?

Chapter
06

시제 1

THINKPLUS ENGLISH SERIES

현재시제와 현재진행형

ENGLISH ✦ GRAMMAR

동사의 모양을 바꿔서 시간(time)관계를 나타내는데 이를 시제(tense)라 한다. 문장의 동사를 보면 시제를 알 수 있다. 시제와 시간은 항상 일치하는 것은 아니다.

1 동사의 현재형

문장의 동사가 현재형일 때 현재시제이다. 주어의 인칭과 수에 따라 형태가 다르므로 주의한다.

1 be동사

· I **am** 175 centimeters tall.

· You **are not[aren't]** a genius.

· A : **Is** he your cousin?
  B : Yes, he **is**. / No, he **isn't**.

· Where **are** they? They **are** in the classroom.
  Where am I?는 '여기가 어디예요?' 의 의미로 장소를 물을 때 쓰는 표현으로 주의한다.

▪나는 키가 175센터미터다.
▪넌 천재가 아니다.
▪그는 너의 사촌이니?/응, 그래. / 아니, 그렇지 않아.
▪그들은 어디에 있니?/그들은 교실에 있어.

2 일반동사

· I **like** apples.

· We **don't go** to church on Monday.

· **Does** he **sing** well? - Yes, he **does**. / No, he **doesn't**.

· When **does** she **watch** TV? - She **watches** TV after dinner.

▪나는 사과를 좋아한다.
▪우리는 월요일에 교회에 가지 않는다.
▪그는 노래를 잘 하니? /응, 잘해. / 아니, 잘하지 못해.
▪그녀는 언제 TV를 보니? / 저녁식사 후에 TV를 봐.

▌EXERCISE ▌A

[01~07] 다음 괄호 안에서 알맞은 동사를 고르시오.

01 Seoul (am, are, is) the capital of Korea.

02 They (am, is, are, isn't) our neighbors.

03 Mike (go, doesn't go, doesn't goes) to school on Sunday.

04 Tom (wash, don't wash, washes) his hands three times a day.

05 My sister and I (live, lives) in Seoul.

06 What does Eric (like, likes)?

07 Where (is, are, do, does) you from?

○ MEMO ○
▪capital ⑲ 수도, 대문자
▪neighbor ⑲ 이웃(사람)
▪three times a day 하루에 세 번
▪be from~
  ~ 출신이다(=come from)

Unit 13

2 현재시제의 쓰임

현재시제는 현재의 상태를 말하거나, 최근에 계속 반복되는 일이나 동작을 나타내며, 미래에 관한 일도 나타낼 수 있다.

1 현재의 사실(상태), 직업

· I **am** hungry. <현재의 상태>　　· He **is** a singer. <직업>

· Linda **teaches** math at a middle school.

　　말하는 순간 지금 수학을 가르치고 있다는 뜻이 아니라 직업으로 수학을 가르친다는 의미이다.

- 나는 배고프다.
- 그는 가수다.
- Linda는 중학교에서 수학을 가르친다.

2 반복되는 행위

빈도부사와 함께 주로 쓰인다.

always(항상), usually(보통, 일반적으로), often(자주, 종종), sometimes(때때로)

seldom(좀처럼 ~않다), never(결코 ~않다)

· I *usually* **get up** at six every morning.

　　빈도부사는 일반 동사 앞에 온다. be동사나 조동사(will, can)가 있을 땐 그 뒤에 온다.

· He *always* **goes** to school on foot. (NOT : He always go to school ... .)

　　주어(he)와 동사(goes)사이에 부사가 와도 3인칭 단수형은 변하지 않는다.

- 나는 보통 아침 6시에 일어난다.
- 그는 항상 걸어서 학교를 다닌다.

3 진리로 알려진 사실

일반적으로 진리로 알려진 사실 혹은 속담 등은 항상 현재시제로 쓴다.

· The sun **rises** in the east.

· Ice **melts** at 0°C.

- 태양은 동쪽에서 뜬다.
- 얼음은 0도에서 녹는다.

▌EXERCISE ▌ B

[01~06] 다음 괄호 안에서 알맞은 동사를 고르시오.

01 Water (boil, boils, boiled) at 100℃.

02 The moon (go, goes, went) round the earth.

03 The earth (is, are, was) round.

04 She (go, goes, is going) to church on Sundays.

05 A : What does your father do?

　　B : He (drive, drives, drove) a taxi.

06 A : Where does Helen come from?

　　B : She (is, come, came) from America.

○━ MEMO ○
- boil ⑤ 끓다
- round ㉑ ~주위에(를)
- on Sundays
  = every Sudnay
  = 일요일마다
- drive ⑤ 운전하다

3 현재진행 시제

현재진행형은 현재 어떤 행위가 진행되고 있음을 강조하기 위해 쓴다.

1 형식과 의미

현재진행형의 형식은 'be의 현재형 + 현재분사'로 '~하고 있다, ~하고 있는 중이다'의 의미이다.

· Su-mi **is doing** her homework now.

· They **are playing** soccer in the playground.

cf. He **is coming** here tomorrow morning.

현재진행형이 미래의 의미를 갖기도 한다.

■ 수미는 지금 숙제를 하고 있다.
■ 그들은 운동장에서 축구를 하고 있다.
cf. 그는 내일 아침에 여기에 올 예정이다.

2 현재분사 만들기

■ 대부분의 경우 동사원형에 -ing를 붙인다.

· go(가다) - going · walk(걷다) - walking

· teach(가르치다) - teaching · read(읽다) - reading

· study(공부하다) - studying · draw(그리다) - drawing

· clean(청소하다) - cleaning

■ -e로 끝나는 단어는 e를 빼고 -ing를 붙인다.

· write(쓰다) - writing · change(바꾸다) - changing

· dance(춤추다) - dancing · have(먹다, (시간을) 보내다) - having

■ 1음절어 어미가 「단모음+단자음」일 때 '자음'하나를 더 쓰고 -ing를 붙인다.

· swim(수영하다) - swimming · stop(멈추다) - stopping

· drop(떨어뜨리다) - dropping · cut(자르다) - cutting

■ 2음절어의 끝 음절에 강세가 있을 때 '자음'하나를 더 쓰고 -ing를 붙인다.

· begín(시작하다) - beginning *cf.* vísit(방문하다) - visiting

▌EXERCISE ▌C

[01~08] 다음 동사의 현재분사형을 쓰시오.

○ MEMO ○
•cook ⑤ 요리하다
　　　 ⑲ 요리사
•sit ⑤ 앉다
•put ⑤ 놓다

01 sleep - _____

02 cook - _____

03 listen - _____

04 talk - _____

05 come - _____

06 make - _____

07 sit - _____

08 put - _____

[09~15] 우리말과 같도록 괄호 안의 동사를 빈칸에 알맞은 형태로 쓰시오.

09 나는 음악을 듣고 있는 중이다.

→ I _____ to music. (listen)

10 우리는 편지를 쓰고 있는 중이다.

→ We _____ letters. (write)

11 나는 수학을 공부하고 있는 중이다.

→ I _____ math. (study)

12 나는 책을 읽고 있는 중이다.

→ I _____ a book. (read)

13 그녀는 냉장고를 열고 있다.

→ She _____ the refrigerator. (open)

14 아빠가 거실을 청소하고 있다.

→ My dad _____ the living room. (clean)

15 넌 거짓말을 하고 있어!

→ You _____! (lie)

*-ie로 끝나는 단어는 ie를 y로 고치고 ing를 붙인다.
•lie → lying
•die → dying

[16~21] 다음 괄호 안에서 알맞은 말을 고르시오.

16 Be quiet! The baby (sleeps, is sleeping).

17 Linda usually (walk, walks, is walking) to school.

18 She often (watch, watches, is watching) TV after dinner.

19 Look! Somebody (walk, walks, is walking) across the road.

20 A : Where is Susan?
　　 B : She is in her room. She (play, plays, is playing) the computer game now.

21 A : What are you doing on Saturday?
　　 B : I (visit, am visiting) my grandparents.

•usually ⑨ 보통, 대게
•often ⑨ 자주
•somebody ⑭ 어떤 사람
•across ㉙ ~을 가로질러
•grandparents ⑲ 할머니와 할아버지

현재진행형의 부정문과 의문문

1 현재진행형 부정문

be[am/are/is] + not + 동사원형-ing : ~하고 있지 않다

· She **is reading** a book.
➔ She **is not reading** a book.

· I **am doing** my homework.
➔ I **am not doing** my homework.

▪그녀는 책을 읽고 있다.
　➔그녀는 책을 읽고 있지 않다.
▪나는 숙제를 하고 있다.
　➔나는 숙제를 하고 있지 않다.

2 현재진행형 의문문

▪ Q : be동사[Am/Are/Is] + 주어 + 현재분사 ~?
A : Yes, 주어 + be동사[am/are/is].
　　No, 주어 + be동사[am/are/is] + not.

▪ Q : 의문사 + be동사 + 주어 + 동사원형-ing?
A : 주어 + be[am/are/is] + 동사원형-ing ~.

· A : **Is** she **reading** a book?
B : Yes, she **is**. / No, she **isn't**.

· A : **What are** you **doing**?
B : **I'm doing** my homework.

▪그녀는 책을 읽고 있는 중이니?/
응, 그래. / 아니, 그렇지 않아.
▪너는 무엇을 하고 있니?/나는
숙제를 하고 있는 중이야.

▮ EXERCISE ▮ D

[01~06] 다음 우리말과 같은 뜻이 되도록 주어진 단어를 사용하여 문장을 완성
하시오.

01 she / drink / milk. ➔ _____
그녀는 우유를 마시고 있지 않다.

02 he / wear / glasses. ➔ _____
그는 안경을 쓰고 있지 않다.

03 they / make / cards. ➔ _____
그들은 카드를 만들고 있지 않다.

04 she / study / now ➔ _____
그녀는 지금 공부하고 있니?

05 he / clean / his room ➔ _____
그는 방을 청소하고 있니?

06 you / do / what / now ➔ _____
너는 지금 무엇을 하고 있니?

○ **MEMO** ○

[07~10] 다음 괄호 안에서 알맞은 말을 고르시오.

07 A : Is she singing?

　　 B : Yes, she (is, do, is doing).

08 A : What are you doing?

　　 B : I (draw, drawing, am drawing) red carnations.

09 A : Is she (read, reading) a book?

　　 B : No, she (doesn't, isn't).

10 A : What are your parents (do, doing)?

　　 B : They are (wash, washing) the dishes.

○ **MEMO** ○
•draw ⑧ 그리다
•carnation ⑲ 카네이션
•dish ⑲ 접시

3　**진행형을 쓸 수 없는 동사**

동작이 아닌 다음과 같은 동사는 진행형으로 쓸 수 없다.

분류	진행형 불가	진행형 가능
상태	be	
감각	see, hear, smell	watch, listen to
감정	like, love, hate, want, wish	
소유	have(가지고 있다)	have(시간을 보내다, 먹다)
지각	know, think, believe, understand	think(고려하다)

· James **likes** coke. (NOT : James is liking coke.)

· My brother **hates** garlic. (NOT : ⋯ is hating garlic.)

· I **have** an MP3 player.(NOT : I am having an MP3 player.)

　cf. I **am having** a good time in Korea.(맞는 문장)

　have a good time = have fun = enjoy oneself = 즐거운 시간을 보내다

· **Do** you **hear** the music?(NOT : Are you hearing the music?)

　cf. **Are** you **listening** to the music?(맞는 문장)

•James는 콜라를 좋아한다.
•내 동생은 마늘을 싫어한다.
•나는 MP3플레어를 가지고 있다.
　cf. 나는 한국에서 즐거운 시간을 보내고 있다.
•음악 소리가 들리니?
　cf. 음악을 듣고 있니?

■ EXERCISE ■ E

[01~06] 다음 중 옳은 문장은 O, 틀린 문장은 X표 하시오.

01 I am believing in love at first sight. (　　)

02 We are knowing her. (　　)

03 I am having a lot of fun with my friends. (　　)

04 He is having many books. (　　)

05 He is having breakfast. (　　)

06 They are watching TV. (　　)

○ **MEMO** ○
•believe ⑧ 믿다
•love at first sight 첫눈에 반한 사랑
•have a lot of fun
= have a great time
= enjoy oneself a lot
= 매우 즐거운 시간을 보내다

01 다음 빈칸에 알맞지 <u>않은</u> 것은?

> _____ is an engineer.

① You   ② Mr. Lee   ③ Mrs. Kim
④ James   ⑤ She

02 다음 중 문법상 옳은 문장은?
① I am a students.
② Is they a students?
③ They're students.
④ He not is from Korea.
⑤ They is my friends.

03 다음 빈칸에 has를 쓸 수 <u>없는</u> 것은?
① It _____ four legs.
② She _____ two uncles.
③ His father _____ a yellow shirt.
④ We _____ many friends.
⑤ My cousin _____ a computer.

04 다음 밑줄 친 표현이 <u>잘못된</u> 것은?
① Tom <u>studys</u> hard.
② Jane <u>goes</u> camping.
③ She <u>likes</u> to read a book.
④ We <u>play</u> soccer after school.
⑤ They <u>go</u> hiking when it is sunny.

05 다음 빈칸에 알맞은 말은?

> I like English, but she _____ it.

① like   ② likes
③ don't like   ④ doesn't like
⑤ doesn't likes

06 다음 빈칸에 들어갈 가장 알맞은 말은?

> A : What does your father do?
> B : He _____ English.

① teach   ② teaches
③ taught   ④ is teaching
⑤ was teaching

07 다음 빈칸에 들어갈 알맞은 말은?

> I knew that the earth _____ round.

① is   ② are   ③ was
④ were   ⑤ look

08 다음 빈칸에 알맞은 것은?

> He told me that time _____ money.

① is   ② are   ③ were
④ was   ⑤ has

09 다음 대화의 빈칸에 알맞은 것은?

> A : What are you doing?
> B : I _____ red carnations.

① draw ② drawing ③ am drawing
④ am draw ⑤ am doing

10 다음 주어진 질문에 알맞은 응답은?

> A : Is she singing?
> B : _____

① Yes, she do. ② Yes, she does.
③ Yes, she is. ④ No, she doesn't.
⑤ No, she is.

11 다음 대화의 빈칸에 들어갈 알맞은 표현은?

> A : What are you doing?
> B : _____

① I do my homework.
② I am a student.
③ I'm taking a shower.
④ I don't like sports.
⑤ You are playing computer games.

12 다음 중 짝지어진 것 중 잘못된 것은?

① sit - sitting ② come - coming
③ listen - listening ④ study - studing
⑤ stop - stopping

13 다음 동사의 현재분사를 잘못 나타낸 것은?

① lie - lying ② bring - bringing
③ come - coming ④ run - runing
⑤ eat - eating

14 다음 밑줄 친 단어의 철자가 옳게 쓰인 것은?

① Tom is <u>listening</u> to music.
② Julie is <u>writeing</u>.
③ Bill is <u>runing</u>.
④ Ann is <u>eatting</u>.
⑤ So-ra is <u>rideing</u>.

15 다음 밑줄 친 부분이 옳지 않은 것은?

① What are you <u>doing</u>?
② They are <u>riding</u> bikes.
③ He is <u>swiming</u> in the river.
④ Ann is <u>listening</u> to the radio.
⑤ She is <u>studying</u> English

16 다음 빈칸에 들어갈 말로 알맞은 것은?

> A : Is your sister sleeping?
> B : _____
> She is studying now.

① Yes, she is. ② Yes, he is.
③ No, she doesn't. ④ No, she isn't.
⑤ Yes, she does.

17 다음 두 낱말의 관계가 잘못 표기된 것은?

① have - having ② play - playing
③ ski - sking ④ go - going
⑤ come - coming

18 다음 빈칸에 들어갈 동사의 형태가 알맞게 짝지어진 것은?

> A : What do you do every morning?
> B : I _____ a newspaper. (read)
> A : What is your teacher doing now?
> B : She _____ a picture. (draw)

① am reading - draw
② reads - draws
③ reading - is drawing
④ read - is drawing
⑤ read - draws

19 다음 대화의 빈칸에 알맞은 것은?

> A : Is Mi-na doing her homework?
> B : _____

① Yes, she isn't.　② No, she does not.
③ Yes, she does.　④ Mi-na is.
⑤ No, she isn't.

20 다음 대화의 빈칸에 알맞은 것은?

> A : What is your brother doing?
> B : _____

① Yes, he is.
② He is doing his homework.
③ No, he is playing baseball.
④ I am drawing a picture.
⑤ He eats breakfast in the morning.

21 다음 대화의 빈칸에 알맞은 것은?

> A : _____
> B : She is studying English.

① What are she doing?
② What is she doing?
③ What are you doing?
④ What she is doing?
⑤ What is your doing?

22 빈칸에 공통으로 들어갈 알맞은 한 단어를 쓰시오.

> A : What are you _____?
> B : I am _____ my homework.

23 주어진 단어를 이용하여 다음을 영어로 옮길 때 알맞은 말을 두 단어로 쓰시오.

> Yun-gu _____ a book now. (read)
> 윤구는 지금 책을 읽고 있다.

24 다음 그림을 보고 빈칸에 들어갈 말을 쓰시오

> A : What is she doing?
> B : She _____ _____ to music.

과거시제(be동사)

ENGLISH ● GRAMMAR

1 be동사의 과거형

■ was/were
주어가 1인칭 단수, 3인칭 단수일 때 was를 쓰고, 나머지는 모두 were를 쓴다. '~였다, ~에 있었다' 의미

· I **was** tired.

· Nick **was** late for school.

· They **were** at home.
be동사의 과거형 뒤에 장소를 나타내는 말이 오는 경우 '~에 있었다'의 의미로 쓰인다.

■ 나는 피곤했었다.
■ Nick은 학교에 지각했다.
■ 그들은 집에 있었다.

■ 과거표시 부사(구)
다음의 부사(구)는 과거시제와 함께 쓰인다.

· ~ ago : ~전에
· yesterday : 어제
· one day : (과거의) 어느 날
· last night / week / year : 지난 밤 / 주 / 해

· in 1990 : 1990년에
· the day before yesterday : 그제
· the other day : 며칠 전, 일전에

▌EXERCISE ▌ A

[01~10] 빈칸에 알맞은 be동사의 과거형을 쓰시오.

01 I _____ very tired last night.

02 You _____ thirteen years old last year.

03 She _____ late for class this morning.

04 It _____ sunny yesterday.

05 We _____ proud of him.

06 They _____ fourteen years old.

07 The children _____ in the garden.

08 Last Saturday _____ a terrible day.

09 Some of our players _____ sick.

10 One of her teeth _____ rotten.

○ MEMO ○
· tired ⑱ 피곤한
· be late for ~ ~에 늦다
· be proud of ~ ~을 자랑으로 여기다
· terrible ⑱ 무서운, 아주 나쁜
· some of our players 선수들 중에 몇몇은
· one of her teeth 그녀의 이 중에 하나
· rotten ⑱ 썩은, 부패한

be동사 과거형의 부정문/의문문

1 be동사 과거형 부정문

be동사 바로 뒤에 부정어 not을 쓴다. 이때 was not은 wasn't로, were not 은 weren't로 줄여 쓸 수 있다.

· He **was not** (=**wasn't**) thirteen years old last year.

· They **were not** (=**weren't**) at home yesterday.

▪ 그는 작년에 13살이 아니었다.
▪ 그들은 어제 집에 없었다.

2 be동사 과거형 의문문

▪ 「Was/Were + 주어~?」의 형태로 쓰며, 대답은 「Yes, 주어 + was/were.」 혹은 「No, 주어 + wasn't/weren't.」로 한다.

▪ 의문사를 포함하는 의문문을 만들 경우 「의문사 + was/were + 주어~?」로 쓴다. 의문사가 있는 의문문의 대답은 Yes 나 No로 답하지 못한다.

· A : **Were** you twelve years old last year?
  B : Yes, I **was**. / No, I **wasn't**.

· A : How **was** the weather yesterday?
  B : It **was** cloudy.

▪ 네가 작년에 12살이었니?/예, 그래요. / 아니오. 그렇지 않습 니다.
▪ 어제 날씨는 어땠니?/흐렸어.

▌EXERCISE ▌B

[01~03] 다음 문장을 부정문으로 바꾸시오.

01 I was late for school yesterday.

　→_____

02 She was there yesterday morning.

　→_____

03 They were in the room.

　→_____

[04~06] 다음 문장을 의문문으로 바꾸시오.

04 You were twelve years old last year.

　→_____

05 Jane was sick yesterday.

　→_____

06 It was cold yesterday.

　→_____

◦ **MEMO** ◦

01 다음 빈칸에 들어갈 수 <u>없는</u> 것은?

> She was not in Seoul _____.

① yesterday   ② last year
③ then   ④ next year
⑤ this morning

02 빈칸에 들어갈 말을 알맞게 짝지은 것은?

> · _____ you in Korea?
> · He _____ in the house.
> · They _____ his friends.

① Were, were, was   ② Were, was, were
③ Were, was, was   ④ Was, were, were
⑤ Was, was, were

03 다음 중 어법에 맞는 것은?

① I am very tired yesterday.
② We was late for class this morning.
③ She was fourteen years old this year.
④ Where were you last night?
⑤ It is windy last week.

04 다음 빈칸에 알맞은 단어를 쓰시오.

> A : How old were you last year?
> B : I _____ 13 years old.

05 다음 대화의 질문으로 알맞은 것은?

> A : _____
> B : Yes, he was.

① Why was he sad?
② Does Min-ho play baseball?
③ Was Min-ho at home?
④ Does he like me?
⑤ Was she happy?

06 다음 대화의 질문에 대한 가장 알맞은 답은?

> A : Were you at home yesterday?
> B : _____

① Yes, we are.   ② Yes, I was.
③ No, it isn't.   ④ No, we don't.
⑤ No, there wasn't.

07 다음 중 <u>틀린</u> 문장은?

① Was the book interesting?
② My friends were very kind.
③ I was busy yesterday.
④ She and I was not there.
⑤ It was not fine yesterday.

08 다음 대화의 빈칸에 알맞은 말로 짝지어진 것은?

> A : Where _____ you last summer
>   vacation?
> B : I _____ at my uncle's.

① are - am   ② were - am
③ were - was   ④ was - were
⑤ was - was

과거시제(일반동사)

Chapter 06

ENGLISH ✦ GRAMMAR

1 동사의 과거형

- 과거의 어떤 때 시작되어 이미 끝나버린 동작이나 상태를 표현할 때 동사의 과거형으로 나타낸다.

단수		복수	
현재형	과거형	현재형	과거형
I **play** ~	I **played** ~	We **play** ~	We **played** ~
You **play**	You **played**	You **play**	You **played**
He **plays** She **plays** Tom **plays**	He **played** She **played** Tom **played**	They **play** The children **play**	They **played** The children **played**

동사의 과거형은 주어의 인칭과 수에 관계없이 항상 일정하다.

· He **plays** soccer. <현재>

· He **played** soccer. <과거>

▪그는 축구를 한다.
▪그는 축구를 했다.

- 과거표시 부사(구)
  과거의 일을 말할 때 동사의 과거형으로도 충분히 나타낼 수 있지만 때를 분명히 하기 위해서 다음과 같은 부사(구)와 함께 자주 쓴다.

  · ~ ago : ~전에   · in 1990 : 1990년도에
  · yesterday : 어제,   · the day before yesterday : 그제, 그저께
  · one day : (과거의) 어느 날   · the other day   : 며칠 전, 일전에
  · last night / week / year : 지난 밤 / 주 / 해

  · He **played** soccer *yesterday*. (NOT : He plays soccer yesterday.)
    문장에 yesterday가 있으므로 꼭 과거시제로 써야 한다.

▪그는 어제 축구를 했다.

▌ EXERCISE ▌ A

[01~04] 다음 문장의 밑줄 친 부분에 유의하여 해석하시오.

○ MEMO ○

01 She <u>plays</u> the piano every day.

02 She <u>played</u> the piano last Friday.

03 He <u>plays</u> baseball after school.

04 He <u>played</u> baseball two days ago.

 일반동사의 과거형(규칙 변화)

동사의 과거형은 동사원형에 일정한 규칙을 갖고 만들어지는 것도 있고 그렇지 않은 것도 있다. 규칙 변화는 다음과 같다.

- 대부분 동사원형에 -ed를 붙인다.

  · talk - talked(말했다)　　　· look - looked(보았다)

  · work - worked(일했다)　　　· listen - listened(들었다)

  · clean - cleaned(청소했다)　　· visit - visited(방문했다)

- -e로 끝나는 단어는 -d만 붙인다.

  · change - changed(변했다)　　· like - liked(좋아했다)

- 「자음 + y」로 끝나는 단어는 y를 i로 고치고 -ed를 붙인다.

  · study - studied(공부했다)　　· worry - worried(걱정했다)

- 「단모음 + 단자음」으로 끝나는 단어는 자음을 겹쳐 쓴 다음 -ed를 붙인다.

  · stop - stopped(멈췄다)　　　· drop - dropped(떨어뜨렸다)

▌EXERCISE ▌ B

[01~16] 다음 동사의 과거형을 쓰시오.

01 play - _____

02 learn - _____

03 watch - _____

04 visit - _____

05 help - _____

06 laugh - _____

07 start - _____

08 live - _____

09 dance - _____

10 invite - _____

11 hope - _____

12 die - _____

13 try - _____

14 cry - _____

15 carry - _____

16 plan - _____

○ MEMO ○
- laugh ⑤ 웃다
- invite ⑤ 초대하다
- die ⑤ 죽다
- try ⑤ 시도하다
- cry ⑤ 울다
- carry ⑤ 나르다, 운반하다
- plan ⑤ 계획하다

3 일반동사의 과거형(불규칙 변화)

불규칙동사도 많이 있으며 그때 그때 메모하여 암기해야 한다.

· do - did(했다)
· say - said(말했다)
· have - had(가지고 있었다, 먹었다)
· become - became(됐다)
· take - took(가져갔다)
· give - gave(주었다)
· meet - met(만났다)
· send - sent(보냈다)
· eat - ate(먹었다)
· sing - sang(노래했다)
· sit - sat(앉았다)
· read[ri:d] - read[red](읽었다)

· make - made(만들었다)
· run - ran(뛰었다)
· buy - bought(샀다)
· break - broke(깨뜨렸다)
· go - went(갔다)
· come - came(왔다)
· get - got(얻었다)
· lend - lent(빌려줬다)
· write - wrote(썼다)
· see - saw(보았다)
· know - knew(알았다)

<기타 중요한 동사의 과거형>
▪ begin - began(시작했다)
▪ blow - blew((바람이)불었다)
▪ fall - fell(떨어졌다)
▪ fly - flew(날았다)
▪ hear - heard(들었다)
▪ hide - hid(숨었다)
▪ keep - kept(유지했다)
▪ lose - lost(잃다)
▪ leave - left(떠났다)
▪ sleep - slept(잠을 잤다)
▪ swim - swam(수영했다)
▪ teach - taught(가르쳤다)
▪ throw - threw(던졌다)
▪ wear - wore(입었다)
▪ win - won(이겼다)

<모양이 같은 것>
▪ cut - cut(잘랐다)
▪ hit - hit(쳤다)
▪ hurt - hurt(다쳤다)
▪ put - put(놓았다)

주의! · read는 현재형과 과거형이 철자는 같고 발음만 다르다.

▌EXERCISE ▌ C

[01~24] 다음 단어의 과거형을 쓰시오.

01 break - _____

02 buy - _____

03 catch - _____

04 come - _____

05 do - _____

06 draw - _____

07 eat - _____

08 find - _____

09 give - _____

10 go - _____

11 grow - _____

12 have - _____

13 know - _____

14 make - _____

15 meet - _____

16 read - _____

17 run - _____

18 say - _____

19 see - _____

20 sell - _____

21 send - _____

22 sing - _____

23 take - _____

24 write - _____

○― MEMO ○
▪ break ⑧ 깨뜨리다
▪ catch ⑧ 잡다, (감기에)걸리다
▪ draw ⑧ 그리다
▪ find ⑧ 찾다
▪ grow ⑧ 자라다
▪ send ⑧ 보내다
▪ sell ⑧ 팔다
▪ take ⑧ 가져가다, 데려가다

4 -ed의 발음

유성음 뒤의 ed는 [d]로, 무성음 뒤의 ed는 [t]로 발음한다. 그리고 t 또는 d로 끝나는 말 뒤에 쓰인 ed는 [id]로 발음한다.

· [d] ➔ 유성음(모음, b, g, n, m, l, 등) + ed

   played   opened   showed

· [t] ➔ 무성음(k, t, p, f, s, sh, ch) + ed

   watched   cooked   helped

· [id] ➔ t 또는 d + ed

   started   visited   invited

▋ EXERCISE ▋ D

[01~12] 다음 밑줄 친 부분의 발음에 해당하는 기호를 보기에서 골라 쓰시오.

○ MEMO ○

보기	[d], [t], [id]

01 visit<u>ed</u>   05 show<u>ed</u>   09 invit<u>ed</u>

02 ask<u>ed</u>   06 start<u>ed</u>   10 open<u>ed</u>

03 pass<u>ed</u>   07 play<u>ed</u>   11 walk<u>ed</u>

04 help<u>ed</u>   08 watch<u>ed</u>   12 laugh<u>ed</u>

▋ EXERCISE ▋ E

[01~05] 다음 문장을 과거시제로 바꾸시오.

01 She teaches math at school.

   ➔ _____

02 He gives me money.

   ➔ _____

03 Min-ho studies English at school.

   ➔ _____

04 Lisa writes a letter to Mr. Kim.

   ➔ _____

05 She goes swimming after school.

   ➔ _____

5 과거시제의 부정문과 의문문

1 과거시제 부정문

주어 + did not[didn't] + 동사원형

· I **watched** TV yesterday.
→ I **didn't [did not] watch** TV yesterday. <부정문>
  didn't 뒤에 동사원형이 온다는 것에 주의한다.

· He **did** his homework.
→ He **didn't do** his homework. <부정문>
  didn't뒤에 동사 do를 빠뜨리지 않도록 주의한다.

▪ 나는 어제 **TV**를 보았다.
→ 나는 어제 **TV**를 보지 않았다.

▪ 그는 숙제를 했다.
→ 그는 숙제를 하지 않았다.

2 과거시제 의문문

Did + 주어 + 동사원형 ~?으로 나타내고, Yes, 주어 + did. / No, 주어 + didn't.로 답한다.

· You **met** Tom yesterday.
→A : **Did** you **meet** Tom yesterday? <의문문>
  B : Yes, I **did**. / No, I **didn't**.

▪ 너는 어제 **Tom**을 만났다.
→ 너는 어제 **Tom**을 만났니?/ 응, 만났어./ 아니, 만나지 않았어.

▌ EXERCISE ▌ F

[01~05] 다음 문장을 모두 부정문과 의문문으로 만드시오.

○ **MEMO** ○

01 John went to a concert yesterday evening.
→(부정)_____
→(의문)_____

02 She stayed at home yesterday.
→(부정)_____
→(의문)_____

03 You swam with my friend yesterday.
→(부정)_____
→(의문)_____

04 He did his homework yesterday.
→(부정)_____
→(의문)_____

05 She got up early in the morning.
→(부정)_____
→(의문)_____

3 의문사가 있는 의문문

「의문사 + did + 주어 + 동사원형 ~?」으로 묻고 「주어 + 과거동사 ~」로 답한다.

· A : **What did** you **do** yesterday evening?
  B : I **cleaned** my room.

· A : **Who broke** the window?
  B : Tom **did**.

의문사가 주어인 경우 「의문사+과거동사 ~ ?」의 형태가 된다.

- 어제 저녁에 너는 무엇을 했니?/나는 방 청소를 했어.
- 누가 창문을 깨뜨렸니? / Tom이 그랬어.

▌EXERCISE ▌ G

[01~06] 다음 보기처럼 밑줄 친 대답에 어울리는 의문문을 만드시오.

> 보기) I bought this camera <u>yesterday</u>.
> → When did you buy this camera?

01 He went to school <u>on foot</u>.
  → _____

02 Laura met Jane <u>in the park</u>.
  → _____

03 He studied <u>English</u> last night.
  → _____

04 I arrived in Seoul <u>at 9 o'clock yesterday</u>.
  → _____

05 <u>Michael</u> went to America yesterday.
  → _____

06 She <u>cleaned her room</u> yesterday.
  → _____

[07~08] 다음 빈칸에 알맞은 답을 쓰시오.

07 A : Did you meet an old friend last night?
  B : Yes, I _____. / No, I _____.

08 A : What did you do after school?
  B : I _____ tennis with my friend.

○ MEMO ○

01 다음 빈칸에 yesterday를 쓸 수 <u>없는</u> 것은?

① I walk to the park _____.

② He did not swim _____.

③ Did you write a letter to your friend _____?

④ She played the piano _____.

⑤ They went to Busan _____.

02 다음 중 동사의 과거형 연결이 바르지 <u>못한</u> 것은?

① are - were   ② go - went

③ send - sended   ④ make - made

⑤ study - studied

03 다음 동사의 과거형이 <u>틀리게</u> 연결된 것은?

① is - was   ② enjoy - enjoyed

③ sing - sang   ④ do - did

⑤ make - maked

04 다음 빈칸에 공통으로 들어갈 가장 알맞은 것은?

· I _____ some money for the future.

· The fire fighter _____ the baby in the water.

① spent   ② saved   ③ lost

④ liked   ⑤ gave

05 보기의 밑줄 친 부분과 발음이 같은 것은?

leen<u>ed</u>

① finish<u>ed</u>   ② help<u>ed</u>   ③ lik<u>ed</u>

④ stopp<u>ed</u>   ⑤ call<u>ed</u>

06 다음 보기의 밑줄 친 부분과 발음이 같은 것은?

walk<u>ed</u>

① cri<u>ed</u>   ② arriv<u>ed</u>   ③ call<u>ed</u>

④ clean<u>ed</u>   ⑤ watch<u>ed</u>

07 다음 밑줄 친 부분의 발음이 같은 것끼리 짝지어진 것은?

① visit<u>ed</u> - ask<u>ed</u>   ② pass<u>ed</u> - help<u>ed</u>

③ show<u>ed</u> - start<u>ed</u>   ④ play<u>ed</u> - watch<u>ed</u>

⑤ invit<u>ed</u> - watch<u>ed</u>

08 다음 중 밑줄 친 부분의 발음이 <u>다른</u> 하나는?

① She help<u>ed</u> Mom last night.

② She play<u>ed</u> the violin.

③ She call<u>ed</u> you this morning.

④ She cri<u>ed</u> out.

⑤ She lov<u>ed</u> her mother very much.

09 다음 중 빈칸에 알맞지 <u>않은</u> 것은?

I studied English _____.

① last weekend   ② this morning

③ yesterday   ④ tomorrow

⑤ last night

10 다음 빈칸에 적당한 말은?

Where did you go _____?

① yesterday   ② next year

③ next month   ④ tomorrow

⑤ tomorrow morning

11 다음을 부정문으로 바꿀 때 빈칸을 아래 보기에서 맞는 말을 골라 채우시오.

> She came to my school today.
> → She _____ _____ to my school today.

> don't, didn't, come, came

12 다음 문장을 부정문으로 만들 때 빈칸에 알맞은 말을 쓰시오.

> He went to school yesterday.
> → He _____ _____ to school yesterday.

13 다음 빈칸에 알맞은 말은?

> _____ you meet Tom yesterday?

① Do   ② Does   ③ Did
④ Are   ⑤ Were

14 다음 문장을 의문문으로 고치시오.

> She went to the park yesterday.
> → _____ _____ _____ to the park yesterday?

15 다음 문장을 의문문으로 바르게 고친 것은?

> He studied English very hard.

① Does he studied English very hard?
② Was he study English very hard?
③ Did he studied English very hard?
④ Did he study English very hard?
⑤ Do he study English very hard?

16 다음 질문에 대한 대답으로 알맞은 것은?

> Did you study English yesterday?

① Yes, I do.   ② No, I didn't.
③ Yes, he does.   ④ No, he doesn't.
⑤ Yes, he did.

17 다음 밑줄 친 부분 중 어색한 부분은?

> A : ①Did you ②go to bed early ③last night?
> B : No, ④I did. I went to bed ⑤late.

18 빈칸에 알맞은 단어를 써서 대화를 완성하시오.

> A : Did she go shopping?
> B : Yeah, she _____ shopping.

19 다음 대화의 대답으로 알맞지 않은 것은?

> A : What did you do after school?
> B : _____

① I played basketball with my friends.
② I do my English homework.
③ I ate out with my family.
④ I watched soccer game on TV.
⑤ I helped my mother.

20 다음 대화의 빈칸에 알맞은 말로 짝지어진 것은?

A : _____ did you visit your uncle?
B : Last month.
A : _____ did you go last week?
B : I went to San Francisco.

① When - What   ② When - Where
③ What - When   ④ What - Where
⑤ How - When

21 다음 두 사람의 대화가 자연스러운 것은?

① A : What did you do last Sunday?
   B : I watched TV all day.
② A : How was the movie last night?
   B : It is a lot of fun.
③ A : What does he do?
   B : He is playing computer games.
④ A : Where are you going?
   B : I were going home.
⑤ A : How are you doing?
   B : I am doing my homework.

22 다음 중 바르게 쓰인 문장은?

① I go to the zoo yesterday.
② Do you did your homework?
③ I didn't went to school yesterday.
④ What did you do last weekend?
⑤ She helps Mom last night.

23 다음 대화의 빈칸에 들어갈 말이 알맞게 짝지어진 것은?

A : Did he _____ the piano last night?
B : No, he didn't. He _____ the violin.

① play - play   ② plays - played
③ playing - plays   ④ played - played
⑤ play - played

24 다음 빈칸에 들어갈 말이 순서대로 맞게 짝지어진 것은?

A : What _____ you do last night?
B : I _____ to the park.

① do - go   ② do - goed
③ did - went   ④ did - go
⑤ does - going

25 다음 질문에 대한 대답으로 어색한 것은?

A : What did you do on Sunday?
B : I _____.

① read a book   ② write a letter
③ sang a song   ④ swam
⑤ played soccer

26 다음 밑줄 친 우리말을 영어로 옮겨 쓰시오.

Teacher : 너 어제 뭐 했니?
Mi-na : I went to the movies with my
         friends.

Unit 16

미래시제

ENGLISH · GRAMMAR

미래시제는 'will + 동사원형'이나 'be going to + 동사원형'의 형태로 나타낸다.

1 will + 동사원형

1 will + 동사원형으로 미래의 일을 나타낸다.

미래의 일에 대한 추측이나 의지를 나타낸다.

· I **will help** you. <의지 : ~하겠다, ~할 것이다>

· Brazil **will win** the World Cup. <추측 : ~일 것이다, ~할 것이다>

· I **will go** to the market *tomorrow*.

> 미래표시 부사(구) : 동사만으로도 시제를 알 수 있지만 때를 분명히 하기 위해서 다음과 같은 미래 표시 부사구와 함께 자주 쓰인다. tomorrow(내일), the day after tomorrow (모레), next week(다음주), next year(내년에), tonight(오늘밤), this weekend(이번 주말에), this Sunday(이번 일요일에) 등

▪ 내가 너를 도와줄게.
▪ 브라질이 월드컵에서 우승할 것이다.
▪ 나는 내일 시장에 갈 거야.

2 'will + 동사원형'은 주어의 인칭과 수에 영향 받지 않는다.

will은 조동사라 하는데, 조동사는 주어의 인칭과 수에 관계없이 항상 일정하며 조동사 다음에는 항상 동사원형이 온다.

· Someday I **will visit** Mt. Geumgang.

· He **will be** sixteen next year. (NOT : He wills be… , He will is …)

▪ 언젠가 금강산을 방문할 거야.
▪ 그는 내년에 16살이 된다.

▌EXERCISE ▌A

[01~03] 다음 괄호 안에서 알맞은 말을 고르시오.

01 He (wills visit, will visits, will visit) Japan next year.

02 Tomorrow I (goes, will go, went) swimming.

03 We (climb, will climb, climbed) Mt. Halla the day after tomorrow.

[04~06] 다음 문장을 will을 사용하여 미래시제로 다시 쓰시오.

04 He studies English.

→ _____

05 She buys a computer.

→ _____

06 I am a doctor.

→ _____

◦ MEMO ◦
▪visit ⑤ 방문하다
▪climb ⑤ 오르다, 등반하다

will의 부정문과 의문문

1 will 부정문

will not + 동사원형 = won't + 동사원형
= ~하지 않을 것이다

· He **will** go to London tomorrow.
· He **will not[won't] go** to London tomorrow. <부정문>

주어와 will도 줄여 쓸 수 있다. I'll, You'll, We'll, He'll, They'll 등

▪그는 내일 런던에 갈 것이다.
▪그는 내일 런던에 가지 않을 것이다.

2 will 의문문

A : Will + 주어 + 동사원형 ~?
B : Yes, 주어 + will / No, 주어 + will not(=won't)

· A : **Will** it **rain** tomorrow?
  B : Yes, it **will**. / No, it **won't**.

will을 문장의 맨 앞에 놓아 「Will+주어+동사원형~?」의 형태로 쓴다.

▪내일 비가 올까? / 응, 올 거야. 아니, 오지 않을 거야.

▌EXERCISE ▌ B

[01~06] 다음 문장을 부정문과 의문문으로 고치시오.

01 It will rain tomorrow.
→_____ (부정문)
→_____ (의문문)

02 They will come here this evening.
→_____ (부정문)
→_____ (의문문)

03 He will read a book.
→_____ (부정문)
→_____ (의문문)

04 She will remember us.
→_____ (부정문)
→_____ (의문문)

05 We will win the game.
→_____ (부정문)
→_____ (의문문)

06 He will go to the park this Sunday.
→_____ (부정문)
→_____ (의문문)

○ **MEMO** ○
▪remember ⑤ 기억하다
▪win ⑤ 이기다

3 의문사가 있는 의문문

A : 의문사 + will + 주어 + 동사원형 ~?
B : 주어 + will + 동사원형 ~.

· A : **What will** you **do** tomorrow?
  B : I **will play** baseball with my friends.
  의문사가 있는 의문문은 「의문사+will+주어+동사원형~?」의 형태로 쓴다.

> • 내일 무엇을 할 거니? / 친구들과 야구를 할 것이다.

▌ EXERCISE ▌ C

[01~04] 다음 밑줄 친 부분을 줄여 쓰시오.

01 <u>I will</u> stay at home tomorrow.

02 <u>She will</u> have lunch today.

03 <u>We will</u> help her.

04 She <u>will not</u> be here tomorrow.

> ○ **MEMO** ○
> • vacation ⑲ 방학

[05~12] 다음 밑줄 친 부분을 바르게 고쳐 쓰시오.

05 <u>Does he will go</u> to school tomorrow?

06 Will Mike visit Japan next year? No, he <u>doesn't</u>.

07 He will <u>goes</u> to school tomorrow.

08 I <u>will don't study</u> this evening.

09 My father will <u>went</u> to his office.

10 <u>Do you will meet</u> her tomorrow?

11 What <u>do you will</u> next vacation?

12 I think you <u>be</u> a good scientist.

3 be going to + 동사원형

1 「be going to + 동사원형」도 미래시제를 나타낸다.

말하기 이전에 이미 결정된 미래의 계획이나 추측을 나타내며, '~할 예정이다', '~할 것이다'로 해석한다.

· I**'m going to** go to Mt. Geumgang with my family. <계획>

· It **is going to** snow a lot this winter. <추측>
= It **will** snow a lot this winter.
미래의 일에 대한 추측의 의미로 쓰일 때 「will + 동사원형」으로도 바꿔 쓸 수 있다.

▪ 나는 가족과 금강산을 갈 예정이다.
▪ 올 겨울에 눈이 많이 올 것 같다.

2 be동사는 주어의 인칭과 수에 따라 am, are, is를 알맞게 써야 한다.

· I **am going to** study English harder next year.

· He **is going to** get a new job soon.

· We **are going to** visit my grandmother tomorrow.

▪ 나는 내년에 영어를 더 열심히 공부할 예정이다.
▪ 그는 곧 새로운 직업을 구할 것이다.
▪ 우리는 내일 할머니를 방문할 예정이다.

▌EXERCISE ▌D

[01~04] 다음 괄호 안에서 알맞은 말을 고르시오.

01 I will (am, be) a middle school student next year.

02 I am going to meet my girlfriend (yesterday, tomorrow).

03 They will be rich (soon, then).

04 He (is going, will) be here tonight.

[05~07] 다음 빈칸에 알맞은 말을 쓰시오.

05 We _____ _____ to leave Busan tomorrow.

06 I _____ _____ to meet my friends tonight.

07 Look at the sky! It ____ _____ to rain.

[08~10] 다음 두 문장이 같은 의미가 되도록 빈칸에 알맞은 말을 쓰시오.

08 The weather will be nice soon.
= The weather _____ _____ _____ be nice soon.

09 They will miss the bus.
= They _____ _____ _____ miss the bus.

10 She will get up early tomorrow morning.
= She _____ _____ _____ get up early tomorrow morning.

○ **MEMO** ○
▪ a middle school student 중학생
▪ soon ⊕ 곧
▪ leave ⊛ 떠나다
▪ tonight ⊕ 오늘 밤에

4 be going to 부정문과 의문문

1 be going to 부정문

am/are/is + not + 동사원형 : ~하지 않을 것이다

· I'm **not going to** do the housework.

· He **is not going to** go to a concert.

▪ 나는 집안일을 하지 않을 것이다.
▪ 그는 콘서트에 가지 않을 것이다.

2 be going to 의문문

▪ Q : Am/Are/Is + 주어 + going to + 동사원형 ~? : ~할 예정이니?
  A : Yes, 주어 + am[are/is]. / No, 주어 + am[are,is] not.

▪ Q : 의문사 + am/are/is + 주어 + going to + 동사원형~?
  A : 주어 + am[are,is] + going to + 동사원형 ~.

· A : **Is** he **going to take** a taxi?
  B : Yes, he **is**. / No, he **isn't**.
  be동사를 문장 첫머리에 쓰고 문장 끝에 물음표(?)를 붙인다. 대답은 [Yes, 주어+be동사./
  No, 주어+be+not.]

· A : **What are** you **going to do** tonight?
  B : **I'm going to go** to the movies.
  의문사+be(am, are, is)+(주어)+going to+원형? : (주어)는 ~할 예정이니? 의문사
  (what, where 등)로 묻는 질문에는 yes나 no로 대답할 수 없다.

▪ 그는 택시를 탈 예정이니?/응, 그래./ 아니, 그렇지 않아.
▪ 너는 오늘 밤 무엇을 할 예정이니? / 나는 영화 보러 갈 예정이야.

▌EXERCISE ▌E

[01~02] 다음 문장을 부정문으로 바꾸시오.

01 I am going to work hard.

02 He is going to listen to music.

[03~04] 대화의 빈칸에 알맞은 말을 쓰시오.

03 A : _____ you going to buy a car?
   B : Yes, I am.

04 A : _____ he going to invite Mary to the party?
   B : Yes, he is.

[05~06] 다음 빈칸에 알맞은 말을 쓰시오.

05 A : What are you going to do tomorrow?
   B : I _____ _____ _____ visit my uncle.

06 A : What is your sister _____ _____ do?
   B : She is going to go shopping.

○ **MEMO** ○
▪invite ⑤ 초대하다
▪go shopping 쇼핑가다

5 현재시제와 현재진행형의 미래 표현

현재시제가 미래의 의미를 지닐 때

■ 시간과 조건의 부사절에서는 의미가 미래라도 꼭 현재시제를 쓴다.

시간(때) 접속사 : when(~할 때,~면), while(~하는 동안), until(~할 때까지) 등
조건 접속사 : if(만약 ~한다면)

· When she **comes** back, I will go shopping together.

   (NOT : When she will come back, ···)

· I will stay home if it **rains** tomorrow. (NOT : ··· if it will rain tomorrow.)

cf. I wonder if she **will come** back tomorrow.

   (NOT : I wonder if she comes back tomorrow.)

접속사 if가 '만약~한다면'의 뜻일 때는 부사절을 이끌지만, '~인지 아닌지'의 뜻일 땐 명사절을 이끈다. 부사절에서만 미래대신에 현재시제를 쓰고, 명사절에서는 미래의 의미를 갖는 말은 반드시 미래시제로 써야 한다.

■ 기차, 항공, 버스, 공연 등의 시간표, 항상 미래표시 부사(구)와 함께 쓴다.

· The bus **leaves** Seoul at 5:30.

· The movie **begins** at 8 o'clock.

> ■ 그녀가 돌아오면, 함께 쇼핑갈 예정이다.
> ■ 내일 비가 오면, 집에 있을 것이다.
> *cf.* 그녀가 내일 돌아올지 아닐지 궁금하다.

> ■ 그 버스는 5시 30분에 서울을 출발한다.
> ■ 그 영화는 8시에 시작한다.

▌EXERCISE ▌ F

[01~07] 다음 괄호 안에서 알맞은 말을 고르시오.

01 I will wait here until she (comes, will come) back.

02 When I (have, will have) time, I will write her a letter.

03 Call me as soon as you (arrive, will arrive).

04 I will work here till I (get, will get) a new job.

05 I won't go if it (rains, will rain).

06 I wonder if it (rains, will rain) tomorrow.

07 Do you know when he (comes, will come)?

> ○ **MEMO** ○
> ▪ wait ⑧ 기다리다
> ▪ until ㉑ ~할 때까지(= till)
> ▪ as soon as~ ~하자 마자
> ▪ if ㉑ 만약 ~한다면(부사절)
>   ~인지 아닌지(명사절)
>
> ▪ 시간과 조건의 부사절에서만 현재시제가 미래를 대신한다. 7번은 when이하가 타동사 know의 목적어로 쓰이므로 명사절이다.

2 현재진행형이 미래의 의미를 지닐 때

- 이미 협의된 혹은 약속된 일정 등을 말할 때는 현재진행형을 쓴다.

  · **I'm going** to the dentist *now*. <현재 진행 중인 동작>

  · **I'm going** to the dentist *tomorrow afternoon*. <미래의 일>
  아마 내일 오후에 치과에 예약되었음을 의미한다.

  · She **is meeting** my old friend *on Wednesday*.
  친구와 만날 시간과 장소가 정해져 있을 것이다.

- 구별해야 할 be going to

  · **I'm going to** *study* English.
  〈be going to+동사원형〉은 미래시제를 의미한다.

  · **I'm going to** *the market* now.
  〈be+going to+장소〉는 현재진행 시제이다.

- 나는 지금 치과에 가고 있다.
- 나는 내일 오후에 치과에 갈 예정이다.
- 그녀는 수요일에 옛 친구를 만날 예정이다.

- 나는 영어를 공부할 것이다.
- 나는 지금 시장에 가는 중이다.

▌EXERCISE ▌G

[01~08] 다음 중 진행의 의미일 땐 P, 미래의 의미를 지닐 때는 F로 표기하시오.

01 She is living in Seoul now. _____

02 Look! She is coming. _____

03 She is coming back tonight. _____

04 Are you meeting her on Monday? _____

05 I'm not having a birthday party this year. _____

06 She is buying a new car soon. _____

07 I'm waiting for her for an hour. _____

08 He is going to a concert this evening. _____

[09~10] 다음 문장을 해석하시오.

09 She is going to visit the museum.

10 I'm going to the library now.

○ *MEMO* ○
- wait for~ ~를 기다리다
- museum 명 박물관

미래를 나타내는 말들의 비교

'will + 동사원형'과 'be going to + 동사원형'의 비교

■ 미래의 추측에 둘 다 쓰인다.

· Look at the sky! It's **going to** rain.
　　추측의 근거가 명백하게 눈앞에 보일 때 be going to를 쓰는 것이 자연스럽다.

· I think Brazil **will** win the World Cup.
　　추측의 근거가 명백하게 눈앞에 보이는 경우를 제외하고는 대부분의 추측에서 will을 쓰는 것이 더 일반적이다.

■ 말하는 순간 결정 한 일이면 will+동사원형, 말하기 이전에 이미 결정한 일이면 'be going to+동사원형'을 쓴다.

· A : Your sports shoes are too dirty.
　B : Are they? **I'll wash** them.
　　신발을 빨 것을 결심한 것은 바로 지금이다.

· A : Your sports shoes are too dirty.
　B : Yes, I know. **I'm going to** wash them.
　　신발이 더럽다는 것을 이미 알고 있고, 지금 이전에 신발을 빨려고 생각했던 일이다.

주의! 현재 학교 시험에서는 will과 be going to의 차이를 무시하고 서로 바꿔 쓰는 문제가 자주 출제 되고 있으니 주의하시오.

▪하늘을 봐! 비가 올 것 같아.
▪나는 브라질이 월드컵을 우승할 것이라고 생각한다.

▪너의 운동화 너무 더러워. / 그러니? 운동화를 빨아야겠다.
▪너의 신발이 너무 더러워. / 그래, 나도 알고 있어. 신발을 빨 예정이야.

▌EXERCISE ▌ H

[01~04] 다음 괄호 안에서 가장 알맞은 표현을 고르시오.

01 A : It's hot in the room.
　　B : Is it? I (will, am going to) open the window.

02 A : I'm looking for a shirt.
　　B : How about this?
　　A : It looks good. (I'll, I am going to) take it.

03 Look out! We (will, are going to) crash!

04 Oh no! It's already 6 o'clock. We (will, are going to) be late.

○ MEMO ○
▪look for ~ ~을 찾다
▪Look out! 조심해!
▪crash ⑧ 충돌하다
▪already ⑨ 이미

2 'be going to + 동사원형'과 '현재진행'의 비교

'be going to+동사원형'은 말하기 이전에 ~하기로 결심한 일을 말할 때, 현재진행형은 결심하여 상대방과 협의가 됐거나 예약된 일정을 말할 때 주로 쓴다. 현재진행형은 시간을 분명히 하기 위해서 tomorrow와 같은 미래표시 부사(구)와 함께 쓰이는 경우가 더 많다.

· We **are going to meet** him tomorrow.
그를 만나겠다는 결심 혹은 의지를 밝히고 있다.

= We **are meeting** him tomorrow.
그와 만날 장소와 시간을 이미 약속했을 것이다.

▪우리는 내일 그를 만날 예정이다.

주의! 학교 시험에는 will, be going to+동사원형, 현재진행형의 구별을 묻는 문제보다 서로 바꿔 쓰는 시험문제가 자주 출제된다. 단, 미래의 추측을 나타낼 때는 현재진행형으로 바꿔 쓸 수 없음에 주의한다.

· Our team **will win** the game. <추측>

= Our team **is going to** win the game.

(NOT : Our team is winning the game.)

▪우리 팀이 그 시합에서 이길 것이다.

▌ EXERCISE ▌ I

[01~03] 다음 괄호 안에서 가장 알맞은 말을 고르시오.

01 She called me yesterday. We (will meet, are meeting) tonight.

02 I (will go, am going) to America on Friday. I have the air ticket.

03 I think it (will rain, is raining) tonight. Take an umbrella with you.

○ MEMO ○
▪air ticket 항공권, 비행기 표

01 다음 빈칸에 알맞지 <u>않은</u> 말은?

> I will play soccer _____.

① tomorrow
② next Saturday
③ this afternoon
④ the day before yesterday
⑤ after class

02 다음 빈칸에 들어갈 말로 알맞은 것은?

> I will _____.

① helped him
② has lunch
③ go to the market tomorrow
④ playing soccer
⑤ went to the library

03 다음 밑줄 친 말을 한 단어로 바꿔 쓰시오.

> I <u>will not</u> go to the concert.

04 다음 중 not이 들어갈 알맞은 위치는?

> I ① will ② have ③ my birthday party
> ④ next Saturday ⑤.

05 다음 중 어법상 바른 문장은?

① I won't am late.
② He will wears a green cap.
③ He will not go to the library.
④ She wills meet him at ten tonight.
⑤ She will meets him at ten tonight.

06 빈칸에 알맞은 말은?

> She will _____ her grandmother.

① visit   ② visits   ③ visited
④ visiting   ⑤ be visit

07 다음에 우리말에 맞도록 빈칸에 알맞은 말을 쓰시오.

> He _____ _____ fifteen next year.
> 그는 내년에는 15살이 될 거야.

08 다음 질문에 대한 대답으로 알맞은 것은?

> A : Will she go to church this Sunday?
> B : _____

① Yes, she is.   ② No, she will not.
③ Yes, she will not. ④ No, she isn't.
⑤ Yes, she goes.

09 다음 대화의 빈칸에 들어갈 말로 모두 알맞은 것은?

A : What _____ you do this vacation?
B : I will _____ Brazil.

① will - visited   ② did - visit
③ do - visit   ④ do - visited
⑤ will - visit

10 다음 두 문장의 의미가 같도록 빈칸에 알맞은 한 단어를 쓰시오.

I am going to stay in Paris for a week.
= I _____ stay in Paris for a week.

11 다음 문장이 부정문이 되도록 빈칸에 한 단어의 축약형을 쓰시오.

I will use a pencil.
→ I _____ use a pencil.

12 다음 중 어법상 틀린 문장은?

① Mike is going to go to Paris this winter.
② I am going to stay at home this weekend.
③ He is going to have pizza for lunch last Sunday.
④ She is going to be back soon.
⑤ I am going to call Jane tonight.

13 다음 밑줄 친 우리말을 영어로 옮기시오.

A : What will you do 모레?
B : I will go to the movies.

14 다음 중 옳은 문장은?

① She wills call me.
② He won't buys this dog.
③ Will she cleans her room?
④ He will have a party.
⑤ Tom will goes to the market tomorrow.

15 다음 밑줄 친 부분의 쓰임이 다른 하나는?

① I'm going to go to a concert.
② Are you going to swim this afternoon?
③ I'm going to theater to see a movie now.
④ I am going to have dinner with Tim.
⑤ What are you going to do this weekend?

16 다음 대화의 빈칸에 공통으로 알맞은 말은?

A : What are you _____ to do this weekend?
B : I'm _____ to read a book.

① want   ② going   ③ have
④ can   ⑤ will

17 다음 질문에 알맞은 대답은?

> What are you going to do today?

① I'm hungry.
② We saw a movie.
③ You will watch TV tonight.
④ I'm going to play soccer.
⑤ I go to church on Sundays.

18 다음 중 어법에 맞는 문장은?

① He wills be fine soon.
② I'm windy on Mt. Geumgang today.
③ She is going to watch TV.
④ I'm go to visit my uncle.
⑤ I am going to meet my friend yesterday.

19 다음 빈칸에 들어갈 적절한 말은?

> _____ the day after tomorrow?

① What do you do ② What did you do
③ What will you do ④ What you will do
⑤ What are you will do

20 다음 빈칸에 들어갈 말로 알맞지 <u>않은</u> 것은?

> My brother will go to America _____.

① the day after tomorrow
② the day before yesterday
③ next week
④ this Sunday
⑤ someday

21 다음 우리말을 영어로 옮기시오.

> 너는 내일 무엇을 할 거니?

22 다음 대화의 빈칸에 들어갈 알맞은 말은?

> A : _____?
> B : They will go to the farm on foot.

① When will they go to farm?
② Where will they go?
③ How do they go to the farm?
④ How will they go to the farm?
⑤ Will they go to the farm?

[23~24]다음 빈칸에 들어갈 말로 가장 알맞은 것을 고르시오.

23
> If you _____ your best, you will get the first prize.

① do   ② does   ③ did
④ will do   ⑤ won't do

24
> After he _____ back, I will leave here.

① come   ② comes   ③ came
④ will come ⑤ won't come

과거진행형 / 미래진행형

ENGLISH ✦ GRAMMAR

1 과거진행형

- 과거진행형은 과거의 한 시점에서 주어의 어떤 일이나 동작이 진행 중이었음을 표현하는 것이다.
- be동사의 과거형(was/were) + 현재분사(동사원형-ing)
- '~하고 있었다, ~하고 있는 중 이었다'의 의미

  · John **was cooking** at 11 o'clock.

  · They **were feeding** the rabbits then.

· John은 11시에 요리를 하고 있었다.
· 그들은 그때 토끼에게 먹이를 주고 있었다.

▌EXERCISE ▌ A

[01~05] 우리말과 같도록 빈칸에 알맞은 말을 쓰시오.

01 나는 길을 건너고 있었다.

  → I _____ the street. (cross)

02 우리는 도서관에서 영어 공부를 하고 있었다.

  → We _____ English in the library. (study)

03 6학년 남자 아이들이 서로 싸우고 있었다.

  → The sixth-grade boys _____ each other. (fight)

04 한 소녀가 창가에 서 있었다.

  → A girl _____ near the window. (stand)

05 수백 명의 사람들이 동시에 쇼핑을 하고 있었다.

  → Hundreds of people _____ at the same time. (shop)

○ **MEMO** ○
- cross ⑤ 건너다, 가로지르다
- fight ⑤ 싸우다
- hundreds of ~ 수백 명의
- at the same time 동시에

2 과거진행형의 부정문과 의문문

과거진행형 부정문

be동사 과거[was/were] + not + 동사원형-ing : ~하고 있지 않았다

· I **was not watching** TV.

· They **were not sleeping**.

· 나는 TV를 보고 있지 않았다.
· 그들은 잠을 자고 있지 않았다.

2 과거진행형 의문문

- Q : Was[Were] + 주어 + 현재분사 ~?
  A : Yes, 주어 + was[were]./No, 주어 + was[were]+ not.
- Q : 의문사 + was[were] + 주어 + 동사원형-ing?
  A : 주어 + was[were] + 동사원형-ing~.

  · A : **Was** she **studying** then?
    B : **No, she wasn't.** She **was sleeping**.

  · A : What **were** you **doing** at nine last night?
    B : I **was watching TV**.

· 그녀는 그때 공부하고 있었니?
  /아니, 그녀는 자고 있었어.
· 어젯밤 9시에 뭐하고 있었니? /
  TV를 보고 있었어.

▌EXERCISE ▌B

[01~06] 다음 주어진 단어를 사용하여 우리말과 같은 문장을 만드시오.

○ **MEMO** ○
· library ⑬ 도서관

01 my friend / watch / TV (내 친구는 TV를 보고 있지 않았다.)
→ _____

02 I / listen / to music (나는 음악을 듣고 있지 않았다.)
→ _____

03 he / dance (그는 춤을 추고 있지 않았다.)
→ _____

04 your brother / cut / my paper (네 동생이 내 종이를 자르고 있었니?)
→ _____

05 they / run (그들이 뛰어가고 있었니?)
→ _____

06 they / do / what (그들은 무엇을 하고 있었니?)
→ _____

[07~08] 다음 대화의 빈칸에 알맞은 말을 쓰시오.

07 A : _____ _____ _____ _____ at 9 o'clock last night?
  B : I was doing my homework.

08 A : What was In-su doing at 2:00 p.m.?
  B : He _____ _____ English in the library. (study)

3 미래진행형

- 미래의 어느 때에 진행 중인 동작을 표현할 때 미래진행형을 쓴다.
- will + be + 현재분사(동사원형-ing) 형태
- '~하고 있을 것이다'의 의미

    · He **will be working** here this time tomorrow.

    · I **will not be sleeping** in an hour. <부정문>

    · **Will** you **be having** a dinner? <단순한 의견 묻기>

    cf. **Will** you **have** a dinner? <권유하기>

- 그는 내일 이맘때 여기에서 일하고 있을 것이다.
- 나는 한 시간 후에 자고 있지 않을 것이다.
- 오늘 밤에 저녁식사를 하실 건지요?
  cf. 저녁 식사 좀 하시겠어요?

▌EXERCISE ▌C

[01~04] 다음 괄호 안의 동사를 사용하여 빈칸에 미래진행형으로 쓰시오.

○ MEMO ○
• library ⑲ 도서관

01 She _____ when I come home. (sleep)

02 I _____ at the library. (study)

03 He _____ here this time tomorrow. (work)

04 I _____ TV news at 9:00 tonight. (watch)

UNIT 17 123

01 다음 빈칸에 알맞은 것은?

> It's 6 p.m. now.
> Chang-su _____ playing soccer at 2 p.m.

① is   ② has   ③ had
④ was   ⑤ get

02 다음 빈칸에 들어갈 알맞은 말은?

> I was _____ in the library yesterday.

① study   ② studing   ③ studies
④ studied   ⑤ studying

03 다음 빈칸에 알맞지 <u>않은</u> 것은?

> John was cooking _____.

① last night   ② last Sunday   ③ yesterday
④ then   ⑤ now

04 우리말을 영어로 바르게 옮긴 것은?

> John은 11시에 요리를 하고 있었다.

① John cooked at 11 o'clock.
② John is cooking at 11 o'clock.
③ John was cooking at 11 o'clock.
④ John were cooking at 11 o'clock.
⑤ John is going to cook at 11 o'clock.

05 우리말에 맞게 주어진 단어를 알맞게 고쳐 쓰시오.

> He _____ _____ at the park with his father. (run)
> 그는 그의 아버지와 공원을 달리고 있었다.

06 다음 글의 흐름에 맞게 밑줄 친 부분을 고쳐 쓰시오.

> <u>I am reading</u> a book when I heard some noise from the kitchen.

07 다음 대답에 대한 질문으로 알맞은 것은?

> A : _____
> B : I was doing my homework.

① What were you doing?
② What are you doing?
③ What was you doing?
④ Where are you going?
⑤ What was I doing?

08 다음 대화의 빈칸에 알맞은 말이 차례로 연결된 것은?

> A : What _____ you doing yesterday?
> B : I _____ washing the car.

① was - was   ② are - am
③ were - were   ④ were - was
⑤ were - am

09 다음 빈칸에 들어갈 말로 알맞은 것은?

> She will be at her school this time tomorrow. She _____ then.

① is studying   ② was studying
③ will studying   ④ will be studying
⑤ is being studying

Chapter

07

대명사 2

THINKPLUS ◆ ENGLISH SERIES

one,(the)other,another,each,every.

Chapter 07

ENGLISH ✦ GRAMMAR

1 부정대명사 one과 지시대명사 it

1 앞에 말한 명사와 같은 종류의 정해지지 않는 물건을 가리킬 때 one

· I didn't bring a pen. Can I borrow **one**?

one은 a pen을 가리킨다.

▪나는 펜을 가져오지 않았어. 한 자루 빌려줄래?

2 앞에서 말한 명사와 같은 물건을 가리킬 때 it

· Do you have my pen? Yes, I have **it**.

it은 my pen을 의미하며 특정한 물건이다.

▪네가 내 펜을 가지고 있니? 그래, 내가 그 펜을 가지고 있어.

▌EXERCISE ▌A

[01~05] 다음 괄호 안의 단어 중 알맞은 것을 고르시오.

01 Mother bought a pen. She gave (it, one) to me.

02 Jane doesn't have a pencil. Please lend her (it, one).

03 A : Do you have a pen?
B : Yes, I have (one, it).

04 A : Do you have my pen?
B : Yes, I have (one, it).

05 I lost my book, and I found (one, it)

○ MEMO ○
▪lend ⑤ 빌려주다
▪lose ⑤ 잃다 (과거 : lost)
▪find ⑤ 찾다(과거 : found)

2 one과 other

1 one, the other
두 가지를 순서에 관계없이 '하나는 ~이고, 나머지 하나는 ~이다'라고 할 때 쓴다.

· There are two men near the tree. **One** is sitting, and **the other** is standing.

▪나무 근처에 두 남자가 있다. 한 명은 앉아 있고, 다른 한명은 서 있다.

2 one, the others

셋 이상의 여러 개를 둘로 나누어 설명하고, 하나와 그 나머지 전부로 표현할 때 즉, '하나는 ~이고, 나머지는 모두가 ~이다'라고 언급할 때 쓴다.

 또는

· There are three balls here. **One** is white, and **the others** are black.

other앞에 정관사 the를 쓰는 경우에는 하나(one)를 제외하고 '나머지 모두'를 의미한다.

여기 세 개의 공이 있다. 하나는 흰색이고, 나머지는 모두 검은 색이다.

3 one ~, another(= a second) ~, and the other ~

셋을 세 가지로 나누어 설명하고, 하나, 다른 하나, 그리고 나머지 하나를 설명할 때 '하나는 ~이고, 다른 하나는 ~이고, 나머지 하나는 ~이다'라고 표현할 때 쓴다.

one ~, another ~ and the other

나머지 전부
남아있는 전부가 단수일 때

· There are three sons. **One** is a doctor, **another** is a teacher, and **the other** is a soldier.

세 명의 아들이 있다. 한명은 의사, 다른 한명은 선생님, 나머지 한 명은 군인이다.

4 some, others

'어떤 것(이)들은 ~하고, 다른 어떤 이들은 ~하다'의 의미로, 위의 둘 중에 속하지 않는 사람도 있다. (그래서 정관사 the가 붙지 않음에 주의한다.)

· **Some** students like spring. **Others** like fall.

봄과 가을 이외에도 여름과 겨울을 좋아하는 학생들이 있을 수 있다. 그러므로 the others가 아니라 others임에 주의한다.

어떤 학생들은 봄을 좋아한다. 다른 학생들은 가을을 좋아한다.

· **Some** people like pizza but **others** don't.

어떤 사람들은 피자를 좋아하지만, 또 어떤 사람들은 피자를 좋아하지 않는다.

▌ EXERCISE ▌ B

[01~04] 다음 우리말과 의미가 같도록 빈칸에 알맞은 말을 쓰시오.

01 I have two dogs ; one is white, _____ _____ is black.
두 마리 개가 있다. 하나는 하얀색이고, 하나는 검은색이다.

02 I have five dogs ; one is white, _____ _____ are black.
다섯 마리 개가 있다. 하나는 하얀색이고, 나머지는 모두 검은색이다.

03 I have three sons, _____ is a teacher, _____ is an actor, and _____ _____ is a lawyer.
세 명의 아들이 있다. 한명은 선생님이고 다른 한명은 배우다. 그리고 나머지 한명은 변호사이다.

04 Some people like soccer and _____ like baseball.
어떤 사람들은 축구를 좋아하고 어떤 사람들은 야구를 좋아한다.

3 another

1 another : 다른 것 (= a different one)

· I don't like these shoes. Show me **another**.

▪이 신발은 맘에 들지 않네요. 다른 것을 보여주시오.

2 another : 하나 더 (= one more)

· Will you have **another** cup of coffee?

▪커피 한잔 더 하시겠어요?

3 A is one thing, B is another : A와 B는 별개다

· To know is **one thing**, to teach is **another**.

▪아는 것과 가르치는 것은 별개이다.

▌ EXERCISE ▌ C

[01~04] 다음 괄호 안에서 알맞은 말을 고르시오.

01 I have two brothers. One of them is a teacher, but the (other, another) is an engineer.

02 His bag is old. He will buy a new (one, it).

03 I don't like it. Please show me (one, other, another).

04 To say is one thing, to practice is (one, other, others, another).

Unit 18

Chapter 07

4 each, every

each는 '각각, 각자'의 의미로 하나씩 개별적인 것을 생각하며 말할 때,
every는 '모든'의 의미로 사람이나 사물을 그룹으로 생각하며 말할 때 쓴다.

1 each

■ each + 단수명사

· **Each student** *has* a desk. <형용사>
(NOT : Each ~~students~~ has a desk. / Each student ~~have~~ a desk.)

▪각각의 학생은 책상이 있다.

■ each of + 복수대명사(us, them)

· **Each of us** *has* his opinion. <대명사>
(NOT : Each of us ~~have~~ his opinion.)

▪우리들 각각이 자기의 의견이 있다.

■ each of + 한정사(the, these, my ...) + 복수명사

· Read **each of these sentences** carefully. <대명사>

· **Each of my children** *visits* me once a week.
(NOT : Each ~~of children~~ visits me once a week.)
each of 다음에 명사가 올 때는 '한정사+복수명사'가 온다.

▪이 문장들 각각을 주의깊게 읽어라.
▪내 아이들 각각이 일 주일에 한 번씩 나를 방문한다.

2 every

■ every + 단수명사

· I visited **every city** in Korea. (NOT : ... every ~~cities~~ in Korea.)
every 다음에는 단수명사가 온다.

· **Every student** has a pet. (NOT : Every student ~~have~~ a pet.)
'every+단수명사'는 원칙적으로 단수 취급한다.

· **Everyone of the students** has a pet. (NOT : ~~Every of~~ the students has a pet.)
every는 형용사로만 쓰이므로 'every of ~' 형태로 쓰이지 않는다. everyone[every one]
of ~형태는 가능하다.

▪나는 한국에 있는 모든 도시를 방문했다.
▪모든 학생은 애완동물을 가지고 있다.
▪그 학생들 모두는 애완동물을 가지고 있다.

■ every + 숫자 + 복수명사 = every + 서수 + 단수명사 = ~마다

· World cup is held **every four years**.
= World cup is held **every fourth year**.

▪월드컵은 4년마다 열린다.

■ every other + 단수명사 = every second + 단수명사 = 하나 걸러

· I meet her **every other day**.
= I meet her **every second day**.

▪나는 하루 걸러 그녀를 만난다.

01 다음 괄호 안에서 알맞은 말을 고르시오.

A : Do you have a pencil?
B : Yes, I have (one, it).

02 다음 빈칸에 알맞은 것은?

He lost his umbrella, so he wants to buy a new _____.

① one   ② it   ③ some
④ ones   ⑤ them

03 다음 밑줄 친 부분이 가리키는 말을 한 단어로 쓰시오.

My brother has a blue cap, and I have a yellow <u>one</u>.

04 다음 빈칸에 들어갈 알맞은 말은?

A : What's this?
B : _____ is an album.

① It   ② He   ③ She
④ I   ⑤ That

05 다음 빈칸에 들어갈 단어를 맞게 짝지은 것은?

There are two groups. _____ group is composed of boys, _____ is composed of girls.

① One - two   ② One - the others
③ A - another   ④ One - another
⑤ One - the other

06 다음 빈칸에 들어갈 말이 차례대로 맞게 짝지어진 것은?

E-mail is a way of sending a message from _____ computer to _____ computers.

① one - another   ② one - other
③ one - the other   ④ one - others
⑤ some - other

07 다음 문장의 빈칸에 들어갈 알맞은 말은?

Two boys are siting on the bench. One is wearing glasses and _____ isn't.

① other   ② one   ③ another
④ some   ⑤ the other

08 다음 설명이 뜻하는 것은 무엇인가?

I have a face. I don't have a nose.
I usually have three hands.
One is short and the others are long.
I can tell you the time.

① desk   ② chair   ③ pencil
④ clock   ⑤ penguin

09 다음 빈칸에 알맞은 표현은?

Friends are there for each other. When one friend is in trouble, _____ is ready with lots of help.

① one friend   ② another
③ the other   ④ the one
⑤ other

10 다음 빈칸에 알맞은 말로 짝지어진 것은?

> There were many paths in the forest. _____ groups walked through it, but _____ lost their way.

① One - the others ② Some - some
③ Some - others ④ Some - many
⑤ Some - the others

11 다음 빈칸에 공통으로 들어갈 말은?

> · You borrowed your friend's expensive book and your baby brother cut it into pieces. So you have ordered a new _____.
> · There are two, _____ is red, the other is blue.
> · which _____ do you want?

① one ② none ③ it
④ some ⑤ any

12 우리말과 일치하도록 빈칸을 채우시오.

> They looked at _____ _____.
> 그들은 서로를 쳐다보았다.

13 다음 밑줄 친 단어와 뜻이 가장 가까운 단어는?

> Don't be disappointed. You'll have __another__ chance.

① upset ② wrong ③ dishonest
④ different ⑤ difficult

14 다음 빈칸에 들어갈 말로 알맞은 것은?

> A : Can I have _____ glass?
> (한잔 더 주시겠어요?)
> B : Sure. I'll be right back.

① again ② one ③ the other
④ some ⑤ another

15 다음 밑줄 친 부분의 쓰임이 <u>잘못된</u> 것은?

① I have two uncles. One is a doctor, <u>the other</u> is a farmer.
② I saw many things. Some were beautiful, <u>others</u> were ugly.
③ Here are three flowers. One is a lily, <u>another</u> is a rose, and <u>the other</u> is a tulip.
④ I don't like this one. Show me <u>another</u>.
⑤ There are three pens. One is red and <u>others</u> are blue.

16 다음 빈칸에 공통으로 들어갈 알맞은 말을 쓰시오.

> · This cap is too big. Can you show me _____ ?
> · Saying is one thing, doing is _____.

17 다음 중 어법에 알맞은 문장은?

① Every students in this class likes Su-in.
② Each of them like swimming in the pool.
③ Every of the children doesn't like to go to school.
④ Each letters of the alphabet has an interesting origin.
⑤ Each of the students belongs to a club.

재귀대명사

ENGLISH ✦ GRAMMAR

 재귀대명사의 형태

단수는 -self, 복수는 -selves의 형태임에 유의한다. 1, 2인칭은 소유격에, 3인칭은 목적격의 형태에 -self 혹은 -selves를 붙인다.

수/격 인칭	단수		복수	
	주격	재귀대명사	주격	재귀대명사
1인칭	I	myself	we	ourselves
2인칭	you	yourself	you	yourselves
3인칭	he	himself	they	themselves
	she	herself		
	it	itself		

■ EXERCISE ■ A

[01~07] 다음 주어진 단어의 재귀대명사를 쓰시오.

- 01 I - _____
- 02 you - _____
- 03 he - _____
- 04 she - _____

- 05 we - _____
- 06 you - _____(복수)
- 07 they - _____

○ MEMO ○

 재귀대명사의 용법

│ 강조 용법

'스스로', '자신이 직접' 등으로 해석되며, 생략이 가능하다. 강조하는 말 바로 뒤, 또는 문장 끝에 둘 수 있다.

· He **himself** did it.
  = He did it **himself**.

· Ask the man **himself**.

▪ 그는 직접 그것을 했다.
▪ 그 남자 자신에게 직접 물어봐라.

2 재귀 용법

주어가 하는 동작의 영향이 다시 주어에게 돌아가는 경우를 말하는 것으로,
타동사 또는 전치사의 목적어로 쓰이고 생략할 수 없다.

enjoy oneself : 재미있게 보내다   hurt oneself : 다치다

hide oneself : 숨다   kill oneself : 자살하다

introduce oneself : 자신을 소개하다

· I hate **myself**.
  주어 I와 목적어 myself는 같은 사람

· He felt proud of **himself**.
  He와 himself는 같은 사람

· Let me introduce **myself** to you.

· She looked at **herself** in the mirror.

- 나는 내 자신을 증오한다.
- 그는 자신을 자랑스러워했다.
- 여러분께 제 소개를 할게요.
- 그녀는 거울 속에 비친 자신을 쳐다보았다.

3 관용적인 표현

- 전치사와 함께 관용적으로 쓰이는 재귀대명사로 생략할 수 없다.

by oneself : 홀로(= alone)   for oneself : 혼자힘으로   of itself : 저절로

between ourselves : 우리끼리 얘기이지만

· He lived there **by himself**.
  by himself = alone = 홀로(외롭게)

· You can't live **for yourself**.
  for yourself = without other's help = 혼자 힘으로 / by oneself가 같은 의미로 쓰이기도 한다.

· The door opened **of itself**.

- 그는 홀로 거기에서 살았다.
- 너는 혼자서는 살 수 없다.
- 그 문은 저절로 열렸다.

- 재귀대명사가 들어가는 주요 표현

· **Take care of yourself**.

· **Help yourself** (to this pizza).

· **Be proud of yourself**.

- 몸 조심해
- (이 피자) 맘껏 먹어. 많이 먹어.
- 네 자신을 자랑스럽게 생각해라.

▮ EXERCISE ▮ B

[01~08] 다음 빈칸에 알맞은 말을 쓰시오.

○ MEMO ○

01 She saw _____ in the mirror.
그녀는 거울 속에 비친 자신을 보았다.

02 Did you hurt _____?
너 다쳤니?

03 He killed _____.
그는 자살했다.

04 John loved _____ a lot.
John은 자기 자신을 매우 사랑했다.

05 I looked at _____ for a long time.
나는 오랫동안 나를 쳐다보았다.

06 Socrates said, "Know _____."
소크라테스는 "너 자신을 알라."라고 말했다.

07 He enjoyed _____ at the party.
그는 그 파티에서 즐거운 시간을 보냈다.

08 I made this box _____ _____.
나 혼자서 이 상자를 만들었어.

01 다음 중 밑줄 친 재귀대명사가 알맞지 <u>않은</u> 것은?

① Did you hurt <u>yourself</u>?

② The man began to wash <u>himself</u>.

③ I looked at <u>myself</u> for a long time.

④ A baby can't take care of <u>itself</u>.

⑤ They have hidden <u>themself</u> behind a tree.

02 다음 빈칸에 들어갈 알맞은 것은?

I enjoyed _____ at the party.

① myself   ② yourself   ③ himself
④ herself   ⑤ ourselves

03 다음 빈칸에 알맞지 <u>않은</u> 말은?

I looked at _____ for a long time.

① me   ② her   ③ them
④ the cat   ⑤ the building

04 다음 밑줄 친 부분에 들어갈 말이 차례대로 알맞게 짝지어진 것은?

· It's my father's birthday. I made this _____.
· She is talking to _____.

① myself - herself   ② yourself - himself
③ herself - myself   ④ itself - yourself
⑤ himself - herself

05 다음 대화의 빈칸에 알맞은 말은?

A : I just hate _____.
B : Don't say that, honey!

① me   ② myself   ③ himself
④ ourselves   ⑤ themselves

06 다음 빈칸에 가장 알맞은 말은?

A : What is he doing?
B : He is talking to _____.

① myself   ② herself   ③ themselves
④ himself   ⑤ itself

07 다음 우리말에 맞게 빈칸에 알맞은 말은?

Mr. Kim felt proud of _____.
Mr. Kim은 자부심을 느꼈다.

① myself   ② himself   ③ herself
④ herself   ⑤ themselves

08 다음 빈칸에 들어갈 말로 알맞은 것은?

Mike and Susan are playing hide-and-seek with his friends. They have hidden _____ behind a tree.

① their friends   ② themselves
③ something   ④ their books
⑤ someone

09 다음 우리말에 맞게 빈칸에 알맞은 말을 쓰시오.

> We set up our tents by _____.
> 우리는 우리 스스로 텐트를 설치했다.

10 다음 빈칸에 공통적으로 들어갈 단어는?

> · Help _____ to the bread.
> · Know _____!
> · Be proud of _____

① myself ② yourself ③ himself
④ ourselves ⑤ yourselves

11 다음 대화의 빈칸에 알맞은 것은?

> A : When you want your guests to eat some food much, what can you say?
> B : I say, "_____"

① You're welcome. ② Help yourself.
③ Excuse me. ④ Enjoy yourself.
⑤ Thanks, but I'm full

12 다음 대화의 빈칸에 어울리는 표현은?

> A : I made this box by myself.
> B : _____

① What do you want for him?
② Good for you.
③ Can I have orange juice?
④ I like him very much.
⑤ I'm glad you like it.

13 밑줄 친 부분의 쓰임이 나머지 넷과 다른 것은?

① Know yourself.
② John loved himself a lot.
③ She looked at herself in the mirror.
④ The party was great. We enjoyed ourselves.
⑤ I myself cooked the food.

14 다음 밑줄 친 부분의 쓰임이 다른 하나는?

① We should know ourselves.
② I myself finished the work.
③ He loved himself.
④ Don't hate yourself.
⑤ I'm proud of myself.

15 밑줄 친 재귀대명사의 쓰임이 나머지와 다른 것은?

① I made this cake by myself.
② Be careful with the knife. You'll cut yourself.
③ Mike is looking at himself in the mirror.
④ She did the work herself.
⑤ The cat washes itself after each meal.

16 다음 중 밑줄 친 부분을 생략할 수 있는 것은?

① Did you hurt yourself?
② They have hidden themselves behind a tree.
③ I looked at myself for a long time.
④ I enjoyed myself at the party.
⑤ I myself made the chair.

Chapter **09**

형용사와 부사

THINKPLUS ◆ ENGLISH SERIES

 Unit **20**

ENGLISH ✦ GRAMMAR

형용사

 형용사

사람이나 사물의 모양, 색깔, 크기, 상태, 수, 양 등을 나타내는 말로 다음은
자주 사용되는 형용사들이다.

· cheap - expensive 값싼 – 값비싼	boring - interesting 지루한 – 흥미 있는	careful - careless 주의 깊은 – 부주의한
· clean - dirty 깨끗한 – 더러운	dangerous - safe 위험한 – 안전한	easy - difficult 쉬운 – 어려운
· easy - hard 쉬운 – 어려운	empty - full 빈 – 가득찬	free - busy 한가한 – 바쁜
· honest - dishonest 정직한 – 정직하지 않은	lazy - diligent 게으른 – 부지런한	left - right 왼쪽의 – 오른쪽의
· noisy - quiet 시끄러운 – 조용한	rich - poor 부유한 – 가난한	same - different 같은 – 다른
· slow - fast 느린 – 빠른	smart - foolish 영리한 – 어리석은	special - common 특별한 – 보통의
· wrong - right 틀린 – 옳은		

▌EXERCISE ▌A

[01~07] 다음 빈칸에 들어갈 알맞은 말을 보기에서 골라 쓰시오.

보기) boring, cheap, dangerous, different, difficult, diligent, easy,
empty, expensive, foolish, funny, rainy, safe, smart, sunny

01 The book isn't interesting. It is _____.

02 Don't cross the road at the red light. It is very _____.

03 It is _____ today. Take an umbrella with you.

04 The question was not very _____. I didn't know the answer.

05 The MP3 player was too _____, so I didn't buy it.

06 He got a good grade in the exam. He is a _____ student.

07 A : Is the can full? B : No, it is _____.

○ MEMO ○
▪cross ⑧ 건너다
▪umbrella ⑲ 우산
▪question ⑲ 질문
▪answer ⑲ 답
▪grade ⑲ 등급, 성적, 학년
▪exam ⑲ 시험
▪can ⑲ 깡통 ㉜ ~할 수 있다

형용사의 용법

형용사는 명사나 대명사를 수식하는 말이다. 명사의 앞뒤에서 직접 수식하는 경우 한정적 용법이라 하고, '주어+동사' 혹은 '주어+동사+목적어' 뒤에서 주어나 목적어를 보충 설명하는 역할(보어)을 하는 경우 서술적 용법이라 한다.

한정 용법 : 명사, 대명사의 앞뒤에서 직접 수식

- 대부분 명사 앞에서 수식

  · He is a **rich** man.
    〈관사+형용사+명사〉의 형태

  · Min-ho is an **honest** student.

- -thing, -body, -one으로 끝나는 대명사는 뒤에서 수식

  · I have nothing **special** tonight.

  · Is there anything **wrong**?

  · Please give me something **cold** to drink.
    〈-thing+형용사+to 부정사〉형태에 주의한다.

- 그는 부자이다.
- 민호는 정직한 학생이다.

- 오늘밤 특별한 일이 없다.
- 뭔가 잘못된 일이 있나요?
- 저에게 마실만한 찬 것 좀 주세요.

▌EXERCISE ▌ B

[01~04] 다음 괄호 안의 단어를 적절한 위치에 넣어 다시 쓰시오.

01 She has hair. (long)
→ _____

02 She has a nose. (small)
→ _____

03 This is a book. (interesting)
→ _____

04 He is a soldier. (honest)
→ _____

[05~06] 괄호 안의 단어들을 어순에 맞게 배열하시오.

05 My parents like to (something / eat / delicious).
→ _____

06 During the winter vacation, I (did / special / nothing).
→ _____

◦ MEMO ◦
- soldier 명 군인
- delicious 형 맛있는
- during 전 ~동안에
- special 형 특별한
- do nothing
  = 아무것도 하지 않다

2 서술적 용법 : 주어나, 목적어를 보충 설명

■ 주어의 상태를 설명 : 주어 + 동사 + 주격보어(형용사)

· This flower is **pretty**.

pretty가 this flower를 설명하고 있다.

· She looks **happy**.

look(~하게 보이다), feel(~하게 느끼다), sound(~하게 들린다), taste(~한 맛이 나다), smell(~한 냄새가 나다) 등의 동사 뒤에는 형용사가 보어로 온다.
위의 동사 뒤에 명사를 쓰고자 할 때는 〈look like+명사〉, 〈sound like+명사〉, 〈smell of+명사〉 형태로 쓴다.
예 He **looks like** a member of the club. 그는 그 클럽의 회원처럼 보인다.

■ 이 꽃은 예쁘다.
■ 그녀는 행복해 보인다.

■ 목적어의 상태를 설명 : 주어 + 동사 + 목적어 + 목적격보어(형용사)

· I found the book **interesting**.

interesting한 것은 I(주어)가 아니라 the book(목적어)이다.

· I believe him **honest**.

honest한 것은 I(주어)가 아니라 him(목적어)이다.

■ 나는 그 책이 재미있다는 것을 알았다.
■ 나는 그가 정직하다고 믿는다.

▌EXERCISE ▌ C

[01~05] 다음 괄호 안에서 알맞은 말을 고르시오.

01 He always looks (happy, happily).

02 This food tastes (strange, strangely).

03 Daniel looked (sad, sadly).

04 Daniel looked at me (sad, sadly).

05 It (looks, looks like) a snowman.

[06~08] 다음 괄호 안에서 알맞은 말을 고르시오.

06 I found the magazine (easy, easily).
나는 그 잡지가 쉽다는 것을 알았다.

07 I found the magazine (easy, easily).
나는 그 잡지를 쉽게 찾았다.

08 Bright color will make people bright and (happy, happily).
밝은 색은 사람들의 기분을 밝고 기쁘게 할 것이다.

─○ MEMO ○─
■ strange ⑱ 이상한
■ magazine ⑲ 잡지

■ 목적어 다음에 오는 말이 목적어의 상태를 설명하는 말일 때 형용사를 쓴다.

■ 서술적 용법으로만 쓰이는 형용사

afraid(두려운), asleep(잠든), alive(살아있는), ill(아픈)

· He is **afraid** of tigers.

· The baby fell **asleep**.

cf. Look at the **sleeping** baby!
  (NOT : Look at the asleep baby!)
  서술적 용법으로만 쓰이는 형용사는 명사를 직접 수식하지 못한다.

> ▪그는 호랑이를 무서워한다.
> ▪그 아이는 잠들었다.
>   *cf.* 잠을 자고 있는 아이를 봐라!

▌EXERCISE ▌ D

[01~02] 다음 괄호 안에서 알맞은 말을 고르시오.

01 A doctor cures (ill, sick) people.
  의사는 아픈 사람을 치료한다.

02 Look at the (asleep, sleeping) baby!
  잠자는 아기를 봐!

> ─○ **MEMO** ○─
> ▪cure ⑧ 치료하다
> ▪ill이나 asleep 등은 서술적 용법으로만 쓰이는 형용사다.

3 the + 형용사 : ～한 사람들(=형용사 + people)

· the rich = rich people   · the sick = sick people

· the young = young people   · the dead = dead people

· the blind = blind people (시각 장애인들)

· the deaf = deaf people (청각 장애인들)

· the handicapped = handicapped people (장애인들)

· He always helps **the poor**.

· **The deaf** *are* people who can't hear very well.
  〈the+형용사〉는 복수이므로 복수동사를 받는다.

> ▪그는 항상 가난한 사람들을 돕는다.
> ▪청각 장애인들은 잘 들을 수 없는 사람이다.

▌EXERCISE ▌ E

[01~02] 다음 괄호 안에서 알맞은 말을 고르시오.

01 The poor (is, are) not always unhappy.

02 The (blind, deaf) have difficulty in seeing something.

> ─○ **MEMO** ○─
> ▪not ~ always 항상 ~한 것은 아니다
> ▪have difficulty in ~ing = ~하는데 어려움이 있다.

3 형용사의 순서

1 주관적인 의견을 나타내는 형용사와 객관적인 사실에 해당하는 형용사가 동시에 올 때는 『의견 형용사 (opinion adjective)+사실 형용사 (fact adjecfive)』순서로 쓴다.

· an **interesting young** teacher

　　interesting은 주관적인 의견, young은 객관적인 사실

· **delicious Korean** food

　　delicious는 의견, Korean은 사실

▪재미있는 젊은 선생님
▪맛있는 한국 음식

2 사실 형용사가 둘 이상 올 경우에는 일반적으로 〈크기→나이→색깔→출신→재료〉 등의 순서로 쓴다.

의견	크기	나이	색깔	출신	재료
beautiful	big	old	white	Korean	wooden
pretty	small	new	black	Italian	paper
nice	large		green	Russian	plastic
interesting	long		red		
delicious	short				

· a **nice green** bag 〈의견→색깔〉

· a **beautiful new** dress 〈의견→나이〉

· a **small new red Korean** MP3 player 〈크기→나이→색깔→출신〉

▪멋진 녹색 가방
▪아름다운 새 옷
▪작고 새로운 빨간색의 한국제 MP3 플레이어

▌EXERCISE▌F

[01~05] 다음 괄호 안의 형용사를 알맞은 위치에 넣어 다시 쓰시오.

01 a little red car (new)　　→ _____

02 a pretty girl (tall)　　→ _____

03 a new house (beautiful)　　→ _____

04 long hair (black/nice)　　→ _____

05 a small box (wooden)　　→ _____

○ **MEMO** ○
▪wooden ⑬ 나무로 만든

01 다음 단어의 변화형이 옳지 <u>않은</u> 것은?

① rain - rainny   ② sun - sunny

③ snow - snowy   ④ cloud - cloudy

⑤ wind - windy

02 다음 짝지어진 단어의 관계가 나머지와 <u>다른</u> 하나는?

① bright - dark   ② big - small

③ same - difficult   ④ strong - weak

⑤ happy - sad

03 다음 문장의 빈칸에 a를 쓸 수 <u>없는</u> 것은?

① I'm ____ middle school student

② He is ____ tall boy.

③ Jane is ____ beautiful.

④ It is ____ rabbit.

⑤ This is ____ computer.

04 다음 우리말에 맞도록 문장의 빈칸에 알맞은 말을 쓰시오.

The rich _____ not always happy.
부자라고 반드시 행복한 것은 아니다.

05 다음 빈칸에 들어갈 수 없는 말은?

Mr. Kim is a _____ man.

① clever   ② smart   ③ rich

④ kindly   ⑤ mean

06 다음 우리말을 영어로 바꿀 때 빈칸에 알맞은 것은?

Mother Teresa's family liked to help
_____.
Teresa 수녀의 가족들은 가난한 사람들을 돕는 것을 좋아했다.

① the poor   ② poor peoples

③ the people   ④ a poor people

⑤ a poor person

07 다음 밑줄 친 부분이 바르지 <u>않은</u> 것은?

① I will look at the flower more <u>closely</u>.

② Jane looks <u>unhappy</u>.

③ She looks very <u>thin</u>.

④ The soup smells <u>delicious</u>.

⑤ The world looked <u>beautifully</u>.

08 다음 밑줄 친 부분이 어법상 <u>틀린</u> 것은?

① I always like to buy <u>shoes popular</u>.

② There is <u>nothing special</u>.

③ They saw <u>something big</u> in the lake.

④ Is there <u>anybody absent</u> today?

⑤ Do you have <u>anything cold</u> to drink?

09 다음 중 밑줄 친 부분의 쓰임이 바른 것은?

① The child is <u>only</u>.

② Doctors look after <u>ill</u> people.

③ There's an <u>asleep</u> baby in the room.

④ The dress looks <u>beautiful</u>.

⑤ We found the house <u>expensively</u>.

 Chapter 08

Unit 21 수량 형용사(수 읽기)

ENGLISH ◆ GRAMMAR

 기수와 서수

- 기수 : one, two, three, four, five ...
- 서수 : first, second, third, fourth, fifth ...
- 철자에 주의해야 할 기수와 서수
  - 기수 : forty (NOT : fourty)
  - 서수 : fifth (NOT : fivth), ninth (NOT : nineth), twelfth (NOT : twelvth)

▌EXERCISE ▌ A

[01~10] 다음 기수에 해당하는 서수를 영어로 쓰시오.

01 one _____
02 two _____
03 three _____
04 five _____
05 nine _____
06 twelve _____
07 twenty _____
08 twenty-one _____
09 thirty _____
10 forty _____

 **정수 읽기**

- 432 : four hundred (and) thirty-two
- 2,314 : two thousand, three hundred (and) fourteen
- 54,260 : fifty-four thousand, two hundred (and) sixty

미국 영어에서는 100과 10자리 사이에 오는 and를 주로 생략한다.

▌EXERCISE ▌ B

[01~05] 다음 숫자를 영어로 쓰시오.

01 128 _____
02 368 _____
03 634 _____
04 22,093 _____
05 38,257 _____

○ MEMO ○
•100 = one hundred, a hundred

3 연·월·일 읽기

연도를 읽을 때는 두 자리씩 끊어 읽고, 연·월·일이 함께 있을 때는 '월-일-연' 혹은 '일-월-연'순으로 읽는다.

· 1978년 : nineteen seventy-eight   · 1900년 : nineteen hundred

· 2008년 : two thousand eight

· 4월 1일 : April (the) first 또는 the first of April

· 2007년 9월 8일 : September (the) eighth, two thousand seven
　　　　　　　　또는 the eighth of September, two thousand seven

· 1960년대 : in the nineteen sixties.

> •September the eighth ~
> 에서 미국 영어는 정관사 the를
> 흔히 생략한다.

▌EXERCISE ▌ C

[01~02] **다음을 영어로 어떻게 읽는지 쓰시오.**

01 1999년 2월 3일 (February 3rd, 1999)

_____

02 2001년 5월 27일 (May 27, 2001)

_____

4 시간 읽기

■ '시+분' 혹은 '분 past 시'로 읽는다. 미국 영어에서는 past 대신에 after를 많이 쓴다. 단, 분(minute)이 half일 때는 그냥 past를 쓴다.

■ '분 + to + 시'는 '몇 시 몇 분 전'의 의미이다. 미국 영어에서는 to대신에 before, of, till 등도 사용한다.

· 3시 30분 = three thirty, half past three

· 6시 50분 = six fifty, fifty past six, ten to seven(7시10분 전)

· 4시 20분 전(3시40분) = twenty to four

· 10시 15분 전(9시 45분) = a quarter to ten

▌EXERCISE ▌ D

[01~04] **다음 시간을 영어로 쓰시오.**

○ MEMO ○

01 1시 50분　　　　　　　**03** 9 : 00

02 4시 45분　　　　　　　**04** 3 : 15

가감승제(+, ㅡ, ×, ÷)

수식 계산에서 동사는 덧셈과 곱셈은 단수 복수 모두 쓸 수 있고, 뺄셈과
나눗셈은 단수동사를 쓴다.

1 A+B=C : A and B is[are, makes] C

· 5+2=7 : Five and two makes seven

2 A−B=C : B from A leaves C

· 5−2=3 : Two from five leaves three.

3 A×B=C : A times B makes C

· 5×2=10 : Five times two makes ten

4 A÷B=C : A divided by B makes C

· 10÷2=5 : Ten divided by two makes five.

▌EXERCISE ▌E

[01~04] 다음 빈칸에 들어갈 알맞은 말을 쓰시오.

01 Eighteen _____ by two makes nine.

02 Two _____ five leaves three.

03 Five _____ two makes ten.

04 Five and two makes _____ .

○ **MEMO** ○
• divide ⑤ 나누다
• leave ⑤ 남기다, 떠나다

6 분수 읽기

분자는 기수, 분모는 서수로 읽고 분자가 2이상일 때는 분모에 -s를 붙인다. 그리고 숫자가 두 자리 수 이상이면 모두 기수로 읽고 사이에 전치사 over 를 쓴다.

· $\frac{1}{2}$: a(one) half   · $\frac{1}{3}$: a(one) third

· $\frac{2}{3}$: two thirds   · $\frac{1}{4}$: a(one) fourth(quarter)

· $\frac{3}{4}$: three quarters   · $\frac{21}{34}$: twenty-one over thirty-four

▌EXERCISE ▌ F

[01~04] 다음 분수를 영어로 쓰시오.

01 $\frac{1}{4}$ 03 $\frac{3}{8}$

02 $\frac{2}{3}$ 04 $\frac{1}{2}$

○ MEMO ○

7 기타

전화번호와 방 번호(room number)는 숫자를 하나씩 차례로 읽고 'O'는 oh[ou]혹은 zero로 읽는다. 그리고 영국에서 겹치는 글자는 double을 사용 하여 읽는다.

· 237-4038(전화) : two three seven, four, o[oh] three eight

· 345-7743(전화) : three four five, seven seven four three
  영국에서는 숫자 두개가 겹칠 땐 'double+숫자' 로 읽는다. ··· double seven four three

· 364호(방) : (room number) three six four

01 다음 빈칸에 알맞지 <u>않은</u> 문장은?

A : _____
B : It's 4 o'clock. Let's hurry up.

① What time is it now?
② Do you have the time?
③ What's the time?
④ What time do you have?
⑤ Do you have time?

02 다음 중 시간을 영어로 나타낸 말 중 <u>틀린</u> 것은?

① 04:50 - ten to five
② 10:20 - ten twenty
③ 06:30 - half past six
④ 05:15 - a quarter past five
⑤ 11:45 - a quarter to eleven

03 다음 중 같은 시간을 나타내는 것은?

① It's a quarter to seven.
  = It's six forty five.
② It's half past nine.= It's nine half.
③ It's twenty to seven.= It's seven forty.
④ It's five to ten.= It's ten fifty five.
⑤ It's ten past eight.= It's seven fifty.

04 다음 시간을 영어로 표현한 것이 옳지 <u>않은</u> 것은?

① 9:20 - It's nine twenty.
② 10:10 - It's ten ten.
③ 11:30 - It's eleven thirty.
④ 8:00 - It's eight o'clock.
⑤ 7:25 - It's seven two five.

05 짝지어진 시간의 의미가 서로 <u>다른</u> 것은?

① nine fifty = ten past ten
② five thirty = half past five
③ six fifteen = a quarter past six
④ eleven thirty = half to twelve
⑤ eight forty five = a quarter to nine

06 다음 중 의미가 나머지 넷과 <u>다른</u> 것은?

① Do you have the time?
② What time do you have?
③ What's the time?
④ Do you have time?
⑤ What time is it?

07 다음 빈칸에 들어갈 응답으로 적절하지 <u>않은</u> 것은?

A : What time is it now?
B : It's ten to five.
A : _____
B : It's four fifty.

① I'm sorry?   ② Pardon?
③ Is that so?   ④ Excuse me?
⑤ Come again?

08 다음 중 $\frac{1}{3}$을 바르게 읽은 것은?

① one three   ② one third
③ one the third ④ first three
⑤ one thirds

09 다음 분수를 어떻게 읽는지 영어로 쓰시오.

$$\frac{4}{5}$$

10 다음 중 분수를 읽는 방법이 <u>잘못된</u> 것은?

① $\frac{2}{3}$: two thirds   ② $\frac{3}{4}$: three quarters

③ $\frac{1}{2}$: a half   ④ $\frac{3}{7}$: three sevens

⑤ $\frac{23}{32}$: twenty-three over thirty two

11 분수 읽는 것이 바르지 <u>못한</u> 것은?

① $\frac{2}{3}$: two thirds   ② $\frac{1}{4}$: a quarter

③ $\frac{1}{2}$: a half   ④ $\frac{3}{4}$: three quarter

⑤ $3\frac{3}{5}$: three and three fifths

12 다음 중 분수를 바르게 읽은 것은?

① $1\frac{1}{2}$: one and half   ② $\frac{3}{4}$: three fours

③ $\frac{1}{4}$: a quarters   ④ $\frac{1}{2}$: a half

⑤ $\frac{2}{3}$: two third

13 다음 중 주어진 수를 <u>잘못</u> 읽은 것은 ?

① $3\frac{2}{5}$: three and two five

② $\frac{11}{13}$: eleven over thirteen

③ 5－2=3 : Two from five leaves three

④ 10÷2=5 : Ten divided by two makes five

⑤ 1,250 : a thousand two hundred fifty

14 다음 중 같은 내용끼리 짝지어진 것이 <u>아닌</u> 것은?

① 5－2=3 : Two from five leaves three

② 5×2=10 : Five times two makes ten

③ 12÷4=3 : Twelve divided by four makes three

④ 7+4=11 : Seven and four makes eleven

⑤ $\frac{11}{13}$: eleven thirteen

15 다음 밑줄 친 숫자를 바르게 읽은 것은?

① The answer is <u>190</u>.
   (one hundred nineteen)

② A hamburger is <u>$2.35</u>.
   (two dollars three five cents)

③ I have <u>4,000</u> won.
   (forty thousand)

④ There are <u>300,000</u> fast food restaurants.
   (three hundred thousand)

⑤ November <u>25th</u>, 2003.
   (twenty fiveth)

Unit 22

some(any), many(much), few(little)

Chapter **08**

ENGLISH ◆ GRAMMAR

수량의 표현	셀 수 있는 명사	셀 수 없는 명사
two (두개의)	two apples	∅
a few (몇 개의)	a few apples	∅
few (거의 없는)	few apples	∅
many (많은)	many apples	∅
a little (약간의)	∅	a little money
little (거의 없는)	∅	little money
much (많은)	∅	much money
some (몇 개의, 약간의)	some apples	some money
a lot of(많은)	a lot of apples	a lot of money
= lots of	lots of apples	lots of money
= plenty of	plenty of apples	plenty of money

 ## some / any

'약간의, 몇몇의'의 의미를 가지며 셀 수 있는 명사와 셀 수 없는 명사 앞에 모두 쓸 수 있다.

1 some은 긍정문에 any는 부정문과 의문문에 쓴다.

· I need **some** money. (NOT : I need ~~any money~~.)

· We **don't** have **any** ice cream now. (NOT : We don't have ~~some ice~~ ⋯)
  = We have **no** ice cream now.
  not ~ any = no

· I want to eat **some** candies. Do you have **any**?

- 나는 약간의 돈이 필요하다.
- 지금은 아이스크림이 하나도 없다.
- 사탕을 먹고 싶은데. 좀 있니?

2 권유나 부탁을 나타내는 의문문에서는 any대신에 some을 쓴다.

· Would you like **some** orange juice? <권유>

· Can I have **some** chocolate cake? <부탁>

- 오렌지 주스 좀 드시겠어요?
- 초콜릿 케이크 좀 주실래요?

▌EXERCISE ▌A

[01~04] 다음 괄호 안에서 알맞은 말을 고르시오.

01 She made (some, any) mistakes.

02 Do you have (some, any) children?

03 There aren't (some, any) flowers in the garden.

04 Would you like (some, any) water?

◦ **MEMO** ◦
- make a mistake 실수하다

? many / much

many 뒤에는 셀 수 있는 명사의 복수형이 오며, much 뒤에는 셀 수 없는 명사가 온다. 똑같은 의미로 쓰이는 a lot of, lots of, plenty of 뒤에는 셀 수 있는 명사나 셀 수 없는 명사 모두 쓸 수 있다.

· I don't have **many** English books.
    = a lot of = lots of = plenty of

· There is not **much** food.
    = a lot of = lots of = plenty of

· They didn't take **a lot of** pictures.
    = many (NOT : much)

· She didn't spend **a lot of** money.
    = much (NOT : many)

a lot of, lots of는 긍정문, 부정문, 의문문에 모두 잘 쓰이지만 many와 much는 부정문과 의문문에서 주로 쓰이고 긍정문에서는 잘 쓰이지 않는다. 하지만 학교시험에서는 구별하지는 않는다.

- 나는 영어책을 많이 가지고 있지 않다.
- 음식이 많지 않다.
- 그들은 사진을 많이 찍지 않았다.
- 그녀는 돈을 많이 쓰지 않았다.

▌ EXERCISE ▌ B

[01~05] 다음 괄호 안에서 알맞은 말을 고르시오.

01 Hurry up! We don't have (many, much) time.

02 How (many, much) pencils do you have?

03 Mr. Kim always puts (many, much) salt on his food.

04 There (was, were) a lot of people at the party.

05 There (was, were) a lot of food there.

○ MEMO ○

3 (a) few / (a) little

few와 a few는 수, little, a little은 양을 나타내는 말이다. a few, a little은 '조금 있는'의 의미이고, few, little은 '거의 없는'의 의미로 부정의 의미로 쓰인다. a few나 few가 수식하는 명사는 항상 복수형 명사여야 한다. 의미상 긍정과 부정의 의미가 있을 뿐 수에 있어서는 항상 복수를 의미하기 때문이다.

· Linda can speak **a few** foreign languages.

· **Few** people arrived at the meeting on time.

· We had **a little** rain last month.

· We have **little** food to eat.

· **Quite a few** students were absent from school yesterday.
  quite a few는 '상당히 많은, 꽤 많은'의 뜻으로 many와 같은 의미로 쓰인다.

▪Linda는 몇 개의 외국어를 할 수 있다.
▪정각에 모임에 도착한 사람은 거의 없었다.
▪지난달에는 비가 조금 왔다.
▪먹을 음식이 거의 없다.
▪상당히 많은 학생들이 어제 학교에 결석했다.

▌EXERCISE▌ C

[01~05] 다음 빈칸에 few, a few, little, a little 중에서 알맞은 말을 써 넣으시오.

01 She bought _____ books yesterday.
   그녀는 어제 몇 권의 책을 샀다.

02 _____ people came to the stadium.
   경기장에 온 사람이 거의 없었다.

03 There is _____ food in the refrigerator.
   냉장고에 음식이 조금 있다.

04 There is _____ food in the refrigerator.
   냉장고에 음식이 거의 없다.

05 _____ knowledge is dangerous.
   얕은 지식은 위험하다. = 선무당이 사람 잡는다.

[06~08] 다음 괄호 안에서 알맞은 말을 고르시오.

06 Few (student, students) answered the question.

07 There (is, are) little money in my pocket.

08 There (is, are) still a few old buildings.

○ MEMO ○
▪stadium ⑲ 경기장
▪knowledge ⑲ 지식
▪refrigerator ⑲ 냉장고
▪dangerous ⑱ 위험한

▪still ⑭ 아직도, 여전히
▪building ⑲ 건물

01 다음 빈칸에 알맞은 말로 짝지어진 것은?

> · I need _____ money.
> · Do you have _____ money?

① any - any   ② any - some

③ some - some   ④ some - any

⑤ one - some

02 다음 중 밑줄 친 부분이 어색한 것은?

① I want <u>some</u> ice cream.

② Do you have <u>any</u> books?

③ He doesn't have <u>any</u> friends.

④ Will you have <u>some</u> more coffee?

⑤ We don't have <u>some</u> French fries.

03 다음 두 문장의 뜻이 같도록 할 때 빈칸에 알맞은 표현은?

> You don't need any special tools.
> = You need _____ special tools.

① no   ② any   ③ some

④ other   ⑤ others

04 다음 빈칸에 들어갈 말로 알맞지 <u>않은</u> 것은?

> She is very rich. She has _____ money.

① lots of   ② a lot of   ③ plenty of

④ many   ⑤ much

05 다음 빈칸에 올 수 <u>없는</u> 것은?

> There are _____ books in Min-su's room.

① a few   ② some   ③ many

④ a lot of   ⑤ a little

06 다음 두 문장의 뜻이 같도록 빈칸을 채우시오.

> I spent a lot of money on my clothes.
> = I spent _____ money on my clothes.

07 다음 빈칸에 들어갈 알맞은 말은?

> I don't have much _____.

① time   ② friends   ③ books

④ sister   ⑤ brother

08 다음 중 어색한 문장은?

① How many child does she have?

② How much money do you have?

③ How many rings does the Olympic flag have?

④ How many letters does the word 'letters' have?

⑤ How much water do you drink a day?

09 다음 빈칸에 알맞은 말은?

How many _____ do you have?

① children   ② milk   ③ water
④ food   ⑤ time

10 다음 밑줄 친 부분과 바꿔 쓸 수 있는 것은?

I want to take a lot of pictures of nature.

① some   ② any   ③ much
④ lots of   ⑤ a few

11 다음 빈칸에 들어갈 말로 어색한 것은?

There was _____ delicious food.

① lots of   ② plenty of   ③ many
④ some   ⑤ a great deal of

12 다음 밑줄 친 부분과 바꿔 쓸 수 없는 것은?

A lot of people came to the party.

① Plenty of   ② Lots of
③ Much   ④ Many
⑤ A great number of

13 다음 빈칸에 알맞은 말로 짝지어진 것은?

· I gave her _____ cheese.
· She needs _____ dollars.
· He is carrying _____ bags.

① a few - a few - a few
② a few - a little - a little
③ a little - a few - a few
④ a little - a little - a few
⑤ a little - little - little

14 다음 두 문장의 뜻이 같도록 빈칸에 알맞은 말은?

I have some American friends.
= I have _____ American friends.

① many   ② a little   ③ a few
④ much   ⑤ little

15 다음 대화의 빈칸에 들어갈 말이 순서대로 바르게 짝지어진 것은?

A : Do you have many pencils in your bag?
B : No, I don't have many pencils. I have _____ pencils.
A : Then, do you have money now?
B : Yes, I have _____ money. I can buy them.

① a little - many   ② many - a few
③ much - many   ④ many - much
⑤ a few - much

16 다음의 빈칸에 쓸 수 <u>없는</u> 것은?

> Here are _____ examples.

① some   ② a few   ③ many
④ a little   ⑤ lots of

20 다음 빈칸에 들어갈 수 <u>없는</u> 것은?

> I have _____ friends in my class.

① some   ② many   ③ a few
④ a little   ⑤ three

17 다음 우리말에 맞도록 빈칸에 알맞은 말을 쓰시오.

> 나는 미국인 친구가 몇 명 있다.
> I have _____ _____ American friends.

21 다음 의미상 빈칸에 들어갈 말로 가장 알맞은 말은?

> He had _____ friends and played alone all day.

① many   ② lots of   ③ few
④ a few   ⑤ a little

18 다음 문장의 빈칸에 들어갈 수 <u>없는</u> 것은?

> You made _____ mistakes.

① a few   ② a lot of   ③ lots of
④ many   ⑤ a little

22 다음 빈칸에 들어갈 적당한 말은?

> Since there were _____ people who had cars in the past, the traffic accidents didn't cause a serious problem.

① a lot   ② few   ③ many
④ little   ⑤ a little

19 다음 빈칸에 들어갈 수 <u>없는</u> 것은?

> He buys a few _____ at the market.

① clothes   ② apples   ③ water
④ pencils   ⑤ books

Unit 23 부사

Chapter 08

ENGLISH ✦ GRAMMAR

 부사의 의미와 형태

주로 '~하게'처럼 해석하고 방법이나 정도를 나타내는 말과 장소나 시간을 나타내는 말 등이 있다.

1 대부분의 부사는 형용사에 어미(-ly)를 붙여서 만든다.

- quick- quickly
- careful - carefully
- sad - sadly
- bad - badly
- slow - slowly
- quiet - quietly
- perfect - perfectly
- kind - kindly
- strong - strongly
- easy - easily
- heavy - heavily
- true - truly (NOT : truely)

> - 빠른 - 빨리 / 조심스런 - 조심스럽게
> - 슬픈 - 슬프게 / 나쁜 - 나쁘게
> - 느린 - 느리게 / 조용한 - 조용하게
> - 완전한 - 완전하게 / 친절한 - 친절하게
> - 강한 - 강하게 / 쉬운 - 쉽게
> - 무거운 - 무겁게 / 사실의 - 진짜로

2 -ly로 끝난 단어가 모두 부사는 아니다.

- 명사+ly = 형용사

  - friend - friendly ⑲ 친한, 우호적인 · love - lovely ⑲ 사랑스런
  - month - monthly ⑲ 매달의, 월 1회의 · week - weekly ⑲ 매주의

- -ly로 끝나는 형용사

  - lonely ⑲ 외로운
  - ugly ⑲ 못생긴
  - silly ⑲ 어리석은

▌EXERCISE ▌A

[01~07] 다음 괄호 안에서 알맞은 말을 고르시오.

01 Mike is very (slow, slowly). He runs very (slow, slowly).

02 Jane was a (careful, carefully) girl. She climbed up the ladder (careful, carefully).

03 Min-ho learns math (easy, easily).
He thinks that math is an (easy, easily) subject.

04 Your homeroom teacher looks very (friendly, kindly).

05 The poor girl looked (sad, sadly). I looked at her (sad, sadly).

06 She looks (lonely, truly).

07 I tasted the food (careful, carefully). It tasted (good, well).

> ○ MEMO ○
> - climb ⑧ 오르다
> - ladder ⑲ 사다리
> - homeroom teacher 담임선생님
> - look + 형용사 = ~처럼 보이다
> - taste + 형용사 = ~한 맛이 나다
> - taste + 명사 = ~을 맛보다

3 형용사와 부사의 형태가 같은 단어

· fast 형 빠른 부 빨리   · hard 형 어려운, 근면한 부 열심히

· early 형 이른 부 일찍   · late 형 늦은 부 늦게

· well 형 건강한 부 잘   · pretty 형 예쁜 부 매우 (= very)

well과 pretty는 형용사일 때와 부사일 때 의미가 다름에 주의한다.

· He is a **fast** runner. <형용사>
  = He runs very **fast**. <부사> (NOT : fastly)

· He is a **hard** worker. <형용사>
  = He works **hard**. <부사> (NOT : hardly)

· He is a **good** swimmer.
  = He swims **well**.

well이 부사로 '잘'의 의미일 때는 형용사 good의 부사형으로 볼 수 있다.

· 그는 빨리 달리는 사람이다./그는 빨리 달린다.
· 그는 근면한 일꾼이다./그는 열심히 일한다.
· 그는 수영을 잘한다. / 그는 수영을 잘한다.

4 단어에 -ly를 붙이면 뜻이 전혀 다른 말이 되는 단어

형용사	부사	ly를 붙일 때 품사와 뜻
late 늦은	late 늦게	lately 부 최근에
hard 어려운, 근면한	hard 열심히	hardly 부 거의 ~하지 않다
pretty 예쁜	pretty 매우(=very)	prettily 부 예쁘게
short 짧은	short 짧게, 간단히	shortly 부 곧(= soon)
near 가까운	near 가까이	nearly 부 거의(= almost)

· He was **late** for school. <형용사>

· He came back **late**. <부사>

· He has come back **lately**. <부사>

· This book was **hard** to read. <형용사 : 어려운>

· I studied English very **hard**. <부사 : 열심히>

· I could **hardly** read the book. <부사 : 거의 ~않다>

could는 조동사 can의 과거형으로 '~할 수 있었다'의 의미

· 그는 학교에 늦었다.
· 그는 늦게 돌아왔다.
· 그는 최근에 돌아왔다.
· 이 책은 읽기가 어렵다.
· 나는 영어를 매우 열심히 공부했다.
· 나는 그 책을 거의 읽을 수 없었다.

▌EXERCISE ▌ B

[01~06] 다음 형용사의 의미를 지닌 부사형을 쓰시오.

01 sad - _____   04 easy - _____

02 different - _____   05 fast - _____

03 sweet - _____   06 late - _____

[07~09] 다음 두 문장이 같은 의미가 되도록 빈칸에 알맞은 말을 쓰시오.

07 She sings well. = She is a _____ singer.

08 My father drives carefully. = My father is a _____ driver.

09 They run fast. = They are _____ _____.

[10~14] 다음 괄호 안에서 알맞은 말을 고르시오.

10 He worked very (hard, hardly), so he was tired.

11 We had a lot of time, so we walked (slow, slowly).

12 He always eats his dinner (quick, quickly).

13 Linda plays the piano well. She is a (good, well) pianist.

14 I missed the bus because I got up (late, lately) this morning.

○ *MEMO* ○
- different ⑧ 다른
- sweet ⑧ 향기로운

---

2 ─ 부사의 역할과 위치

부사의 역할
부사는 주로 동사, 형용사, 다른 부사, 문장전체 등을 수식한다.

· They *walked* **slowly**. <동사 수식>

· They are **very** *diligent*. <형용사 수식>

· He spoke **very** *slowly*. <부사 수식>

· **Happily** *he did not die*. <문장전체 수식>

어떤 말이 문장에서 동사, 형용사, 부사를 수식한다면 '부사이다, 혹은 부사처럼 쓰였다'라고 말할 수 있음을 꼭 기억해 두자.

- 그들은 천천히 걸었다.
- 그들은 매우 근면하다.
- 그는 매우 천천히 말했다.
- 다행히도 그는 죽지 않았다.

2 부사의 위치

■ 형용사나 다른 부사를 수식할 때는 대부분 수식하는 말 앞에 온다.

· He has a **very** *pretty* dog.

· Don't speak **too** *fast*.

■그에게는 아주 예쁜 개가 있다.
■너무 빨리 말하지 마라.

■ enough(충분히)가 부사로 쓰여서 형용사/부사를 수식할 땐 뒤에서 수식하고 명사를 수식할 땐 앞에서 수식한다.

· He is *strong* **enough** to carry this heavy box.
  (NOT : He is ~~enough strong~~ to …)

· I have **enough** *time* to help him.
  (NOT : I have ~~time enough~~ to …)
  enough(충분한)가 형용사로 명사를 수식할 때는 명사 앞에 쓴다.

■그는 이 무거운 상자를 나를 수 있을 만큼 충분히 힘이 세다.
■나는 그를 도울 충분한 시간이 있다.

■ 동사를 수식할 때는 대부분 문장 뒤에 온다. 다음은 모두 동사를 수식하는 부사(구)이다.

· I *get up* **early in the morning**. <자동사＋부사＋부사구>

· She *swims* **in the river**. <자동사＋부사구>

· He *became* a pilot **last year**.<자동사＋보어＋부사구>

· I *read* the book **interestingly**. <타동사＋목적어＋부사>

· I *meet* him **on the street**. <타동사＋목적어＋부사구>
  동사 뒤에 보어나 목적어가 있다면 그 뒤에 온다.

■나는 아침에 일찍 일어난다.
■그녀는 강에서 수영한다.
■그는 작년에 비행기 조종사가 되었다.
■나는 재미있게 그 책을 읽었다.
■나는 거리에서 그를 만났다.

■ 한 문장에서 부사가 겹치거나 여러 개 써야 할 때는「방법, 장소, 시간」의 순서로 쓴다.

· We took a walk <u>**in the park**</u> <u>**yesterday**</u>.
  　　　　　　　　　장소　　　　시간

· I studied <u>**hard**</u> <u>**in the library**</u> <u>**yesterday**</u>.
  　　　　　　방법　　　장소　　　　　시간

cf. I arrived <u>**in Jejudo**</u> <u>**safely**</u> <u>**yesterday**</u>.
  　　　　　　장소　　　방법　　　시간
  부사의 일반적인 순서는 '방법 ➤ 장소 ➤ 시간' 인데 동사가 go, come, arrive, start, leave 일 때는 '장소 ➤방법 ➤시간' 의 순서로 쓴다.

· I will meet her <u>**at nine o'clock**</u> <u>**tomorrow.**</u>
  　　　　　　　시간(작은 단위)　　시간(큰 단위)
  장소부사, 시간부사 사이에서도 작은 단위를 먼저 쓰고, 큰 단위를 나중에 쓴다.

■우리는 어제 공원에서 산책을 했다.
■나는 어제 도서관에서 열심히 공부했다.
　cf.나는 어제 제주도에 안전하게 도착했다.
■나는 내일 9시에 그녀를 만날 것이다.

▌EXERCISE ▌C

[01~05] 다음 밑줄 친 부분이 수식하는 말을 찾아 쓰시오.

01 Daniel is a <u>really</u> smart student.

02 Linda plays the piano <u>very well</u>.

03 Laura reads a book <u>quickly</u>.

04 He drives <u>very</u> carefully.

05 I am old <u>enough</u> to travel alone.

[06~12] 다음 단어의 순서를 알맞게 배열하여 문장을 완성하시오.

06 is / cute / very / she

_____

07 is / it / enough / warm / for you

_____

08 him / met / yesterday / in / I / the park

_____

09 were / last year / we / in London

_____

10 my mother / the food / in the morning / made

_____

11 at home / they / spent / their holiday / last year

_____

12 play / at the party / will / on Saturday / the piano / I

_____

○ **MEMO** ○
- really ⊕ 정말로
- quickly ⊕ 빨리
- travel ⑤ 여행하다
- alone ⊕ 홀로

- spend ⑤ 낭비하다, 소비하다, (시간 등을)보내다
- holiday 휴일, 휴가

3 빈도부사

빈도부사의 의미와 종류

- 빈도부사는 일정한 기간 동안 어떤 일이 얼마나 자주 일어나는지를 나타내는 부사이다.

- 빈도부사의 종류

  · always : 항상　　　　· usually : 대개, 보통, 일반적으로

  · often : 자주, 종종　　· sometimes : 때때로, 가끔

  · never : 결코(한번도) ~하지 않다

2 빈도부사의 위치

일반동사 앞, be동사나 조동사 뒤에 쓰인다.

· He **always** gets up at six. (NOT : He ~~gets always~~)
빈도부사 always는 일반동사 gets앞에 왔다.

· Tony **usually** makes gifts for his friend. (NOT : Tony usually ~~make~~ ...)
주어가 3인칭 단수일 때 일반동사는 빈도부사와 상관없이 주어의 영향을 받아 -s가 붙는다.
makes형태에 주의한다.

· She is **always** happy. <be동사 뒤에>

· She doesn't **always** get up early in the morning.
(NOT : She ~~always doesn't~~ get up ...)
일반 동사의 부정문을 만드는 don't 혹은 doesn't 역시 일종의 조동사이다.

· I can **always** eat delicious bread. <조동사 뒤> (NOT : I ~~always can~~ eat ...)
will, can, may와 같은 동사를 조동사라 한다.

- 그는 항상 6시에 일어난다.
- Tony는 보통 친구들을 위해 선물을 만든다.
- 그녀는 항상 행복하다.
- 그녀는 아침에 항상 일찍 일어나지는 않는다.
- 우리는 항상 맛있는 빵을 먹을 수 있다.

▌ EXERCISE ▌ D

[01~05] 다음 괄호 안의 단어를 넣어서 문장을 다시 쓰시오.

01 Mike is late for class. (often)

02 She goes to a movie. (sometimes)

03 I don't eat any fruit late at night. (usually)

04 I will help her. (always)

05 We can watch TV on Sunday. (never)

○ MEMO ○

4 too/either 와 ago/before

■ too「~도(또한)」(긍정문에서), either「~도(또한)」(부정문에서)

· If you go, I will go, **too**.

· If you do not go, I will not go, **either**.

- 네가 간다면 나도 가겠다.
- 네가 가지 않으면 나도 가지 않겠다.

■ ~ago「~전에」, before「~전에」

· I met her *three days* **ago**.
ago앞에는 'three days'처럼 시간 혹은 기간을 나타내는 말이 꼭 와야 한다.

· I met her **before**. (NOT : I met her ~~ago~~.)
before 앞에 시간을 나타내는 말이 오지 않고 홀로 쓰일 수 있다.

- 나는 3일 전에 그녀를 만났다.
- 나는 전에 그녀를 만났다.

5 이어 동사

1 동사 + 부사(up, down, on, off...)

- 동사 + 부사 + 명사 (O) / 동사 + 명사 + 부사 (O)
- 동사 + 대명사 + 부사 (O) (NOT : 동사 + 부사 + 대명사)

  '동사 + 부사[up, down, on, off, out, away ...]' 로 이루어진 동사구의 목적어가 명사이면 부사를 목적어 뒤에 쓸 수 있다. 단 목적어가 대명사이면 반드시 동사와 부사 사이에 와야 한다.

· stand up	· sit down	· put out	· throw away
· give up	· set up	· put on	· take off
· put off	· turn on	· turn off	

  - Why don't you **put on** your socks?
  - = Why don't you **put** your socks **on**?

  - These are your socks. **Put** them **on**. (NOT : Put on them)

  ▪일어서다 / 앉다 /(불을)끄다 / 버리다
  ▪포기하다 /(물건을)진열하다 / (옷을)입다 / (옷을)벗다
  ▪미루다, 연기하다 / (전원)을 켜다 / (전원)을 끄다
  ▪양말을 신는 게 어때?
  ▪이것들은 너의 양말이다. 그것들을 신어라.

2 동사 + 전치사(at, for, after...)

동사와 전치사 사이를 분리할 수 없다.

- look at = ~을 쳐다보다
- look for = ~을 찾다
- wait for = ~을 기다리다
- look after = ~을 돌보다
- run after = ~을 뒤쫓다
- A hen was **looking for** food. (NOT : ··· looking food for)
- She **looks after** her children. (NOT : ... looks her children after.)

▪암탉이 음식을 찾고 있었다.
▪그녀는 아이들을 돌본다.

▌EXERCISE ▌E

[01~07] 다음 중 옳은 문장은 O, 옳지 않은 문장은 X표 하시오.

01 He gave the test up. (   )

02 She put the plan off. (   )

03 He gave it up. (   )

04 He gave up it. (   )

05 She put off the plan. (   )

06 Take off your shoes here. (   )

07 She looks them after. (   )

○ MEMO ○

01 다음 중 단어의 관계가 <u>다른</u> 하나는?

① silent - silently ② recent - recently
③ slow - slowly ④ late - lately
⑤ sudden - suddenly

02 다음 단어 중 성격이 <u>다른</u> 하나는?

① lovely ② friendly ③ slowly
④ monthly ⑤ weekly

03 다음 짝지어진 단어의 관계가 보기와 같은 것은?

friend - friendly

① careful - carefully ② nation - national
③ final - finally ④ patient - patience
⑤ decide - decision

04 다음 중 관계가 <u>다른</u> 하나는?

① quick - quickly ② slow - slowly
③ sad - sadly ④ love - lovely
⑤ sincere - sincerely

05 다음 짝지어진 단어들의 관계가 <u>잘못된</u> 하나는?

① slow - slowly ② happy - happily
③ easy - easily ④ fast - fastly
⑤ loud - loudly

06 다음 밑줄 친 부분의 쓰임이 <u>틀린</u> 것은?

① It rolled <u>slowly</u>.
② It sang <u>happily</u>.
③ He worked <u>hardly</u>.
④ I feel <u>lonely</u>.
⑤ They were shouting <u>loudly</u>.

07 다음 빈칸에 들어갈 수 <u>없는</u> 말은?

I opened the door _____.

① gently ② slowly ③ safely
④ carefully ⑤ friendly

08 우리말과 같은 의미가 되도록 할 때 빈칸에 들어갈 말이 순서대로 모두 맞는 것은?

그는 학교에 늦었기 때문에 빨리 걸었다.
He walked _____ because he was
_____ for school.

① fast - late ② fastly - late
③ fast - lately ④ fastly - lately
⑤ lately - fast

09 두 문장이 같은 뜻이 되도록 빈칸에 알맞은 말은?

He is a good dancer.
= He dances _____.

① like ② nice ③ too
④ well ⑤ good

[10~11] 다음 두 문장이 같은 뜻이 되도록 빈칸에 알맞은 말을 쓰시오.

10
He sings well.
= He is a good _____.

11
He cooks well.
= He is a _____ _____.

12 다음 중 짝지어진 두 문장의 의미가 같지 <u>않은</u> 것은?

① Her hair is long.
= She has long hair.

② He is wearing a yellow shirt.
= He is in a yellow shirt.

③ How are you doing?
= How do you like it?

④ She is a good cook.
= She cooks very well.

⑤ You have a large family.
= Your family is large.

13 다음 빈칸에 공통으로 알맞은 것은?

· There weren't _____ chairs for everyone to sit on.
· He is strong _____ to carry the box.

① too   ② enough   ③ still
④ much   ⑤ so

14 다음 밑줄 친 단어의 의미가 보기와 같은 것은?

We were practicing <u>hard</u> to win the game.

① It was raining <u>hard</u> outside.
② He's trying <u>hard</u> to write a nice novel.
③ Her heart seems as <u>hard</u> as a rock.
④ The story was <u>hard</u> to understand.
⑤ The ice was too <u>hard</u> to break.

15 다음 주어진 단어를 빈칸에 적절한 순서로 바꾸어 넣으시오.

He is _____ the box.
(carry, strong, to, enough)

16 다음 괄호 안의 단어들을 어순에 맞게 쓰시오.

There wasn't (her, enough, wait, for, time, to).

17 다음 대화의 빈칸에 들어갈 수 <u>없는</u> 것은?

A : How often do you walk to work?
B : I _____ walk to work.

① always   ② usually   ③ often
④ really   ⑤ sometimes

18 다음 중 밑줄 친 부분의 쓰임이 나머지와 <u>다른</u> 것은?

① I don't make <u>enough</u> money to support myself yet.

② There wasn't <u>enough</u> time to wait for her.

③ You have <u>enough</u> time to think it over.

④ I don't have <u>enough</u> time to go to the park tomorrow.

⑤ He is old <u>enough</u> to go to school.

19 다음 중 횟수가 빈번한 순으로 된 것은?

① always > usually > often > sometimes > never

② always > often > usually > sometimes > never

③ always > usually > sometimes > often > never

④ never > usually > often > sometimes > always

⑤ always > often > sometimes > never > usually

20 다음 문장에서 밑줄 친 부분의 쓰임이 <u>어색한</u> 것은?

① I <u>always</u> recycle paper.

② He <u>usually</u> goes to school by subway.

③ She walks <u>often</u> to school.

④ She <u>sometimes</u> washes her hair with shampoo.

⑤ We <u>never</u> use hairspray.

21 다음 중 어법상 올바른 것은?

① I often will study English.

② He never takes a shower.

③ They are late sometimes for work.

④ You can see always it from here.

⑤ That flower always is beautiful.

22 다음 밑줄 친 부분의 쓰임이 <u>다른</u> 하나는?

① Don't swim <u>too</u> long.

② That's <u>too</u> bad.

③ He is a good dancer, <u>too</u>.

④ This ruler is <u>too</u> short.

⑤ He is <u>too</u> young to go to school.

23 다음 중 too 또는 either의 사용이 올바른 것은?

① I don't have any homework, too.

② You can swim, either.

③ They play computer games, either.

④ We are not going to Busan, too.

⑤ He did not call me, either.

24 다음 문장의 쓰임이 바르지 <u>않은</u> 것은?

① I put on the hat.

② He turned it off.

③ That music is too loud. Can you turn down it?

④ Turn on the light. Don't turn it off.

⑤ Please turn on the light.

25 다음 밑줄 친 부분이 <u>어색한</u> 것은?

① Can I <u>try them on</u>?

② He <u>cut the tree off</u>.

③ A man <u>got off the bus</u>.

④ Mike <u>threw away it</u>.

⑤ Please <u>take off your shoes</u>.

26 다음 밑줄 친 부분 중 어법상 바르지 <u>않은</u> 것은?

① It's too dark here. Will you <u>turn on the light</u>?

② It's very cold. <u>Put your jacket on</u>.

③ The program is so boring. Can you <u>turn it off</u>?

④ That dress looks good. What about <u>trying on it</u>?

⑤ Your gloves are dirty. <u>Take them off</u>.

Chapter **09**

비교

THINKPLUS ENGLISH SERIES

비교급과 최상급의 형태

ENGLISH ● GRAMMAR

원급은 형용사, 부사의 원래 형태를 말한다. 비교급은 두 개의 성질을 비교하여 그 차이를 나타내기 위해 '더 ~한'의 의미를 갖는 형태의 말이다. 최상급은 세 개 이상에서 정도가 가장 높은 것을 나타내기 위해 '가장 ~한'의 의미를 갖는 형태의 말이다.

1 규칙 변화

1 비교급에 '-er', 최상급에 '-est'를 붙인다.

<원급>	<비교급>	<최상급>
· old	→ old**er**	→ old**est**
· young	→ young**er**	→ young**est**
· tall	→ tall**er**	→ tall**est**
· long	→ long**er**	→ long**est**

- old 나이든
- young 젊은
- tall 키가 큰
- long 긴

2 단어의 끝이 -e로 끝나는 것은 -r, -st를 붙인다.

· large	→ large**r**	→ large**st**
· wise	→ wise**r**	→ wise**st**
· simple	→ simple**r**	→ simple**st**

- large 큰
- wise 현명한
- simple 단순한

3 「단모음＋단자음」으로 끝나는 단어는 자음 하나를 더 쓰고 -er, -est를 붙인다.

· big	→ big**ger**	→ big**gest**
· hot	→ hot**ter**	→ hot**test**
· thin	→ thin**ner**	→ thin**nest**

- big 큰
- hot 더운
- thin 얇은

4 「자음＋y」로 끝나는 단어는 y를 i로 고치고 -er, -est를 붙인다.

· pretty	→ pret**tier**	→ pret**tiest**
· happy	→ happ**ier**	→ happ**iest**
· easy	→ eas**ier**	→ eas**iest**
· early	→ earl**ier**	→ earl**iest**

- pretty 예쁜
- happy 행복한
- easy 쉬운
- early 이른, 일찍

5 -ful, -able, -ing, -ive, -ous 등으로 끝나는 형용사나 3음절 이상의 단어는 원급 앞에 more, most를 붙인다.

· useful → **more** useful → **most** useful
· famous → **more** famous → **most** famous
· difficult → **more** difficult → **most** difficult
· interesting → **more** interesting → **most** interesting

▪useful 유용한
▪famous 유명한
▪difficult 어려운
▪interesting 재미있는

6 부사와 형용사의 형태가 같은 부사는 -er, -est를 붙인다.

· hard → harder → hardest
· fast → faster → fastest
· high → higher → highest
· early → earlier → earliest

▪hard (부) 열심히 (형) 어려운
▪fast (부) 빨리 (형) 빠른
▪high (부) 높이 (형) 높은
▪early (부) 일찍 (형) 이른

7 -ly로 끝나는 부사는 more, most를 붙인다.

· loudly → more loudly → most loudly
· strongly → more strongly → most strongly

▪loudly (부) 시끄럽게
▪strongly (부) 강하게

▌EXERCISE ▌A

[01~14] 다음 형용사나 부사의 비교급과 최상급을 쓰시오.

○ MEMO ○

01 kind - _____ - _____
02 short - _____ - _____
03 nice - _____ - _____
04 hot - _____ - _____
05 big - _____ - _____
06 fat - _____ - _____
07 heavy - _____ - _____
08 happy - _____ - _____
09 dirty - _____ - _____
10 beautiful - _____ - _____
11 expensive - _____ - _____
12 important - _____ - _____
13 slowly - _____ - _____
14 quickly - _____ - _____

？ 불규칙 변화

종류가 많지 않으며, 규칙이 없으므로 암기할 수밖에 없다.

· good/well → better → best : 가장 좋은 / 가장 잘

· bad/badly → worse → worst : 가장 나쁜

· many → more → most : 가장 많은

· much → more → most : 가장 많은

· little → less → least : 가장 적은

· late (시간이)늦게 → later 더 늦게 (나중에) → latest 가장 최근에

· late (순서가)늦은 → latter 뒤쪽에 (후자의) → last 마지막

many와 much의 비교급과 최상급은 more, most인데, 규칙 변화에서 비교급과 최상급을
만들 때 쓰는 more〈더 ~〉, most〈가장 ~〉와 구별해야 한다.
late는 시간을 의미할 때와 순서를 의미할 때 비교급과 최상급의 형태가 다름에 주의한다.

· good ⑱ 좋은
· well ⑲ 잘
· bad ⑱ 나쁜
· badly ⑲ 나쁘게
· many 많은(수)
· much 많은(양)
· little 적은(양)
· late 늦은, 늦게

▌EXERCISE ▌B

[01~08] 다음 단어의 비교급, 최상급을 쓰시오.

○ MEMO ○

01 good : ⑱ 좋은 - _____ - _____

02 well : ⑲ 잘 - _____ - _____

03 bad : 나쁜 - _____ - _____

04 many : 많은(수) - _____ - _____

05 much : 많은(양) - _____ - _____

06 little : 적은(양) - _____ - _____

07 late : (시간이)늦게 - _____ - _____

08 late : (순서가)늦은 - _____ - _____

01 다음 중 비교급이 <u>잘못된</u> 것은?
① happy - happier ② large - larger
③ big - bigger ④ early - more early
⑤ good - better

02 다음 형용사의 비교급이 <u>잘못된</u> 것은?
① dirty - dirtyer ② tasty - tastier
③ busy - busier ④ small - smaller
⑤ expensive - more expensive

03 다음 원급과 비교급의 관계가 <u>잘못된</u> 것은?
① hot - hotter
② large - larger
③ interesting - more interesting
④ good - gooder
⑤ busy - busier

04 다음 형용사의 비교급 변화형이 <u>잘못된</u> 것은?
① expensive - more expensive
② bad - worse
③ early - earlier
④ hot - hotter
⑤ cheap - more cheaper

05 다음의 변화형이 올바른 것을 고르시오.
① hot - hotest ② easy - easyest
③ long - longgest ④ thin - thinest
⑤ heavy - heaviest

06 다음 형용사의 비교 변화형이 바르게 짝지어지지
<u>않은</u> 것은?
① big - biger - bigest
② large - larger - largest
③ many - more - most
④ good - better - best
⑤ happy - happier - happiest

07 다음 중 비교급과 최상급이 <u>잘못</u> 연결된 것은?
① little - less - least
② many - more - most
③ pretty - prettyer - prettyest
④ good - better - best
⑤ bad - worse - worst

08 다음 단어의 관계가 왼쪽과 같게 할 때 빈칸에 알
맞은 것은?

| many : most = good : _____ |

① well ② gooder ③ better
④ best ⑤ goodest

09 다음 단어의 비교급과 최상급이 바른 것은?
① soon - sooner - soonest
② late - later - last
③ early - more early - most early
④ good - worse - best
⑤ slowly - slowlier - slowliest

Unit 25 비교급에 의한 비교

ENGLISH ✦ GRAMMAR

Chapter 09

 비교급 than ~ : ~보다 더 …한, ~보다 더 …하게

] **형용사의 비교급 + than**
- New York is **bigger than** Seoul.
  = Seoul is **smaller than** New York.
- The Earth is **more beautiful than** the moon.
  beautiful의 비교급은 more beautiful이며 '비교급+than'의 형태에 주의한다.

▪뉴욕은 서울보다 크다.
 = 서울은 뉴욕보다 작다.
▪지구는 달 보다 더 아름답다.

2 **부사의 비교급 + than**
- My father gets up **earlier than** I do.
- I like baseball **better than** soccer.

▪나의 아버지는 나보다 일찍 일어나신다.
▪나는 축구보다 야구를 더 좋아한다.

3 than 뒤에는 주격과 목적격을 모두 쓸 수 있다. 단, 동사와 함께 쓰일 경우에는 주격으로 써야 한다.
- She is taller than **I**.
- She is taller than **me**.
- She is taller than **I am**. (NOT : She is taller than ~~me am~~.)

▪그녀는 나보다 키가 더 크다.

▌EXERCISE ▌A

[01~05] 다음 우리말과 같은 뜻이 되도록 빈칸에 알맞은 말을 쓰시오.

01 코끼리는 쥐보다 크다. (big)
= An elephant is _____ _____ a mouse.

02 대구는 여름에 서울보다 더 덥다. (hot)
= Daegu is _____ _____ Seoul in summer.

03 나는 야구를 축구보다 더 좋아한다. (good)
= I like baseball _____ _____ soccer.

04 아빠는 나보다 일찍 일어난다. (early)
= My father gets up _____ _____ I do.

05 뉴질랜드에는 사람보다 양이 더 많다. (many)
= There are _____ sheep than people in New Zealand.

○ **MEMO** ○
▪sheep ⑲ 양(단수와 복수형태가 같다)

4   비교하는 대상은 서로 상식적으로 일치해야 한다.

· **Ann's hair** is longer than **my hair**.

= **Ann's hair** is longer than **mine**.

(NOT : Ann's hair is longer than me.)

비교하는 대상이 Ann의 머리와 내 머리이므로 my hair 혹은 mine이 와야 한다.

【참고】소유대명사(독립소유격)

· my+명사 = mine   · your+명사 = yours   · his+명사 = his
· her+명사 = hers   · 명사's+명사 = 명사's

· This bag is more expensive **than I thought**.

· New Zealand is more beautiful **than I expected**.

비교하는 대상 대신에 than I thought(내가 생각했던 것보다), than I expected(내가 기대했던 것 보다) 등이 올 수 있다.

- Ann의 머리는 내 머리보다 더 길다.

- 이 가방은 제가 생각했던 것보다 비싸군요.
- 뉴질랜드는 내가 기대했던 것보다 더 아름답다.

▌EXERCISE ▌ B

[01~04] 다음 밑줄 친 부분을 알맞은 형태로 고치시오.

01 My cell phone is cheaper than <u>you</u>.

02 Susan's pencil is longer than <u>Bill</u>.

03 My house is bigger than <u>you</u>.

04 She is <u>more pretty</u> than I expected.

○ *MEMO* ○
- cell phone 핸드폰
- expect ⑤ 기대하다

2   비교급의 강조

비교급 앞에 a lot, much, even, far, still 을 써 '훨씬'이라는 의미로 비교급을 강조할 수 있다. very, many, so 등은 비교급을 수식할 수 없다.

· My brother is **taller** than you.

· My brother is **much taller** than you.

· Today is **a lot colder** than yesterday.

- 우리 형은 너보다 키가 크다.
- 우리 형은 너보다 훨씬 키가 크다.
- 오늘은 어제보다 훨씬 더 춥다.

▌EXERCISE ▌ C

[01~03] 다음 괄호 안에서 알맞은 말을 고르시오.

○ *MEMO* ○

01 That mountain is (very, lots of, still) higher than this building.

02 Mike walks (so, much, many) faster than his friend.

03 The Earth is (very, even, many) bigger than the moon.

01 빈칸에 들어갈 알맞은 단어는?

> Jane is _____ than Mike.

① fast   ② faster   ③ fastest
④ more fast   ⑤ most fast

02 다음 빈칸에 들어갈 가장 알맞은 말은?

> My pencil is _____ than your pencil.

① sadder   ② longer   ③ hotter
④ kinder   ⑤ happier

03 다음 비교급 문장 중 잘못된 것은?

① Young-hoon is taller than you.
② Su-mi is more pretty than Hye-ja.
③ I am heavier than you.
④ She is more beautiful than you.
⑤ He is faster than her.

04 밑줄 친 부분의 표현이 어색한 것은?

① New Zealand is more beautiful than I expected.
② This bag is more expensive than that bag.
③ My father is older than my mother.
④ A lion is biger than a cat.
⑤ I am prettier than you.

05 다음 중 표현이 옳은 것은?

① Mi-na's bag is more wonderful than Su-na's.
② The sun is biger than the earth.
③ The rabbit is more faster than the turtle.
④ Min-su is heavyer than Su-hong.
⑤ This ruler is longger than that one.

06 다음 두 문장을 참고로 사실을 말하고자 할 때 빈칸에 알맞은 말은?

> He has 500 won. I have 300 won.
> → He has _____ money than I.

07 다음 빈칸에 올 수 없는 말은?

> This was more _____ than I expected.

① beautiful   ② pretty   ③ interesting
④ expensive   ⑤ difficult

08 다음 두 문장을 읽고 빈칸에 알맞은 말은?

> · Tom is 16 years old.
> · Bill is 14 years old.
>   → Tom is _____ _____ Bill.

① old than   ② older than
③ young than   ④ younger than
⑤ taller than

09 다음 표의 내용과 일치하지 <u>않는</u> 것은?

	나이(year)	키(cm)	몸무게(kg)
John	12	145	55
Kevin	15	162	43
Mike	16	158	60

① John is younger than Kevin.

② Mike is older than Kevin.

③ Mike is shorter than Kevin.

④ Kevin is taller than John.

⑤ John is heavier than Mike.

10 다음 표의 내용과 일치하는 것은?

	Kate	Mike	Nick
Age	14	11	13
Weight	54	61	43
Height	154	147	160

① Mike is older than Kate.

② Kate is taller than Nick.

③ Nick is thinner than Mike.

④ Kate is heavier than Mike.

⑤ Mike isn't younger than Nick.

11 다음 두 문장이 같은 뜻이 되도록 빈칸에 알맞은 형용사를 쓰시오.

Tom is taller than Bill.
= Bill is _____ than Tom.

12 다음 문장을 읽고 비교급 문장으로 빈칸을 채우시오.

The watch is 100 dollars. The CD player is 70 dollars.
= The watch is _____ _____ than the CD player.

13 다음 빈칸에 들어갈 알맞은 말을 쓰시오.

I like soccer _____ _____ baseball.
나는 야구보다 축구를 더 좋아한다.

14 다음 문장의 내용에 알맞게 빈칸에 들어갈 말을 쓰시오.

Se-ho gets up at 6:30 and Mike gets up at 7:00. So Se-ho gets up _____ than Mike.

15 다음 중 의미가 서로 <u>다른</u> 것은?

① Seoul is bigger than Busan.
= Busan is smaller than Seoul.

② Ann gets up earlier than Susan.
= Susan gets up later than Ann.

③ Mi-ran is taller than her mother.
= Her mother is shorter than Mi-ran.

④ She has more money than he does.
= He has some money but she doesn't

⑤ Kate is older than Su-jin.
= Su-jin is younger than Kate.

16 다음 문장의 빈칸에 들어갈 알맞은 말은?

They are much smaller _____ bears.

17 다음 중 빈칸에 쓸 수 <u>없는</u> 것은?

There are _____ more sheep than people in New Zealand.

① much   ② even   ③ far
④ very   ⑤ still

주의해야 할 비교급 표현

ENGLISH ✦ GRAMMAR

비교급 and 비교급 : 점점 더 ~하다

- get + 원급(형용사) : ~하게 되다 <상태변화>
- get + 비교급(형용사) : 더 ~하게 되다
- get + 비교급 and 비교급 : 점점 더 ~하게 되다 <점진적인 변화>

  · The daytime is getting **longer and longer**.

  · It was getting **darker and darker**.

  · These days it's becoming **more and more difficult** to find job.

  (NOT : ... ~~more difficult and more difficult~~ to find job.)

  비교급이 〈more+원급〉인 경우 〈more and more+원급〉형태로 쓴다.

- 낮이 점점 더 길어지고 있다.
- 날이 점점 더 어두워지고 있었다.
- 요즘 직업을 구하기가 점점 더 어려워진다.

▮ EXERCISE ▮ A

[01~03] 다음 빈칸에 알맞은 말을 쓰시오.

○ MEMO ○

01 날씨는 점점 더 따뜻해진다.

= It is getting ＿＿＿＿ ＿＿＿＿ ＿＿＿＿.

02 날씨가 점점 더 추워지고 있다.

= It is getting ＿＿＿＿ ＿＿＿＿ ＿＿＿＿.

03 그 가수는 점점 더 유명해지고 있다.

= The singer is getting ＿＿＿＿ ＿＿＿＿ ＿＿＿＿ famous.

② A is (수량) 비교급 than B

A is (수량) 비교급 than B = A는 B보다(수량만큼) 더 …하다

· Peter is **a year older than** Sally.

- Peter는 Sally보다 나이가 한 살 더 많다.

▮ EXERCISE ▮ B

[01~02] 다음 우리말을 영어로 옮기시오.

○ MEMO ○

01 Mary는 Peter보다 나이가 한 살 더 많다.

＿＿＿＿＿＿＿＿＿＿＿＿＿＿＿＿＿＿＿＿＿

02 Mary는 Julie보다 나이가 세 살 더 많다.

＿＿＿＿＿＿＿＿＿＿＿＿＿＿＿＿＿＿＿＿＿

3 _ 선택 의문문

- Who ~ 비교급, A or B (A와 B가 사람일 때)

  · A : **Who** is **taller**, Tom **or** Ann?
  B : Tom is **taller**.

•Tom과 Ann중에서 누구 키가 더 크니? / Tom이 더 커.

- Which ~ 비교급, A or B ?(A와 B가 사람이 아닐 때)
  = A와 B중에서 어느 것을 더 좋아하니?

  · **Which** subject do you like **better**, art **or** English?
  Which subject do you like better, art(↑) or English(↓)?
  억양(Intonation) : A를 올려 읽고, B를 내려 읽는다.

•너는 미술과 영어 중에서 어느 과목을 더 좋아하니?

▌EXERCISE ▌ C

[01~04] 다음 우리말을 영어로 옮길 때 빈칸에 알맞은 말을 쓰시오.

○ MEMO ○

01 Nick과 Jimmy 중에서 누가 더 힘이 세니?

= _____ is _____, Nick _____ Jimmy?

02 서울과 평양 중에서 어디가 더 따뜻하니?

= _____ city is _____, Seoul or Pyeongyang?

03 너는 농구와 축구 중에서 어느 운동을 더 좋아하니?

= _____ sport do you like _____, basketball ____ soccer?

04 Tom과 Jane 중에서 누가 더 키가 크니?

= _____ is _____, Tom ____ Jane?

4 _ the 비교급, the 비교급

The + 비교급 + (주어 + 동사) ~, the + 비교급 + (주어 + 동사)
= As + 주어 + 동사 + 비교급, 주어 + 동사 + 비교급
= ~하면 할수록 더욱 …하다

· **The warmer** the weather is, **the better** I feel.
= **As** the weather is **warmer**, I feel **better**.

· **The younger** you are, **the easier** it is to learn.
= **As** you are **younger**, it is **easier** to learn.

· **The lower** the prices are, **the more** people will buy.
= **As** the prices are **lower**, people will buy **more**.

•날씨가 따뜻해질수록 나는 기분이 더 좋다.
•어릴수록 배우는 것이 더 쉽다.
•가격이 낮아질수록, 사람들은 더 많이 구매할 것이다.

▌EXERCISE ▌D

[01~02] 다음 우리말에 맞도록 괄호 안의 단어를 알맞은 형태로 고치시오.

01 높이 올라갈수록 더 추워진다.

The (high) we climb, the (cold) it gets.

02 나이가 들면 들수록 더욱 더 지혜로워진다.

The (old) we get, the (wise) we are.

[03~04] 다음 우리말과 같은 의미가 되도록 빈칸에 알맞은 말을 쓰시오.

03 빠르면 빠를수록 더 좋다. (soon, good)

= _____ _____, _____ _____.

04 많이 가지고 있을수록 더 많이 원한다.

= _____ _____ we have, _____ _____ we want.

○ **MEMO** ○

5 ▭ 기타

- A ⋯ less 원급 than B = A는 B보다 덜 ~하다 (열등비교)

  · She is **less** old **than** I.
    = She is younger than I.
    = I am older than she.

- prefer A to B
  = like A better than B
  = B보다 A를 더 좋아한다(A와 B에는 동명사 혹은 명사가 온다.)

  · My sister **prefers** tea **to** coffee.
    = My sister **likes** tea **better than** coffee.

  · Fred **prefers** driving **to** traveling by train.
    = Fred **likes** driving **better than** traveling by train.

▪ 그녀는 나보다 나이가 덜 많다.
= 그녀는 나보다 젊다.
= 나는 그녀보다 나이가 많다.

▪ 내 여동생은 커피보다 차를 더 좋아한다.
▪ Fred는 기차 여행보다 자동차 여행을 더 좋아한다.

▌EXERCISE ▌E

[01~02] 다음 글의 <u>잘못된</u> 부분을 찾아 고쳐 쓰시오.

01 He prefers fish than meat.

02 I prefer writing letters to call people.

[03~04] 다음 두 문장이 같은 의미가 되도록 빈칸에 알맞은 말을 쓰시오.

03 Mike is taller than Jane. = Jane is _____ tall than Mike.

04 I like Korean food better than Chinese food.

= I _____ Korean food to Chinese food.

○ **MEMO** ○
▪ fish ⑬ 생선
▪ meat ⑬ 고기

01 다음 빈칸에 들어 갈 수 없는 것은?

The weather got _____.

① cold　　　　　② colder
③ warmer　　　　④ cold and colder
⑤ colder and colder

02 다음 빈칸에 가장 알맞은 말은?

The world is getting _____.
세계는 점점 더 작아지고 있다.

① more and more small
② more and more smaller
③ smaller and smaller
④ the smallest
⑤ more small and more small

03 다음 빈칸에 들어갈 말로 가장 알맞은 것은?

Computers are getting _____.
컴퓨터가 점점 중요해지고 있다.

① more important and more important
② more and more important
③ most important and important
④ the more important and important
⑤ most important and most important

04 빈칸에 들어갈 알맞은 것은?

These days _____ people from other countries are interested in Korea.

① most and most　　② many and many
③ more and most　　④ much and much
⑤ more and more

05 다음 내용으로 보아 Peter의 나이로 알맞은 것은?

· Peter is two years older than Sally.
· Mary is 16 years old.
· Sally is three years younger than Mary.

① 16　　　　② 15　　　　③ 14
④ 13　　　　⑤ 12

06 다음에서 가장 나이가 많은 사람은 누구인가?

I am sixteen years old.
Sally is two years older than me.
Mike is a year younger than Sally.
Mary is three years older than Mike.
Julie is three years older than me.

① I　　　　② Julie　　　③ Mike
④ Mary　　　⑤ Sally

07 다음 빈칸에 알맞은 말은?

A : _____ do you like better, soccer or baseball?
B : I like soccer better.

① What　　② That　　③ Why
④ Which　　⑤ How

08 다음 문장의 빈칸에 들어갈 적절한 말은?

The higher you climb, _____ the air becomes.

① the sooner　　　　② the thinner
③ the thicker　　　　④ the warmer
⑤ the hotter

09 다음 대화의 빈칸에 가장 알맞은 말은?

> A : _____
>
> B : Mike is taller.

① Is Mike tall?

② Are you tall?

③ Do you think Mike is tall?

④ Who is taller, Mike or Bob?

⑤ Which is taller, Mike or Bob?

10 다음 글의 내용상 빈칸에 알맞은 표현은?

> The more communication develops, _____ the world becomes.

① the larger   ② the smaller

③ the bigger   ④ the more

⑤ the less

11 다음 빈칸에 들어갈 말이 순서대로 바르게 짝지어진 것은?

> _____ you study, _____ your grades get.

① Harder - better

② The harder - the good

③ The hard - the good

④ The harder - the better

⑤ Harder - the better

12 다음 두 문장의 뜻이 같도록 빈칸을 채우시오.

> The lower the prices are, the more people will buy.
> = As the prices are _____, people will buy _____.

13 다음 두 문장의 뜻이 같아지도록 빈칸에 들어갈 말은?

> The lower the prices are, the more people will buy.
> = _____ the prices are lower, people will buy more.

① Wherever   ② If   ③ As

④ That   ⑤ However

14 다음 빈칸에 들어갈 가장 알맞은 말을 쓰시오.

> I like apples better than grapes.
> = I _____ apples to grapes.

15 다음 두 문장의 의미가 같도록 빈칸에 알맞은 말을 쓰시오.

> He prefers tea to coffee.
> = He likes tea _____ _____ coffee.

16 다음 빈칸에 들어갈 말로 짝지어진 것은?

> Whenever he has free time, he _____ watching TV _____ playing outside with his friends.

① enjoys, to ② likes, to   ③ wants, to

④ prefers, to ⑤ would like to, to

원급에 의한 비교

1 동등비교

1 A … as 원급 as B : A는 B만큼 ~하다

· He is **as** tall **as** I (am).

· He can run **as** fast **as** you.

▪그는 나만큼 키가 크다.
▪그는 너만큼 빨리 뛸 수 있다.

2 A … not as[so] + 원급 + as B : A는 B만큼 ~하지 못하다
= B … 비교급 than A : B가 A보다 더 ~하다
= A … less + 원급 + than B : A는 B보다 덜 ~하다

· Tom is **not as[so]** tall **as** Jane.

= Jane is **taller than** Tom.

= Tom is **shorter than** Jane.

▪Tom은 Jane만큼 키가 크지 않다.
▪그 책상은 그 탁자만큼 비싸지 않다.

· The desk is **not as[so]** expensive **as** the table.

= The table is **more expensive than** the desk.

= The desk is **cheaper than** the table.

= The desk is **less expensive than** the table.

▌EXERCISE ▌A

[01~02] 다음 빈칸에 알맞은 말을 쓰시오.

○ MEMO ○

01 나는 너와 나이가 같다. (old)

= I am _____ you.

02 인수는 민호만큼 키가 크다. (tall)

= In-su is _____ Min-ho.

[03~06] 다음 빈칸에 알맞은 말을 쓰시오.

03 We played soccer better than them.

= They didn't play soccer _____ _____ _____ us.

04 Busan is not as big as Seoul.

= Seoul is _____ _____ Busan.

05 You are not as tall as him.

= He is _____ _____ you.

= You are _____ _____ him.

06 His father isn't as old as your father.

= Your father is _____ _____ his father.

= His father is _____ _____ your father.

원급이 사용된 주요 구문

1 as ～ as possible ：가능한 ～하게
= as ～ as ＋ 주어 ＋ can

· She shouts **as loudly as possible**.
= She shouts **as loudly as she can**.

· He didn't run **as fast as possible**.
= He didn't run **as fast as he could**.

possible은 「주어 ＋ can」로 고쳐 쓸 수 있으며 시제가 과거일 때는 can 대신에 could를 써야 한다.

▪그녀는 가능한 한 크게 소리친다.
▪그는 가능한 한 빨리 뛰지 않았다.

2 A …배수사 as 원급 as B ：A는 B보다 몇 배 ～한

배수의 형태는 '2배'는 twice, 3배 이상은 「기수 ＋ times」로 나타낸다.
2배(twice), 3배(three times), 10배(ten times)...

· Australia is a big land about **35 times as large as** Korea.

· The fighter plane can fly almost **three times as fast as** the speed of sound.

▪호주는 한국보다 대략 35배나 큰 나라이다.
▪전투기는 소리의 속도보다 거의 3배나 빠르게 비행할 수 있다.

3 as many[much] as … ：…만큼이나 많은

· He earns **as much as** a million won a month.

· I have **as many** books **as** you have.

▪그는 한 달에 백만 원이나 번다.
▪나는 네가 가지고 있는 만큼이나 많은 책을 가지고 있다.

▌EXERCISE ▌B

[01～02] 다음 두 문장의 뜻이 일치하도록 빈칸에 알맞은 말을 쓰시오.

01 Mike runs as fast as he can.
= Mike runs as fast as _____.

02 He hid himself as quickly as possible.
= He hid himself as quickly as _____ _____.

[03～04] 다음 우리말에 맞도록 주어진 단어를 알맞게 배열하시오.

03 그는 나보다 나이가 두 배 많다.
= He is (as, twice as, old) I am.

04 이 상자는 저 상자보다 세 배 크다.
= This box is (as, times, as, three, big) that one.

○ **MEMO** ○
▪hide oneself 숨다

01 밑줄 친 부분의 표현이 가장 어색한 것은?

① Tom is taller than Ann.
② Jane is as smart as Mike.
③ Seoul is as warmer as Busan.
④ My mother is as old as my father.
⑤ The desk is not as expensive as the table.

02 다음을 읽고 빈칸에 공통으로 들어갈 단어를 쓰시오.

This desk is _____ expensive _____ the table.
이 책상은 그 테이블만큼 비싸다.

03 다음 문장의 뜻이 같도록 빈칸에 알맞은 말을 쓰시오.

John and Jane are the same age.
= John is _____ _____ _____ Jane.

04 다음 우리말에 맞도록 빈칸에 들어갈 적당한 말은?

I found a tree _____ a building.
나는 건물만큼 큰 나무를 발견했다.

① taller   ② much taller
③ the tallest   ④ as taller as
⑤ as tall as

05 두 문장의 뜻이 같도록 빈칸에 알맞은 말을 쓰시오.

You're not as strong as I.
= I'm _____ you.

06 주어진 두 문장이 뜻이 같도록 빈칸에 들어갈 알맞은 말은?

Seoul is bigger than Busan.
= Busan is not ____ _____ ____ Seoul.

07 다음 빈칸에 들어갈 말로 알맞은 것은?

· Ann is fast.
· Tom is faster than Ann.
→ So Ann is _____ Tom.

① as slow as   ② as fast as
③ faster than   ④ not as fast as
⑤ not as slow as

08 다음 문장과 의미가 가장 유사한 것은?

She didn't study as hard as I did.

① I didn't study hard.
② She didn't study hard.
③ I studied harder than she.
④ She studied harder than me.
⑤ She studied hard. I studied hard, too.

09 다음 도표의 내용과 일치하는 것은?

	Bill	Mike	Ted
나이(세)	14	14	16
키(cm)	170	175	170

① Bill is as tall as Ted.
② Mike is not as old as Bill.
③ Bill is older than Mike.
④ Ted is not as tall as Bill.
⑤ Mike is shorter than Ted.

10 다음 문장 중 의미가 나머지 넷과 다른 하나는?

① The bag is more expensive than the book.
② The book is cheaper than the bag.
③ The book is not as expensive as the bag.
④ The bag is not as cheap as the book.
⑤ The book is more expensive than the bag.

11 다음 밑줄 친 부분과 바꿔 쓸 수 있는 표현은?

He ran as fast as possible.

① as fast as one can
② as fast as he can
③ as faster as he can
④ as fast as he could
⑤ as faster as he could

12 다음 문장의 내용상 빈칸에 알맞은 것은?

He ate as _____ as he could.

① much   ② far   ③ many
④ short   ⑤ large

13 다음 밑줄 친 부분 중 어법상 어색한 것은?

① You can take as many as you could.
② She shouts as loudly as she can.
③ He didn't run as fast as he could.
④ He hid himself as quickly as possible.
⑤ He wanted to visited to his hometown as soon as possible.

14 다음 두 문장의 뜻이 같도록 빈칸에 알맞은 말을 쓰시오.

He came as early as possible.
= He came as early as he _____.

15 주어진 우리말에 맞게 빈칸에 알맞은 말은?

Nancy cried for help _____.
Nancy는 도와달라고 가능한 한 큰소리로 외쳤다.

① as loudly as she can
② as loudly as she possible
③ as loudly as she could
④ loudly as she as can
⑤ as loudly as could she

16 다음 우리말에 맞도록 주어진 단어를 바르게 배열하시오.

> I try to talk with them (much, as, I, can, as).
> 나는 가능한 많이 그들과 대화하려고 노력한다.

17 다음 빈칸에 공통적으로 들어갈 말을 쓰시오.

> · Someday I hope that I can build building _____ beautiful _____ they are.
> · More importantly, try to read _____ much _____ possible.

18 다음 우리말과 뜻이 같도록 빈칸에 알맞은 말을 쓰시오.

> The fighter plane can fly almost _____ _____ as fast _____ the speed of sound.
> 전투기는 소리의 속력보다 거의 3배나 빠르게 날 수 있다.

19 다음 주어진 단어를 뜻이 통하도록 바르게 배열하시오.

> Australia is a big land about (as, times, as, Korea, 35, large).

20 다음 문장의 밑줄 친 부분 중 어법상 잘못된 것은?

> This house is almost three time as
>   ①   ②   ③
> big as that one.
> ④   ⑤

21 다음 우리말과 같도록 빈칸에 알맞은 말을 쓰시오.

> He earns as _____ as a million won a month.
> 그는 한 달에 백만 원이나 번다.

22 다음 문장의 밑줄 친 부분 중 어법상 잘못된 것은?

> I have as many book as you have.
>   ①   ②   ③   ④   ⑤

최상급에 의한 비교

셋 이상의 사람·사물 중에서 「가장 ~하다」는 뜻을 나타내기 위하여 최상급을 사용한다.

 the + 최상급 : 가장 ~한

- the + 최상급 ~ in + 단수명사 (비교하는 대상이 속하는 장소나 그룹)
- the + 최상급 ~ of + 복수명사 (비교하는 대상들, 구성원)

  · She is **the smartest** student **in** my class.
  · She is **the smartest** student **of** all three sisters.
  · My mother gets up **earliest in** my family.
  부사의 최상급 앞에는 정관사 the를 쓰지 않는다.

> ▪그녀는 우리 반에서 가장 똑똑한 학생이다.
> ▪그녀는 세 자매들 중에서 가장 똑똑한 학생이다.
> ▪엄마는 우리 가족 중에서 가장 일찍 일어나신다.

▌EXERCISE ▌ A

[01~04] **다음 빈칸에 적절한 말을 쓰시오.**

01 Fred는 셋 중에서 가장 키가 크다.
= Fred is _____ of the three.

02 Jane은 셋 중에서 가장 어리다.
= Jane is _____ of the three.

03 셋 중에서 누가 가장 나이가 많니?
= Who is the oldest _____ the three?

04 저 학교가 그 도시에서 가장 오래된 건물이다.
= That school is the oldest building _____ the town.

○ MEMO ○

 2 최상급의 의미를 갖는 구문

원급과 비교급으로도 최상급과 같은 의미를 갖는 문장을 만들 수 있다. 다음 두 문장의 문장 전환은 꼭 암기해 두자.

· Seoul is **the largest** city in Korea. <최상급>
= Seoul is **larger than any other** city in Korea. <비교급>
= **No** (other) city in Korea is **larger than** Seoul. <비교급>
= **No** (other) city in Korea is **as[so] large as** Seoul. <원급>

> ▪서울은 한국에서 가장 큰 도시이다.
> = 서울은 한국에서 어떤 다른 도시보다 더 크다.
> = 서울보다 더 큰 도시는 한국에 없다.
> = 서울만큼 큰 도시는 한국에 없다.

· Time is **the most precious** thing. <최상급>

= Time is **more precious than any other** thing. <비교급>

= Time is **more precious than anything else**. <비교급>

    any other thing대신에 anything else(그 밖의 어떤 것)로 쓸 수 있다.

= **Nothing** is **more precious than** time. <비교급>

= **Nothing** is **as[so] precious as** time. <원급>

▪시간은 가장 귀중한 것이다.
= 시간은 다른 어떤 것보다 귀중하다.
= 시간은 그 밖의 어떤 것보다 귀중하다.
= 시간보다 더 귀중한 것은 없다.
= 시간만큼 귀중한 것은 없다.

▌EXERCISE ▌B

[01~03] 다음 주어진 문장과 같은 뜻을 갖는 비교급 또는 원급의 문장을 모두 쓰시오.

○ **MEMO** ○

01 She is the smartest student in her class.

  ① = She _____ (비교급 이용)

  ② = No _____ (비교급 이용)

  ③ = No _____ (원급 이용)

02 Tom is the tallest student in his class.

  ① = Tom _____ (비교급 이용)

  ② = No _____ (비교급 이용)

  ③ = No _____ (원급 이용)

03 Health is the most important thing.

  ① = Health _____ (비교급 이용)

  ② = Nothing _____ (비교급 이용)

  ③ = Nothing _____ (원급 이용)

3 __ one of the 최상급 + 복수명사 = 가장 ~한 것들 중에 하나

one of the 최상급 뒤에는 항상 복수명사가 오는데 주의한다.

· He is **one of the greatest writers** in Korea.

· He is **one of the best teachers** in our school.

· New York is **one of the busiest cities** in the world.

▪그는 한국에서 가장 훌륭한 작가들 중의 한 분이다.
▪그는 우리 학교에서 가장 좋은 선생님들 중 한 분이다.
▪뉴욕은 세계에서 가장 바쁜 도시들 중 하나이다.

▌EXERCISE ▌C

[01~02] 다음 빈칸에 알맞은 말을 써 넣으시오.

○ **MEMO** ○

▪famous ⑧ 유명한

01 그는 그 나라에서 가장 부유한 사람 중 한명이다.

  He is one of _____ _____ _____ in the country.

02 그녀는 세상에서 가장 유명한 가수들 중 한명이다.

  She is one of _____ _____ _____ _____ in the world.

01 다음 중 형용사와 최상급이 <u>잘못</u> 연결된 것은?

① happy - most happiest

② interesting - most interesting

③ expensive - most expensive

④ dangerous - most dangerous

⑤ good - best

02 다음 중 형용사의 비교급과 최상급이 바르게 짝지어진 것은?

① big - biger - bigest

② new - newer - newest

③ heavy - heavyer - heavyest

④ small - more small - most small

⑤ dangerous - more dangerouser
　　- most dangerousest

03 다음 빈칸에 들어갈 말을 순서대로 짝지은 것은?

· Today is the _____ day of my life.
· He is the _____ in the world.

① sadest - happiest

② saddest - happiest

③ saddest - happy

④ sadest - happyest

⑤ saddest - happyest

04 다음 우리말을 영어로 옮긴 것 중 가장 알맞은 것은?

그는 반에서 가장 빠르다.

① He is fast in his class.

② He is faster than his class.

③ He is the faster than his class.

④ He is fastest in his class.

⑤ He is the fastest in his class.

05 주어진 단어를 알맞게 고쳐 빈칸을 채우시오.

The Nile is the _____ river in the world. (long)

06 다음 빈칸에 들어갈 가장 알맞은 말은?

She is _____ student in my class.

① smart　　　　　② smartest

③ the smarter　　④ more smart

⑤ the smartest

07 다음 빈칸에 알맞은 말은?

Which is _____ longest river in Korea?

① a　　　　② an　　　　③ the

④ best　　　⑤ most

08 다음 빈칸에 알맞은 표현은?

He is the _____ man in the world.

① more great　　② great

③ most great　　④ greater

⑤ greatest

09 다음 빈칸에 들어갈 알맞은 말은?

American football is _____ sport in America.
미식 축구는 미국에서 가장 인기 있는 운동이다.

① popular　　　　② popularest

③ more popular　④ most popular

⑤ the most popular

10 다음 대화의 빈칸에 들어갈 말이 알맞게 짝지어진 것은?

A : What is the _____ animal on the farm?
B : The pig is.
A : Is it _____ than the horse and the cow?
B : No, it isn't.

① big - big
② big - bigger
③ big - biggest
④ biggest - bigger
⑤ bigger - biggest

11 다음 대화의 빈칸에 알맞은 말끼리 순서대로 연결된 것은?

· So-ra is taller _____ me.
· So-ra is _____ tallest _____ all.
· So-ra is _____ tallest _____ our class.

① than - a - of - the - in
② the - the - in - the - of
③ the - than - of - than - in
④ than - the - in - the - of
⑤ than - the - of - the - in

12 다음의 세 자동차를 올바르게 표현한 것은?

	A	B	C
생산년도	1988	2000	2003
가격	$5,000	$30,000	$20,000

① B is the oldest of the three cars.
② A is the newest of the three cars.
③ C is the smallest of the three cars.
④ C is the cheapest of the three cars.
⑤ B is the most expensive of the three cars.

13 다음 두 문장의 의미가 같도록 빈칸에 알맞은 말을 쓰시오.

He is the fastest runner in my class.
= He _____ _____ in my class.

14 다음 표의 내용과 일치하는 것은?

Name	Age	Height	Weight
Su-jin	15	162	53
Jane	13	162	50
Peter	14	165	50

① Peter is the oldest of the three.
② Su-jin is the tallest of the three.
③ Su-jin is the heaviest of the three.
④ Peter is as tall as Jane.
⑤ Su-jin is taller than Jane.

15 다음 빈칸에 들어갈 알맞은 말은?

She is the most popular singer in Korea.
= She is _____ than any other singer in Korea.

① popular
② more popular
③ better popular
④ much popular
⑤ most popular

16 두 문장의 뜻이 같아지도록 빈칸에 알맞은 표현을 쓰시오.

Health is the most important thing.
= _____ is more important ____ health.

17 다음 문장과 의미가 같은 문장은?

> He is the tallest boy in his class.

① He is not taller than any boy in his class.
② He is not as tall as any boys in his class.
③ He is as tall as any boys in his class.
④ He is taller than any other boy in his class.
⑤ No one is not as tall as he in his class.

18 다음 문장 중 의미가 <u>다른</u> 하나는?

① Jane is the tallest student in her class.
② Jane is taller than any other student in her class.
③ No other student in her class is taller than Jane.
④ No other student in her class is as tall as Jane.
⑤ Jane is as tall as other students in her class.

19 다음 중 의미가 <u>다른</u> 것은?

① Nothing is more important than health.
② Nothing is as important as health.
③ Health is the most important thing.
④ Health is more important than anything else.
⑤ Health is not so important as anything else.

20 다음 중 의미가 <u>다른</u> 하나는?

① Time is the most important thing.
② Nothing is as important as time.
③ Nothing is more important than time.
④ Time is more important than any other thing.
⑤ Nothing is so important than time.

21 다음 우리말을 영어로 쓸 때, 빈칸에 들어갈 알맞은 표현을 쓰시오.

> Rome is one of the _____ _____ in the world.
> 로마는 세계에서 가장 오래된 도시 중의 하나다.

22 다음 중 어법상 바르지 <u>않은</u> 것은?

> The <u>Korean flag</u> <u>is</u> <u>one of the most</u>
>   ①   ②   ③
> <u>beautiful flag</u> I <u>have ever seen.</u>
>   ④   ⑤

23 다음 중 어법상 옳지 <u>않은</u> 것은?

① He is the most famous artist in Korea.
② The worst movie of this year is "Matrix 3."
③ This is the cheapest one.
④ English is the easiest subject for me.
⑤ He is one of the greatest person in the world.

Chapter

시제2

THINKPLUS ✦ ENGLISH SERIES

ENGLISH GRAMMAR

현재완료 형태와 이해

1 현재완료 형태

1 have[has]+과거분사

- [I, We, You, They] + have + p.p. ~
- [He, She, It] + has + p.p. ~

  · I **have known** her for three years.

  · She **has gone** out.

■ 나는 3년 동안 그녀를 알고 지낸다.
■ 그녀는 외출했다.

2 과거분사의 규칙 변화

- 대부분의 동사는 -ed를 붙여 과거, 과거분사를 만든다.

  · look - looked - looked   · learn - learned - learned

- -e로 끝나는 동사는 -d만 붙여서 과거, 과거분사를 만든다.

  · like - liked - liked   · receive - received - received

- <자음+y>로 끝나는 동사는 y를 i로 고치고 -ed를 붙여서 과거, 과거분사를 만든다.

  · study - studied - studied

- <단모음+단자음>으로 끝나는 1음절 동사는 자음자 하나를 더 쓰고 -ed를 붙인다.

  · stop - stopped - stopped

3 과거분사의 불규칙 변화

- 형태가 같은 것(A - A - A)

  · cut - cut - cut   · put - put - put

- 원형과 과거분사가 같은 것(A - B - A)

  · come - came - come   · run - ran - run

- 과거형과 과거분사형이 같은 것(A - B - B)

  · make - made - made   · say - said - said

  · feel - felt - felt   · find - found - found

  · fight - fought - fought   · meet - met - met

· buy - bought - bought
· build - built - built
· fight - fought - fought
· lose - lost - lost
· spend - spent - spent

· bring - brought - brought
· catch - caught - caught
· leave - left - left
· sell - sold - sold

▪ 원형, 과거형, 과거분사형이 각기 다른 것

· be(am/are/is) - was/were - been
· see - saw - seen
· take - took - taken
· eat - ate - eaten
· know - knew - known
· fly - flew - flown
· steal - stole - stolen

· do - did - done
· go - went - gone
· give - gave - given
· break - broke - broken
· fall - fell - fallen
· sing - sang - sung
· write - wrote - written

▪bring ⑤ 가져오다
▪build ⑤ 짓다
▪catch ⑤ 잡다
▪fight ⑤ 싸우다
▪spend ⑤ 소비하다,
         (시간을)보내다

▪break ⑤ 깨뜨리다, 부수다
▪fall ⑤ 떨어지다
▪steal ⑤ 훔치다

▌EXERCISE ▌ A

[01~04] 다음 괄호 안에서 알맞은 말을 고르시오.

01 I (have, has) lived in Seoul for 5 years.

02 She (have, has) studied Japanese for three years.

03 Julie has just (broke, broken) a vase.

04 I have (use, using, used) this computer for two years.

─○ MEMO ○─

[05~20] 다음 동사의 과거형과 과거분사형을 쓰시오.

05 be	___ ___		13 meet	___ ___
06 do	___ ___		14 read	___ ___
07 go	___ ___		15 see	___ ___
08 finish	___ ___		16 sell	___ ___
09 lose	___ ___		17 spend	___ ___
10 hide	___ ___		18 know	___ ___
11 leave	___ ___		19 write	___ ___
12 arrive	___ ___		20 come	___ ___

현재완료의 이해

1 현재완료는 과거와 현재의 정보를 모두 포함하는 시제이다.
과거시제는 과거에 있었던 일을 말할 뿐 현재에 대한 정보는 알 수 없음에
반해 현재완료는 과거에 있었던 일을 말하지만 그 목적은 현재에 완료된 상
태 혹은 그 결과를 말할 목적으로 쓰는 시제이다.

· Spring **came**. <과거>
  봄이 왔었다. 지금 봄인지 아닌지 알 수 없다.

· Spring **has come**. <현재완료>
  봄이 왔다. 그리고 지금 봄이다. 말하는 사람의 목적은 '지금 봄이다.' 라는 것이다.

▪봄이 왔었다.
▪봄이 왔다.

2 현재완료는 다음과 같은 경우에 주로 사용된다.
  ▪ 어떤 일이 현재 입장에서 완료되었는지 아닌지를 말할 때

· She **ate** breakfast. <과거>
  아침밥을 먹었다는 단순한 사실만을 말하고 있고 현재의 상태는 알 수 없다.

· She **has** already **eaten** breakfast. <현재완료>
  아침밥을 먹어서 현재 배가 부르다든지 혹은 아침밥을 먹었기 때문에 현재 다른 것을 먹을 수
  없다는 의사표시이다.

▪그녀는 아침을 먹었다.
▪그녀는 이미 아침을 먹었다.

  ▪ 과거에서 시작된 일이 현재에도 계속되고 있음을 말할 때

· I **lived** in Canada for 9 years. <과거>
  현재는 캐나다에 살고 있는지 알 수 없다. 오히려 현재는 살고 있지 않다고 추측할 수 있다.

· I **have lived** in Canada for 9 years. <현재완료>
  현재에도 캐나다에 살고 있다는 의미가 함축되어 있다. 9년 전부터 살기 시작해서 지금까지 살
  고 있다는 것을 의미한다.

▪나는 캐나다에 9년 동안 살았
다.
▪나는 캐나다에서 9년 동안 살고
있다.

  ▪ 과거에 있었던 일의 결과가 현재에도 영향을 미치고 있음을 말할 때

· I **bought** an MP3 player. <과거>
  과거에 MP3 플레이어를 샀고 현재 가지고 있는지 잃어버렸는지는 알 수 없다.

· I **have bought** an MP3 player. <현재완료>
  과거 언젠가 MP3 플레이어를 샀고 현재 그것을 가지고 있다는 의미를 갖는다.

▪나는 MP3 플레이어를 샀다.
▪나는 MP3 플레이어를 샀다.

  ▪ 과거부터 지금까지의 경험의 유무를 현재의 입장에서 말할 때

· I **read** the book *last night*. <과거>
  일이 일어난 정확한 시간(last night)과 함께 쓰는 경우 과거시제로 쓴다.

· I **have read** the book but I can't remember the title of it. <현재완료>
  일이 일어난 시기를 굳이 밝히지 않고 경험을 말할 때 현재완료시제를 쓴다.

▪나는 어젯밤에 그 책을 읽었다.
▪나는 그 책을 읽어보았다. 하지
만 그 책의 제목을 기억할 수 없
다.

3 현재완료는 현재와 관련된 과거의 동작이나 상태를 표현하기 때문에 과거의 특정한 한 시점만을 나타내는 when, ago, yesterday, last year[week, night], then, in 2002, just now 등과 같은 부사(구)와 함께 쓰이지 못한다.

· John **visited** Korea last year.

(NOT : John has visited Korea last year.)

last year가 있으므로 과거 시제로 써야 하며 현재완료로 쓸 수 없다.

· When **did** you **write** the letter?

(NOT : When have you written the letter?)

의문사 when도 한 시점만을 가리키는 말이므로 두 시제(과거+현재)를 동시에 표현하는 현재완료와 쓰이지 못한다.

· He **arrived** just now.

(NOT : He has arrived just now.)

just now는 a moment ago(방금 전)의 의미이므로 과거 시제와 함께 쓰이며 현재완료와 쓰일 수 없다. 하지만 just(막)와 now(지금)는 현재완료와 함께 쓰일 수 있다.
· He has just arrived. 그는 막 도착했다.
· He has arrived now. 그는 지금 도착했다.

▪John은 작년에 한국을 방문했다.
▪그 편지를 언제 썼니?
▪그는 방금 도착했다.

▌ EXERCISE ▌ B

[01~05] 우리말과 같은 의미가 되도록 괄호 안에서 알맞은 말을 고르시오.

○ MEMO ○

01 그는 어제 그의 핸드폰을 잃어 버렸다.
He (lost, has lost) his cell phone yesterday.

02 그는 핸드폰을 잃어 버렸다. (그래서 지금 가지고 있지 않다.)
He (lost, has lost) his cell phone.

03 봄이 왔다. (그래서 지금도 봄이다)
Spring (came, has come).

04 나는 디지털카메라를 샀다. (그래서 지금 가지고 있다)
I (bought, have bought) a digital camera.

05 나는 1년 전에 부산에서 살았다.
I (lived, have lived) in Busan a year ago.

[06~10] 다음 괄호 안에서 알맞은 말을 고르시오.

06 I (saw, have seen) the movie yesterday.

07 John (visited, has visited) Korea last year.

08 When (did you have, have you had) lunch?

09 He has arrived (yesterday, now).

10 I have known her (in 1995, since 1995).

UNIT 29 195

[11~18] 다음 문장의 쓰임이 옳으면 ○, 틀리면 ×를 하시오.

11 I saw that movie yesterday. (　　)

12 I have seen that movie yesterday. (　　)

13 John visited Korea last year. (　　)

14 John has visited Korea last year. (　　)

15 When did you have lunch? (　　)

16 When have you eaten lunch? (　　)

17 I heard about Korea a week ago. (　　)

18 I have heard about Korea a week ago. (　　)

3 현재완료의 부정문과 의문문

1 부정문 : 「have[has] not + 과거분사」

· I **haven't seen** you for a long time.
= Long time no see.

· She **hasn't lived** in Seoul.

- 오랫동안 당신을 보지 못했다. (= 오랜만입니다.)
- 그녀는 서울에 살고 있지 않다.

2 의문문 : 「Have[Has] 주어 + 과거분사 ~?」, have[has]로 답한다.

· A : **Have** you ever **met** a foreigner?
B : Yes, I **have**. / No, I **haven't**.

· A : **Has** she **eaten** dinner?
B : Yes, she **has**. / No, she **hasn't**.

- 외국인을 만난 적이 있니?/응, 있어. / 아니, 없어.
- 그녀는 저녁식사를 했니?/응, 했어. / 아니, 하지 않았어.

▌EXERCISE ▌C

[01~02] 다음 문장을 모두 부정문으로 고쳐 쓰시오.

01 I have touched your cakes.

02 She has finished her homework.

[03~04] 다음 괄호 안에서 알맞은 말을 고르시오.

03 A : Have you ever visited New York?

B : Yes, I (am, do, has, have, visit). I went to New York last summer.

04 A : Have you ever spoken to a foreigner?

B : No, I (don't, am not, hasn't, haven't).

[01-02] 다음 중 동사 변화가 바르지 않은 것을 고르시오.

01 ① teach - taught - taught
   ② see - saw - seen
   ③ spend - spended - spended
   ④ hear - heard - heard
   ⑤ say - said - said

02 ① steal - stole - stolen
   ② do - does - done
   ③ have - had - had
   ④ put - put - put
   ⑤ build - built - built

03 다음 중 동사의 변화가 바른 것은?
   ① fall - fell - fell
   ② hide - hode - hidden
   ③ cut - cutted - cutted
   ④ is - was - been
   ⑤ hear - heared - heared

04 다음 중 어법상 바르지 않은 것은?
   ① Jane have been to England twice.
   ② I have not eaten Mexican food.
   ③ I haven't been to Paris.
   ④ Have you ever thought about helping others?
   ⑤ Have you seen the movie?

05 다음 중 밑줄 친 부분이 잘못된 것은?
   ① In-suk has broken the window.
   ② Young-mi has washed her car.
   ③ Tai-hun has cut his finger by mistake.
   ④ Su-mi has written a letter in English.
   ⑤ I have knew him for five years.

06 다음 밑줄 친 부분의 표현이 어색한 것은?
   ① He has seen a sci-fi film many times.
   ② He has just went out.
   ③ She has caught a fish.
   ④ They have hidden themselves behind a tree.
   ⑤ I have written a letter to her.

07 다음 중 밑줄 친 부분이 어법상 바르게 된 것은?
   ① Somebody has took my bag.
   ② I have never seen a rainbow.
   ③ She hasn't take the dog for a walk.
   ④ She have smelled the cake.
   ⑤ I have stole your cake.

08 다음 밑줄 친 부분이 어법상 어색한 것은?
   ① She has lived in the house for two years.
   ② I have known her for five years.
   ③ Tom has broken the window.
   ④ Mike has lost the book.
   ⑤ We have finish our homework.

09 다음 문장을 부정문으로 바르게 고친 것은?

   I have finished my homework.

   ① I didn't have finished my homework.
   ② I can't have finished my homework.
   ③ I have not finished my homework.
   ④ I have finished not my homework.
   ⑤ I am not have finished my homework.

10 다음 빈칸에 들어갈 말로 가장 알맞은 것은?

> I'm not a thief. I _____ anything.

① not stole   ② have stolen not
③ not have stolen   ④ haven't stolen
⑤ don't have stolen

11 다음 문장을 의문문으로 바르게 고친 것은?

> She has finished reading the book.

① Does she finished reading the book?
② Have she finished reading the book?
③ Is she finished reading the book?
④ Did she finish reading the book?
⑤ Has she finished reading the book?

12 다음 대화의 빈칸에 알맞은 것은?

> A : _____ he ever been to Seoul?
> B : Yes, he has. He said it was wonderful.

① Do   ② Are   ③ Is
④ Have   ⑤ Has

13 다음 질문에 대한 대답으로 알맞은 것은?

> A : Have you finished your homework?
> B : _____

① Yes, I have   ② Yes, I do.
③ Yes, I am.   ④ No, I don't.
⑤ No, I have.

14 다음 대화의 응답으로 알맞은 것은?

> A : Have you ever been to Jejudo?
> B : _____

① Yes, I do that again.
② No, I don't think so.
③ Yes, I haven't been there.
④ No, I have never been there.
⑤ Yes, I have to go there.

15 다음 대화의 빈칸에 가장 알맞은 것은?

> A : Have you ever _____ of e-mail?
> B : Yes, I have.

① heard   ② hear   ③ hearing
④ hearen   ⑤ heared

16 다음 문장의 빈칸에 알맞은 말은?

> Have you ever _____ the movie?

① see   ② saw   ③ to see
④ seen   ⑤ seeing

17 다음 대화의 빈칸에 적당한 말은?

> A : Have you made any special plans for this year?
> B : _____ I planning to exercise regularly.
> A : That's a good plan.

① No, I haven't.   ② Yes, I do.
③ No, I don't.   ④ Yes, I have.
⑤ Yes, I am.

18 다음 밑줄 친 부분이 어법상 옳지 <u>않은</u> 것은?

① I've <u>known</u> them for a long time.

② I <u>have heard</u> about Korea yesterday.

③ I <u>haven't made</u> any new friends lately.

④ John <u>visited</u> Korea last year.

⑤ John <u>has visited</u> Korea recently.

[19-20] 다음 어법상 <u>어색한</u> 문장을 고르시오.

19 ① I have been to Seoul.

② He has already finished the homework.

③ She has lived here 3 years ago.

④ I have lost my book.

⑤ Have you ever been to there?

20 ① He went to Tokyo last Wednesday.

② I found that she had gone to America.

③ I have seen him ago.

④ When did you read this book?

⑤ I have seen your father once.

[21-22] 다음 문장 중 옳은 것을 고르시오.

21 ① I have just written a letter.

② I have see the movie twice.

③ He has gone to Europe last year.

④ When has she gone downtown?

⑤ I didn't finished my homework yet.

22 ① I have seen that movie yesterday.

② John has visited Korea last year.

③ I have heard about Korea a week ago.

④ I haven't seen that movie yesterday.

⑤ Have you finished your homework?

23 다음 빈칸에 'have'를 쓸 수 <u>없는</u> 것은?

① _____ they made any special plans?

② You _____ finished your homework.

③ _____ you kept a diary?

④ I _____ just written a letter.

⑤ _____ you watch TV last night?

24 다음 대화의 빈칸에 알맞은 것은?

A : My dad _____ to America.
B : Is he still in America?
A : Yes, he is.

① have been ② have gone ③ has gone

④ has been ⑤ goes

25 다음 두 문장을 한 문장으로 만들 때 빈칸에 알맞은 단어를 쓰시오.

· We began living here six months ago.
· We still live here.
→ We _____ _____ here for six months.

26 두 문장을 한 문장으로 쓸 때 빈칸에 알맞은 말은?

Somebody took my bag.
So I don't have the bag.
→ Somebody _____ my bag.

① have took ② has took ③ have taken

④ has taken ⑤ had taken

현재완료의 용법

Chapter 10

ENGLISH ● GRAMMAR

현재완료는 과거에서 현재까지의 과정에서 전달하고자 하는 정보의 성격에 따라, '완료', '경험', '계속', '결과'의 용법으로 구별할 수 있다. 함께 쓰이는 어구 등을 기억하여 구별하는 것이 쉽다.

※ 학교시험에서 위의 구별을 요구하는 문제들이 출제되므로 함께 쓰이는 부사(구)와 함께 기억해 두자.

 완료

- 어떤 일이 현재 혹은 최근에 완료되었다는 정보를 표현할 때 쓴다.

- just(막), now(지금), already(이미), yet(부정문 : 아직 ~하지 않다) 등의 부사와 주로 쓰인다.

   · I **have just finished** my homework.

      (NOT : I have finished my homework just now.)

      just와 now는 현재완료와 쓸 수 있지만 just now는 현재완료와 쓸 수 없음에 주의한다.

   · She **has already had** breakfast.

      already는 긍정문과 의문문에 쓰이고 예상했던 것 보다 빨라서 놀라 말할 때 쓴다.   '이미, 벌써'

   · I **haven't had** breakfast **yet**.

      not ~yet : 아직 ~않다. 완료의 유무와 상관없이 완료에 대한 정보를 나타내므로 완료용법이라 한다.

   cf. She is **still** having breakfast.

      긍정문에서 '아직도' 는 still을 쓴다.

▪ 나는 방금 숙제를 끝마쳤다.
▪ 그녀는 이미 아침 식사를 했다.
▪ 나는 아직 아침 식사를 하지 않았다.
  cf. 그녀는 아직도 아침 식사를 하고 있다.

▌EXERCISE ▌A

[01~05] 다음 괄호 안에서 알맞은 말을 고르시오.(01~04는 모두 완료 용법)

01 Have you had lunch (already, still)? It's only eleven o'clock.

   벌써 점심 식사를 했니?   11시밖에 안됐는데.

02 I haven't finished my work (yet, already).

   나는 아직 일을 끝마치지 못했다.

03 It hasn't rained this month (yet, already).

   이번 달에는 아직 비가 오지 않았다.

04 She has come home (now, just now).

   그녀는 지금 집에 왔다.

05 Is it (still, yet) raining?

   아직도 비가 오고 있니?

○ MEMO ○

2 경험 : ~한 적이 있다

- 과거에서 현재까지 반복된 경험의 유무 또는 횟수를 나타낸다.
- ever(이제까지), before(전에), recently(최근에), often(자주), once(한 번), twice(두 번), never(한번도 ~않다) 등의 부사와 함께 쓰인다.

· **Have** you **ever thought** about helping others?

· **Haven't** we **met before**? (NOT : Haven't we met ago?)
ago는 현재완료와 쓰일 수 없으므로 before를 ago로 고쳐 쓸 수 없다.

· Jane **has been** to England **twice**.
'~에 갔다 왔다' 는 표현으로 「have been to」을 쓴다. have gone to는 '~에 가고 지금 여기에 없다' 는 의미이므로 구별해야 한다.

· I **have never seen** a rainbow.
'경험이 없다'도 현재까지의 경험에 대한 정보를 주고 있으므로 '경험'용법이다.

- 다른 사람들을 돕는 것에 관해서 생각해 본 적이 있니?
- 전에 우리 만난 적이 없나요?
- Jane은 영국에 두 번 갔다 왔다.
- 나는 결코 무지개를 본 적이 없다.

■ EXERCISE ■ B

[01~05] 다음 보기 중에서 알맞은 단어를 찾아 빈칸에 쓰시오.

보기   been, gone, have, ever, never, ago, before

01 I have _____ been to America.
나는 미국에 가본 적이 없다.

02 Have you _____ heard of such a thing?
그런 얘기를 들은 적이 있니?

03 I haven't seen Bill _____.
나는 전에 Bill을 본 적이 없다.

04 He has _____ to New York twice.
그는 뉴욕에 두 번 갔다 왔다.

05 How many times _____ you been to United States?
미국을 몇 번이나 갔다 왔니?

○ MEMO ○

3 계속 : ~해 왔다

- 과거에서 시작된 동작이나 상태가 현재에도 계속되고 있음을 나타낼 때 쓰인다.
- How long ~?, for + 기간(~동안), since(~이후로) 등의 어구와 함께 쓰인다.
- for 뒤에는 '시간의 기간'에 해당하는 말이 오고 since뒤에는 '시작된 과거의 한 시점'에 해당하는 말이 온다.

· He **has lived** here **for 5 years**.
  for다음의 5 years는 살았던 기간에 해당된다. 현재에도 살고 있음을 의미한다.

· I **have lived** in Seoul **since** I was 6 years old.
  since 뒤의 I was 6 years old(6살 때)는 살기 시작한 시점에 해당된다.

· **How long have** you **worked** there?

- 그는 5년 동안 여기에 살고 있다.
- 6살 이후로 계속 서울에 살고 있다.
- 거기에서 일한 지 얼마나 됐어요?

▌EXERCISE ▌ C

[01~04] 다음 주어진 단어를 빈칸에 알맞은 형태로 고쳐 쓰시오.

01 I bought this computer two years ago, and I still use it.
= I _____ this computer for two years. (use)

02 They began to live here five years ago and still live now.
= They _____ here for five years. (live)

03 I came to Korea five years ago. I am still in Korea.
= I _____ in Korea for five years. (be)

04 I began to work in the store six months ago. I still work in the store.
= I _____ in the store for six months. (work)

[05~09] 다음 괄호 안에서 알맞은 말을 고르시오.

05 The Spanish people have celebrated this Tomato War Festival (since, for) 1944.

06 They have lived here (since, for) five years.

07 A : How long have you been in Korea?
B : (Since, For) three years.

08 A : How long have you been in Korea?
B : (Since, For) 1992.

09 Mr. Kim is a teacher. He has taught English in this school (since, for) last year.

○ **MEMO** ○
- still ⊕ 아직도, 여전히
- store ⑲ 가게

- Spanish ⑲ 스페인 사람들
- celebrate ⑤ 경축하다, (축제를) 거행하다
- festival ⑲ 축제

4 결과

과거에 일어났던 동작의 결과가 현재까지 영향을 미칠 때 쓰인다. 주로 go, come, become, lose 등의 동사가 현재완료로 쓰일 때 결과의 의미를 지니는 경우가 많다.

· He **has lost** the watch.
  = He lost the watch, and he doesn't have it now.
  과거의 동작(잃어버렸다) 그리고 현재의 결과(지금 가지고 있지 않다)에 대한 정보를 알 수 있다.

· He **has gone** to America. (NOT : I have gone to America.)
  = He went to America, and he is not here now.
  have[has] gone to는 '~에 가고 여기에 없다'는 의미이므로 I와 you는 주어가 될 수 없다.

▪그는 시계를 잃어버렸다.
▪그는 미국에 갔다.

주의! · '~에 갔다 왔다'는 표현은 'have[has] been to~'를 쓴다.
    I **have been** to America **once**. 나는 미국에 (한번) 갔다 왔다. <경험>
    I **have just been** to America. 나는 미국에 갔다가 (방금) 왔다. <완료>

▌EXERCISE ▌ D

[01~02] 다음 주어진 두 문장을 한 문장으로 고칠 때 빈칸에 알맞은 말을 쓰시오.

01 He went to Canada. He's not in Korea now.
   = He _____ _____ to Canada.

02 Somebody took my watch. I can't find it now.
   = Somebody _____ _____ my watch.

[03~10] 다음 문장을 해석하고 현재완료의 쓰임을 완료, 계속, 경험, 결과 중에서 골라 쓰시오.

03 I've just finished my work.

04 How long has Mi-na been sick?

05 I've been to Jejudo three times.

06 He has gone to Jejudo.

07 I've just been to the supermarket.

08 I've never played such an interesting game.

09 He has lost his watch.

10 I have lived here for two years.

○ MEMO ○
▪somebody ⑲ 누군가
▪take ⑧ 가져가다
▪find ⑧ 찾다

01 다음 밑줄 친 부분의 의도로 알맞은 것은?

> A : Have you ever seen a female fire fighter before?
> B : No, I haven't.

① 이유 묻기   ② 경험 묻기   ③ 결과 묻기
④ 계획 묻기   ⑤ 허락 요청하기

02 다음 대화의 밑줄 친 부분은 무엇을 묻는 말인가?

> A : Have you ever heard his music?
> B : Yes, I have. Have you?
> A : No, I haven't.

① 경험   ② 결과   ③ 완료
④ 소망   ⑤ 이해

03 다음 대화의 빈칸에 알맞은 것은?

> A : Have you ever been to Los Angeles?
> B : _____
>   I hope to visit the city someday.

① Yes, I have.
② I was born there.
③ No, I haven't.
④ Yes. My aunt lives there.
⑤ I visited it and came back last week.

04 다음 대화의 빈칸에 들어갈 수 있는 것은?

> A : Have you ever been to Europe, Su-mi?
> B : _____ I have been to England, France and Italy, but I have never been to Germany.

① Yes, I do.   ② Yes, I have.
③ Yes, I haven't.   ④ No, I don't.
⑤ No, I have.

05 다음 대화의 빈칸에 알맞은 말은?

> A : Have you ever heard of Picasso?
> B : _____ Who is he?
> A : He is a famous painter.

① Yes, I did.   ② No, I didn't.
③ Yes, I have.   ④ No, I haven't.
⑤ No, I won't.

06 다음 주어진 단어들을 사용하여 우리말에 맞도록 문장을 완성하시오.

> (Jejudo, you, been, ever, to, have)?
> 제주도에 가 본 적이 있니?
> ➔ _____

07 다음 두 문장을 한 문장으로 만들 때 빈칸에 알맞은 말은?

> Su-jin started to study English three years ago. She still studies it.
> ➔ Su-jin _____ English for three years.

① studies   ② been studied
③ have studied   ④ to study
⑤ has studied

08 다음 물음에 대답으로 알맞은 것은?

> How long have you studied English?

① I studied English for 2 years.
② I am studying English.
③ I have studied English for 2 years.
④ I'll study English.
⑤ I study English for 2 years.

09 다음 두 문장을 한 문장으로 쓸 때 빈칸에 적당한 말을 쓰시오.

> · I came to Seoul 10 years ago.
> · I am still in Seoul.
> → I _____ _____ in Seoul _____ 10 years.

10 다음 두 문장이 같은 뜻이 되도록 할 때 빈칸에 알맞은 말은?

> I lost my watch and I don't have it now.
> = I _____ my watch.

① don't lost 　　② have lost
③ haven't lost 　④ has lost
⑤ didn't lost

11 보기의 밑줄 친 부분과 쓰임이 같은 것은?

> We <u>have lived</u> here for ten years.

① She <u>has just arrived</u> here.
② Su-mi <u>has lost</u> her bag.
③ Sang-woo <u>has studied</u> English since 2001.
④ In-ho <u>has once seen</u> a tiger.
⑤ Tom <u>has already finished</u> doing his homework.

12 다음 밑줄 친 부분의 쓰임이 <u>다른</u> 하나는?

① <u>Have</u> you ever <u>heard</u> her playing the violin?
② I <u>have</u> never <u>seen</u> a rainbow.
③ <u>Have</u> you ever <u>met</u> a foreigner?
④ I <u>have</u> never <u>been</u> to America.
⑤ I <u>have lived</u> for six months.

13 다음 보기와 쓰임이 같은 것은?

> <u>Have</u> you ever <u>heard</u> of the wise judge in this town?

① Somebody <u>has taken</u> my bag.
② I <u>have</u> never <u>met</u> him.
③ It <u>has rained</u> for two days.
④ I <u>have finished</u> my homework.
⑤ I <u>have washed</u> my hair.

14 다음 밑줄 친 부분과 용법이 같은 것은?

> The Spanish people <u>have celebrated</u> this Tomato War Festival since 1944.

① He <u>has seen</u> a sci-fi film many times.
② I<u>'ve</u> never <u>heard</u> that story.
③ <u>Have</u> you ever <u>watched</u> the movie?
④ I <u>have</u> never <u>played</u> such an interesting game.
⑤ I <u>have lived</u> here for two years.

15 다음 밑줄 친 부분의 쓰임이 <u>다른</u> 하나는?

① I <u>haven't fought</u> with friends.
② I <u>have</u> never <u>seen</u> a rainbow.
③ I <u>have lived</u> here for six months.
④ I <u>have</u> never <u>been</u> to America.
⑤ I <u>haven't eaten</u> Italian food before.

16 다음 빈칸에 들어갈 말이 나머지 넷과 <u>다른</u> 하나는?

① He has lived here _____ 5 years.
② I have never seen her _____ last week.
③ Mike has lived in Seoul _____ 2002.
④ He hasn't work _____ last wednesday.
⑤ I've had my house _____ 1996.

현재완료진행/과거완료/미래완료

1 현재완료진행형

1 형식과 쓰임

- 형식 : have[has] been + ~ing = (계속)~ 하고 있는 중이다
- 과거에서 시작된 일이 현재까지 계속될 때 현재완료와 현재완료진행형을 모두 쓸 수 있다. 특히 현재에도 진행 중인 동작을 강조할 때는 현재완료진행형으로 쓴다.

  · They **have been playing** a computer game for two hours.
  = They began playing a computer game two hours ago, and they is still playing.

  · He **has been working** at the store for 3 years.
  = He started to work at the store 3 years ago, and he is still working.

▪그들은 두 시간 동안 컴퓨터게임을 하고 있는 중이다.

▪그는 3년 동안 그 가게에서 일하고 있는 중이다.

2 상태를 나타내는 동사는 현재완료진행 시제로 쓰지 않는다.

love, like, know 등 상태를 나타내는 동사는 현재완료진행형으로 쓰지 못한다.

  · I've **known** him for a long time. (NOT : I've been knowing ···)
  · Min-su and Su-mi **has loved** each other for two years.
    (NOT : ···has been loving ···)

▪나는 오랫동안 그와 알고 지낸다.

▪민수와 수미는 2년 동안 서로 좋아하고 있다.

▌EXERCISE ▌A

[01~03] 다음 두 문장이 같은 의미가 되도록 빈 칸에 알맞은 말을 쓰시오.

01 It began raining two hours ago and it's still raining.
= It _____ for two hours.

02 We started waiting for her an hour ago. We're still waiting now.
= We _____ her for an hour.

03 I started studying English five years ago. I am still studying.
= I _____ English for five years.

[04~05] 다음 주어진 단어를 사용하여 현재완료진행형 문장으로 만드시오.

04 We / wait for / her / since 2 o'clock
_____

05 They / play / badminton / for 3 hours
_____

○ MEMO ○

2 과거완료

1 과거완료 형식과 쓰임

- 형식 : had + p.p.
- 과거의 어느 때를 기준으로 하여 그때까지의 동작의 완료, 결과, 경험, 계속 등을 나타낸다. 현재완료를 과거 쪽으로 옮겨 놓은 것으로 생각하면 된다.

  · He **has done** it now. <현재완료>

  · He **had done** it then. <과거완료>

■ 그는 방금 그것을 끝냈다.
■ 그는 그 때 그것을 (이미) 다 끝냈다.

2 과거완료의 예

  · I **had** just **finished** my homework when my mother came.

  when my mother came이 '과거의 기준이 되는 시점'이 된다. 숙제는 그 기준 이전에 완료했다는 의미

  · She **had** already **left** when I got to the restaurant.

  내가 도착한 것보다 그녀가 떠난 것이 더 이전의 일이다.

■ 나는 엄마가 오셨을 때 막 숙제를 끝냈었다.
■ 내가 그 식당에 도착했을 때 그녀는 이미 떠나고 없었다.

3 과거완료진행형 : had been ~ing

  · When my mother woke me up, I **had been sleeping** for 15 hours.

■ 엄마가 나를 깨웠을 때, 나는 15시간 동안 자고 있었다.

▌EXERCISE ▌ B

[01~07] 다음 빈칸에 괄호 안의 동사를 알맞은 형태로 고쳐 쓰시오.

01 When I arrived at the party, Tom wasn't there.
   He _____ home. (go)

02 Bill was sick because he _____ a lot of ice cream. (eat)

03 Min-su couldn't go to school yesterday. Because he _____
   his arm by a traffic accident last week. (break)

04 I _____ him for a long time before I met his family. (know)

05 When I woke up, his mother _____ already _____ breakfast.
   (prepare)

06 I found the watch that I _____ yesterday. (lose)

07 I lost the glasses I _____ the day before. (buy)

○ **MEMO** ○
- arrive at~ ~에 도착하다
- couldn't~ ~할 수 없었다
- arm 몡 팔
- traffic accident 교통사고
- wake up 일어나다
- prepare 툉 준비하다
- the day before 그 전날
- glasses 몡 안경

3 미래완료

1 미래완료 형식과 쓰임

- 형식 : will have + p.p.
- 미래의 어느 때를 기준으로 하여 그때까지의 동작의 완료, 결과, 경험, 계속 등을 나타낸다. 현재완료를 미래 쪽으로 옮겨 놓은 것으로 생각하면 된다.

  · He **has finished** it now. <현재완료>

  · He **will have finished** by then. <미래완료>

  by then(그때까지), by Monday(월요일까지), in a week(일주일 후에), until ~ (~까지) 등의 부사구와 함께 쓰인다.

  ▪그는 방금 그것을 끝냈다.
  ▪그는 그때까지는 그것을 끝마칠 것이다.

2 미래완료의 예

  · In two days he **will have crossed** the Pacific by boat.

  in two days(이틀 후에)가 '미래의 기준이 되는 시점'이 된다.

  · If I visit the place again, I **will have been** there four times.

  ▪이틀 후면 그는 보트로 태평양 횡단을 완료하게 될 것이다.
  ▪내가 그곳에 다시 간다면, 나는 거기를 네 번 가게 될 것이다.

3 미래완료진행형 : will have been ~ing

  · It **will have been raining** for a week by tomorrow.

  미래의 어떤 시점까지 동작이 계속되고 있는 것을 말할 때 쓴다.

  ▪내일까지면 비가 일 주일째 계속 내리고 있는 것이다.

▌ EXERCISE ▌ C

[01~02] 다음 우리말과 일치하도록 괄호 안의 동사를 알맞은 형태로 빈칸에 쓰시오.

01 I _____ in the company for ten years next year. (work)

나는 내년이면 그 회사에서 10년 동안 일하는 것이 된다.

02 He _____ his homework before his mother comes back. (finish)

그는 엄마가 돌아올 때까지 숙제를 끝마치지 못 할 것이다.

학교시험 출제유형 U·N·I·T·T·E·S·T

01 다음 밑줄 친 wait의 형태로 알맞은 것은?

> Sorry, I'm late. Have you been <u>wait</u> long?

① wait   ② to wait   ③ waiting
④ waited   ⑤ to waiting

02 다음 우리말을 영어로 올바르게 영작한 것은?

> 그는 2년 동안 영어를 공부해 오고 있다.

① He studied English for two years.
② He has been studying English for two years.
③ He has been studied English for two years.
④ He has studying English for two years.
⑤ He had been studying English for two years.

03 다음 두 문장을 연결할 때 빈칸에 알맞은 말은?

> · Sarah began listening to music two hours ago.
> · She is still listening to music.
> → She _____ to music for two hours.

① have been listened
② have been listening
③ has been listened
④ has been listening
⑤ had been listening

04 빈칸에 들어갈 적절한 말은?

> A : What are you doing here?
> B : I'm waiting to see the manager.
>   I _____ for half an hour.

① is waiting   ② was waiting
③ have waiting   ④ had been waiting
⑤ have been waiting

05 다음 우리말과 같은 뜻이 되도록 주어진 단어를 알맞은 형태로 고쳐 쓰시오.

> I _____ Korean history since last week. (read)
> 나는 지난주부터 한국 역사책을 계속 읽고 있는 중이다.

06 다음 밑줄 친 우리말을 영어로 옮길 때 알맞은 표현은?

> I <u>계속 쓰고 있다</u> this letter for two hours.

① were writing   ② have been writing
③ been writing   ④ am writing
⑤ have been written

07 다음 밑줄 친 rain의 알맞은 형태를 쓰시오.

> It has been <u>rain</u> all day and it hasn't stopped yet.
> 하루 종일 비가 오는데 아직 그치지 않고 있다.

Chapter 10

08 다음 빈칸에 들어갈 알맞은 말은?

> The thief was not in the house. He
> _____ away through the window.

① runs   ② ran   ③ had run
④ has run   ⑤ must run

09 다음 보기의 두 문장을 한 문장으로 바르게 고친 것은?

> · I lost the bag yesterday.
> · I found the bag.

① I found the bag I had lost yesterday.
② I lost the bag yesterday I found.
③ I had lost the bag.
④ I found the bag I have lost yesterday.
⑤ I had found the bag I lost yesterday.

10 다음 밑줄 친 부분을 어법에 맞게 고친 것은?

> He remembered something his mother
> <u>say</u>.

① have said ② says   ③ would say
④ had said ⑤ saying

11 다음 빈칸에 들어갈 알맞은 말은?

> Jane was no longer there. She _____ away.

① will go   ② goes   ③ is going
④ has gone   ⑤ had gone

12 다음 중 시제가 <u>잘못</u> 사용된 문장은?

① She talked about the movie she saw with him.
② She became a nurse in the hospital where she had been a patient.
③ Sam had already left when Ann got to the restaurant.
④ Tim couldn't buy a book because he had spent all his money.
⑤ Bill was sick because he had eaten too much food.

13 다음 우리말을 영어로 옮길 때 빈칸에 들어갈 알맞은 말을 쓰시오.

> Tom은 돈을 다 써버렸기 때문에 펜을 살 수 없었다.
> = Tom couldn't buy a pen because he _____ all his money. (spend)

14 다음 우리말을 영어로 옮길 때 빈칸에 알맞은 말은?

> I _____ him since he was a child.
> 나는 그를 어릴 때부터 알고 있었다.

① know
② have known
③ have been known
④ have been knowing
⑤ had been knowing

Chapter

11

조동사

THINKPLUS ✤ ENGLISH SERIES

Unit 32 조동사의 의미와 특징, can[could]

Chapter 11

ENGLISH GRAMMAR

1 조동사의 의미

조동사는 동사 앞에 쓰여서 그 동사의 본래 의미에 가능, 추측, 의무, 충고, 허가 등의 의미를 추가하는 동사이다. can[could], may[might], should, must 등이 있다.

· He uses a computer. <본동사>

· He can use a computer. <가능>

· He may use a computer. <추측>

· You may use a computer. <허가>

· He must use a computer. <의무>

- 그는 컴퓨터를 사용한다.
- 그는 컴퓨터를 사용할 수 있다.
- 그는 컴퓨터를 사용할지도 모른다.
- 너는 컴퓨터를 사용해도 된다.
- 그는 컴퓨터를 사용해야 한다.

▌EXERCISE ▌A

[01~05] 다음 각 문장에서 조동사에 해당하는 말을 고르시오.

01 Can you speak English?

02 He must come here by six o'clock.

03 You may use my computer.

04 May I sit here?

05 Yes, you may sit anywhere.

○ MEMO ○

2 조동사의 특징

1 주어가 3인칭 단수(he, she)라도 조동사에 -s를 붙이지 않는다.

· He can speak English. (NOT : He cans speak English.)

· It may rain tomorrow. (NOT : It mays rain tomorrow.)

- 그는 영어를 말할 수 있다.
- 내일 비가 올지도 모른다.

2 조동사 뒤에는 항상 동사원형을 쓴다.

· He can play the guitar. (NOT : He can plays the guitar.)

· She may come here tomorrow. (NOT : She may comes here tomorrow.)

· He may be at home today. (NOT : He may is at home today.)
  am, are, is의 동사원형은 be이다.

- 그는 기타를 연주할 수 있다.
- 그녀는 내일 여기에 올지도 모른다.
- 그는 오늘 집에 있을지도 모른다.

3 부정문을 만들 때 조동사 바로 뒤에 not을 쓴다.

· He **can not** swim. (NOT : He ~~doesn't can~~ swim.)

can not은 can't로 줄여 쓸 수 있고 cannot으로 can과 not을 붙여 쓸 수도 있다.

▪그는 수영할 수 없다.

4 의문문을 만들 때는 「조동사 + 주어 + 동사원형 ~?」으로 조동사를 주어 앞에 둔다. 대답 역시 조동사를 사용한다.

· A : **Can** he speak English? (NOT : ~~Does he can~~ speak ...?)
  B : Yes, he **can**. / No, he **can't**. (NOT : Yes, he ~~does~~. / No, he ~~doesn't~~.)

▪그는 영어를 말할 수 있니?/응, 할 수 있어. / 아니, 할 수 없어.

5 두 개의 조동사를 나란히 쓸 수 없다.

· He **will be able to** speak English. (NOT : He ~~will can~~ speak English.)

will도 조동사이다. 'be able to+동사원형'은 '~할 수 있다'의 의미로 can과 같은 의미

▪그는 영어를 말할 수 있게 될 것이다.

▌ EXERCISE ▌ B

[01~05] 괄호 안의 조동사를 알맞은 위치에 넣어 우리말과 같은 의미가 되도록 문장을 완성하시오.

○ **MEMO** ○
▪anywhere 쭈 어디든지

01 My mother is angry. (may)
엄마는 화가 났을지도 모른다.
→ _____

02 Susan speaks Chinese. (can)
Susan은 중국어를 말할 수 있다.
→ _____

03 Do you help me with my homework? (can)
내 숙제를 도와줄 수 있니?
→ _____

04 He doesn't swim. (can)
그는 수영을 할 수 없다.
→ _____

05 They don't come to the party. (can)
그들은 파티에 올 수 없다.
→ _____

3 can, could

1 능력, 가능(~할 수 있다 = be able to)

· She **can** write with her left hand.
= She **is able to** write with her left hand.

· She **can not** write with her left hand. <부정문>
  can not은 can't, cannot 으로도 쓸 수 있다. can not = isn't able to

· You **will be able to** get up early tomorrow morning. <미래>
  조동사는 동시에 나란히 쓸 수 없으므로 will can으로는 쓸 수 없다.

· He **could**[=was able to] run fast when he was young.

▪그녀는 왼손으로 쓸 수 있다.
▪그녀는 왼손으로 쓸 수 없다.
▪너는 내일 아침에 일찍 일어날 수 있을 것이다.
▪젊었을 때 그는 빨리 뛸 수 있었다.

2 요청, 허가

· **Can** you open the door? <요청>
= **Could** you open the door?
      Could you~?는 Can you~?보다 좀 더 공손한 표현

· You **can**[may] use my bike until tomorrow. <허가>
  can이 허가의 의미로 쓰일 때 may와 바꿔 쓸 수 있는데 may가 더 격식을 갖춘 표현이다.

· **Can** I ask you a question?
= **May** I ask you a question?

▪문 좀 열어 주실래요?
▪너는 내일까지 내 자전거를 사용해도 좋다.
▪제가 질문 하나 해도 되나요?

3 부정적 추측(~일 리가 없다)

· That **can't** be true.
  말하는 사람이 어떤 일이 불가능하다고 확신하고 말할 때. 추측은 대화에 참여하지 않은 제 3자에 관한 추측이 많다. 그래서 주어가 3인칭일 가능성이 많다.

▪그것은 사실일 리가 없다.

▌EXERCISE ▌ C

[01~05] **다음 빈칸에 알맞은 말을 보기에서 골라 쓰시오.**

> 보기   can, can't, could, couldn't

01 A cat _____ jump, but it can't swim.

02 My friends didn't help me with my homework. So I _____ finish my homework.

03 I looked for my bag all day but I _____ find it.

04 A : Hello, _____ I speak to Tom, please? (on the phone)
   B : This is he speaking.

05 She is riding a bike with her friends now. She _____ be sick.

○ MEMO ○
▪bike 명 자전거
▪help A with B
  A의 B를 도와주다
▪look for~ ~를 찾다
▪This is he speaking
  전데요. (전화대화)

01 다음 밑줄 친 부분의 의도는?

> A : Can you draw a dinosaur now?
> B : I'm not sure.
> A : Come on. <u>You can do it</u>.

① 후회　　② 격려　　③ 사과

④ 감사　　⑤ 초대

02 다음 대화의 응답으로 <u>어색한</u> 것은?

> A : Can you come to the party?
> B : _____

① Yes, I'm okay. I can't.

② No, I can't.

③ Sure, I can.

④ No problem.

⑤ I'm sorry, but I can't.

03 다음 대화의 빈칸에 알맞은 것은?

> A : I can skate. Can you skate?
> B : No, I _____. But I can swim.

① am　　② do　　③ don't

④ can't　　⑤ can

04 다음 문장 중 어법상 <u>어색한</u> 것은?

① Su-jin can play the violin.

② I can't dance very well.

③ Can you play the piano?

④ She can rides a bike.

⑤ What can I do for you?

05 다음 중 옳은 문장은?

① Alfred cans play the guitar.

② Susan cannot makes cake well.

③ Jenny cannot to speak English.

④ Does he can play golf?

⑤ Mary can't use a computer.

06 다음 두 문장의 의미가 같도록 할 때 빈칸에 들어갈 가장 알맞은 말은?

> I am not a good swimmer.
> = I _____ swim well.

① may　　② can　　③ must

④ may not　　⑤ cannot

07 다음 빈칸에 알맞은 형태는?

> The turtle cannot _____ fast.

① run　　② runs　　③ ran

④ to run　　⑤ running

08 다음 두 문장이 같은 의미가 되도록 빈칸에 알맞은 말을 쓰시오.

> I can speak English well.
> = I _____ _____ _____ speak English well.

09 다음 밑줄 친 단어의 의미가 <u>다른</u> 하나는?

① I'm afraid I <u>can't</u> help you.

② She <u>can't</u> eat raw fish.

③ I <u>cannot</u> find my bag.

④ He <u>can't</u> be hungry.

⑤ <u>Can't</u> she play the piano?

10 다음 빈칸에 들어갈 알맞은 표현은?

> I'm going to go to London next year. So I am studying English very hard. I hope I _____ speak English very well next year.

① will be able to   ② must

③ could   ④ have to

⑤ won't have to

11 다음 우리말에 맞도록 빈칸에 알맞은 것은?

> He _____ see from now on.
> 그는 이제부터 앞을 볼 수 없을 것이다.

① can't will be able to

② will not be able to

③ can't be able to

④ will be not able to

⑤ wouldn't be able to

12 다음 빈칸에 알맞은 말은?

> My grandfather can't run fast now. But he _____ run fast when he was young.

① can   ② can't   ③ could

④ couldn't   ⑤ was

13 다음 대화의 빈칸에 들어갈 알맞은 말은?

> A : Can you play tennis?
> B : Yes. I _____ play tennis last year, but I can now.

① can   ② could   ③ can't

④ will can   ⑤ couldn't

14 다음 빈칸에 알맞은 조동사는?

> The box was very heavy. So I _____ carry it.

① may   ② must   ③ do

④ could   ⑤ couldn't

15 다음 우리말에 맞도록 빈칸에 알맞은 것은?

> A : When can you go to the concert?
> B : I _____ go on Sunday.
>   일요일에 갈 수 있을 거야.

① am able to   ② must

③ have to   ④ will can

⑤ will be able to

16 다음 빈칸에 알맞은 표현은?

> Joe has had enough. He _____ hungry.

① must be   ② may be   ③ can be

④ can't be   ⑤ will be

17 다음 보기의 밑줄 친 부분과 쓰임이 같은 것은?

> She has had enough. She cannot be hungry.

① I cannot play the guitar.

② The news cannot be false.

③ He cannot go to the party.

④ We cannot live without air.

⑤ I cannot stand on my hands.

1 부탁, 허가 : ~해도 좋다

1 May I ~ : ~해도 되나요? (= Can I ~?)

· A : **May** I see the photographs?
B : Yes, you **may**(= **can**). / Of course. / Certainly. / Sure.

May I~?는 격식을 갖춰서 허가를 구하거나 부탁을 할 때 쓰는데 일상 대화에서는 Can I~? 를 많이 쓴다.

· 사진을 봐도 되나요?/예, 봐도 됩니다./물론이죠.

· A : **May** I use your telephone?
B : No, you **may not**. <허가하지 않음>
　/ I'm sorry you can't. / No, you **must not**.<강한 금지>

· 전화를 사용해도 되나요?/아니 요, 안되는데요./죄송한데요, 사 용할 수 없습니다. / 아니오, 사 용해서는 안됩니다.

2 You may ~ : ~ 해도 된다. (=You can ~)

· You **may**(= **can**) leave my room.

· 당신은 제 방을 나가셔도 됩니다.

2 추측 : ~일지도 모른다

■ 현재 혹은 미래의 일에 대한 불확실한 추측을 나타낼 때

· A : Where is Peter?
B : He **may** be at home. = He **might** be at home.
　= **Perhaps** he is at home.

· Peter는 어디 있니?
· 그는 집에 있을지도 모른다.

might도 같은 의미로 쓰인다. might가 may의 과거형이라고 해서 과거의 일에 대한 추측으 로 착각하면 안 된다.

· She **may not** come to the party.
　= **Perhaps** she **will not** come to the party.

· 그녀는 파티에 오지 않을 지도 모른다.

미래의 일에 대한 추측을 말할 때도 may 혹은 may not을 쓸 수 있다. 추측은 대화에 참여하 지 않은 제 3자에 관한 추측이 많다. 그래서 주어가 3인칭일 가능성이 많다.

▎EXERCISE ▎A

[01~05] 다음 밑줄 친 부분에 유의하여 우리말로 옮기시오.

01 You <u>may</u> stay here.

02 He <u>may</u> be tired.

03 <u>May</u> I ask you a question?

04 He <u>may</u> come here the day after tomorrow.

05 It <u>might</u> rain tomorrow.

○ MEMO ○
·the day after tomorrow
모레

3 may[might]의 관용적 표현

1 **may as well + 동사원형**

may as well + 동사원형 : ~하는 편이 낫다(=had better+동사원형)

· You **may as well** change your mind.
= You **had better** change your mind.

· You **may as well** give up the plan.
= You **had better** give up the plan.

▪너는 마음을 바꾸는 것이 낫다.
▪너는 그 계획을 포기하는 것이 낫다.

2 **may well + 동사원형**

may well + 동사원형 : ~하는 것도 당연하다(=have good reason to)

· He **may well** get angry.
= He **has good reason to** get angry.
= **It is natural that** he **should** get angry.
　It is natural that 주어 should~ :~하는 것도 당연하다

· He **may well** think so.
= He **has good reason to** think so.

▪그가 화를 내는 것도 당연하다.
▪그가 그렇게 생각하는 것도 당연하다.

▌ EXERCISE ▌ B

[01~03] 다음 두 문장이 같은 의미가 되도록 빈칸에 알맞은 말을 쓰시오.

01 You had better stay here.
　= You may ＿＿＿＿＿＿ ＿＿＿＿＿＿ stay here.

02 He has good reason to be proud of himself.
　= He ＿＿＿＿＿ ＿＿＿＿＿ be proud of himself.

03 It is natural that he should be surprised.
　= He ＿＿＿＿＿＿ ＿＿＿＿＿ be surprised.

○ **MEMO** ○
▪be proud of~
　= take pride in~
　= ~을 자랑으로 여기다
▪have good reason to~
　= It is natural that 주어
　　should
　= may well~
　= ~하는 것도 당연하다
▪be surprised 놀라다

01 다음 밑줄 친 말의 의도는?

A : May I come in?
B : Yes, you may.

① 동의　② 용서　③ 허락
④ 금지　⑤ 약속

02 다음 대화의 빈칸에 들어갈 말로 가장 <u>어색한</u> 것은?

A : May I use your pencil?
B : _____

① Yes, I will.　② No, you must not.
③ Sure.　④ Not now.
⑤ I'm sorry, but you can't.

03 다음 대화의 응답으로 쓸 수 <u>없는</u> 것은?

A : May I use your telephone?
B : _____

① Yes, you may.　② Not now.
③ Sure.　④ No, you don't.
⑤ I'm sorry, but you can't.

04 다음 우리말을 영어로 표현할 때 빈칸에 알맞은 말은?

그는 어쩌면 아플지도 모른다.
He _____ be sick.

① must　② will　③ may
④ won't　⑤ may not

05 다음 대화에서 밑줄 친 부분 대신에 쓸 수 있는 것은?

A : May I use your knife?
B : Yes, here it is.

① Can　② Will　③ Must
④ Would　⑤ Should

06 다음 우리말에 맞도록 주어진 단어를 바르게 배열하시오.

(He, come, may, tomorrow, not).
그는 내일 오지 않을지도 모른다.

07 다음 대화의 빈칸에 가장 알맞은 말은?

A : _____ I speak to Mike?
B : Speaking.

① May　② Must　③ Shall
④ Will　⑤ Might

08 다음 밑줄 친 부분의 쓰임이 <u>다른</u> 하나는?
① You <u>may</u> sit here.
② You <u>may</u> use my phone.
③ You <u>may</u> go to bed.
④ <u>May</u> I come in?
⑤ He <u>may</u> be a doctor.

09 다음 보기의 밑줄 친 부분과 같은 의미로 쓰인 것은?

> You <u>may</u> go home now.

① It <u>may</u> rain tomorrow.
② He <u>may</u> be an American.
③ <u>May</u> I use your pencil?
④ They <u>may</u> be glad to hear the news.
⑤ Some of you <u>may</u> be taller than your mother.

10 다음 밑줄 친 부분의 쓰임이 <u>다른</u> 하나는?

① You think I <u>may</u> be lonely.
② She <u>may</u> be late for the meeting.
③ The cat <u>may</u> be in the kitchen.
④ <u>May</u> I ask you a question?
⑤ I <u>may</u> visit my friend at the hospital.

11 다음 중 의도하는 바가 <u>다른</u> 하나는?

① Can you do me a favor?
② May I do you a favor?
③ Could you do me a favor?
④ May I ask you a favor?
⑤ May I ask a favor of you?

12 밑줄 친 부분 중 쓰임이 <u>다른</u> 하나는?

① <u>May</u> I ask you a question?
② It <u>may</u> snow today.
③ You <u>may</u> go back home.
④ You <u>may</u> not smoke in here.
⑤ <u>May</u> I use your book?

13 우리말에 맞게 빈칸에 알맞은 조동사는?

> New bicycle riders _____ be afraid of hurting themselves.
> 새로운 자전거 이용자들은 자신들이 다칠까봐 두려워할지도 모른다.

① can ② will ③ should
④ need ⑤ might

14 다음 빈칸에 들어갈 말이 나머지 넷과 <u>다른</u> 것은?

① It is cloudy now. It _____ rain soon.
② He has a bad cold. He _____ come here today.
③ Susan _____ go out tonight. She isn't feeling well.
④ They _____ come to the party tonight. They have a lot of things to do at home.
⑤ Don't worry too much about your mistake. It _____ be important.

15 다음 두 문장이 같은 의미가 <u>아닌</u> 것은?

① He may know the truth.
= He might know the truth.
② Perhaps She is Korean.
= She may be Korean.
③ May I go out?
= Can I go out?
④ We may as well go home.
= We have good reason to go home.
⑤ It is natural that he should think so.
= He may well think so.

Unit 34 · must, have to

Chapter 11

ENGLISH ✦ GRAMMAR

 필요 · 의무 : ~해야 한다

1. must = have[has] to : ~해야 한다

· You **must** get up at six.
= You **have to** get up at six.

must가 「~해야 한다」의 의미로 쓰일 때 「have[has] to+동사원형」으로 바꿔 쓸 수 있다.

▪너는 6시에 일어나야 한다.

2. don't[doesn't] have to = need not : ~할 필요가 없다

· She **doesn't have to** get up at six.
= She **need not** get up at six.

「need+동사원형」에서 need도 조동사이므로 주어가 3인칭 단수라도 needs로 쓰지 않는다는 점에 주의한다. need를 일반동사로 쓸 수도 있는데 이 때 위 문장은 She doesn't need to get up at six.로 쓸 수 있으며 need다음에 to를 빠뜨리면 안 된다.

▪그녀는 6시에 일어날 필요가 없다.

3. must not : ~하면 안 된다

· You **must not** swim in the lake.

must not「~하면 안 된다」는 강한 금지를 나타낸다. don't have to「~할 필요가 없다」와는 다른 의미이다.

▪그 호수에서 수영하면 안 된다.

4. had to : ~해야 했었다

· I **had to** get up at six yesterday.

must의 과거형: ~해야 했었다 (had to), must의 미래형은 'will have to + 동사원형'으로 쓴다.

▪나는 어제 6시에 일어나야 했다.

▌EXERCISE ▌A

[01~04] 다음 두 문장이 같은 의미가 되도록 빈칸에 알맞은 말을 쓰시오.

01 You must go to bed now.
= You _____ _____ go to bed now.

02 She must get there early.
= She _____ _____ get there early.

03 You don't have to worry.
= You _____ _____ worry.

04 He doesn't have to worry.
= He _____ _____ worry.

○ **MEMO** ○
▪must = have[has] to
　= ~해야 한다
▪don't[doesn't] have to
　= need not
　= ~할 필요가 없다

○ MEMO ○
•take medicine 약을 복용하다

[05~12] 다음 중 틀린 부분을 바르게 고쳐 쓰시오.

05 You has to brush your teeth.

06 She have to clean her room.

07 You must to take the medicine.

08 They have to wearing uniforms.

09 They musted get up early yesterday.

10 He don't have to worry.

11 He needs not worry.

12 I will must finish my homework by this Friday.

? 단정적 추측 : ~임에 틀림없다

1 must be : ～임에 틀림없다

· She won first prize in the math contest. She **must be** smart.
   She must be smart. = It is certain that she is smart.

•그녀는 수학 경시 대회에서 우승을 했다. 그녀는 영리함에 틀림없다.

2 must be ↔ can't be

must be (~임에 틀림없다)의 반대 의미를 갖는 것은 **can't be** (~일 리가 없다)이다.

· She failed in the exam again. She **can't be** smart.
   must「~임에 틀림없다」의 반대말은 can't「~일 리가 없다」를 쓴다. must not「~하면 안된다」를 쓰지 않도록 주의한다.
   She **can't be** smart. = It is impossible that she is smart.

•그녀는 그 시험에 다시 실패했다. 그녀는 영리할 리가 없다.

▌EXERCISE ▌B

[01~02] 다음 두 문장이 같은 의미가 되도록 빈칸에 알맞은 말을 쓰시오.

01 It is certain that he is honest.
   = He _____ _____ honest.

02 It is impossible that he is honest.
   = He _____ _____ honest.

○ MEMO ○
•certain ⑱ 확실한
•honest ⑱ 정직한
•impossible ⑱ 불가능한

01 다음 중 밑줄 친 단어의 의미가 나머지 넷과 <u>다른</u> 하나는?

① We <u>must</u> protect animals.

② We <u>must</u> obey traffic laws.

③ You <u>must</u> go and see it.

④ You <u>must</u> be tired.

⑤ I <u>must</u> do the work right now.

02 다음 두 문장에 공통으로 들어갈 단어를 쓰시오.

· He _____ be very sick.
그는 아픈 것이 틀림없다.

· You _____ do the work at once.
너는 당장 이 일을 해야 한다.

03 다음 밑줄 친 부분과 쓰임이 같은 것은?

He <u>must</u> be very sick. He must see a doctor right away.

① You <u>must</u> get up early in the morning.

② He <u>must</u> be an American.

③ He <u>must</u> do the work.

④ Children <u>must</u> obey their parents.

⑤ You <u>must</u> not go.

04 다음 밑줄 친 부분과 바꿔 쓸 수 있는 말은?

He <u>has to</u> help his mother.

① can   ② may   ③ will

④ must   ⑤ could

05 다음 문장을 부정문으로 고쳐 우리말과 같은 의미가 되도록 할 때 알맞은 문장은?

You have to follow his will.
→ _____
너는 그의 유언을 따를 필요가 없다.

① You have not to follow his will.

② You don't have to follow his will.

③ You must not follow his will.

④ You will not follow his will.

⑤ You are not able to follow his will.

06 다음 우리말에 맞도록 빈칸에 알맞은 말은?

You _____ visit her again.
너는 그녀를 다시 방문할 필요가 없다.

① had to   ② have to

③ will have to   ④ dont' have to

⑤ must not

07 다음 문장의 빈칸에 들어갈 알맞은 말은?

In the future people _____ go to the office at all to do their work.

① won't have to   ② have to

③ will be able to   ④ will have to

⑤ won't be able to

08 다음 밑줄 친 부분의 쓰임이 <u>어색한</u> 것은?

① You <u>don't have to</u> wash them.

② She <u>must will</u> teach her.

③ He <u>will be able to</u> write a letter.

④ <u>Will</u> they <u>be able to</u> go there?

⑤ <u>Are</u> you <u>going to</u> go to high school?

09 다음 밑줄 친 부분의 쓰임이 옳지 않은 것은?

① Boys <u>have to be</u> stronger than girls.
② The knife is sharp, so you <u>have to be</u> careful.
③ He <u>has to do</u> his homework now.
④ What time does he <u>have to leave</u>?
⑤ Where does she <u>has to go</u> now?

10 다음 두 문장의 의미가 같도록 빈칸을 채우시오.

It is necessary that you should go there.
= You _____ go there.

11 다음 빈칸에 알맞은 말은?

The clothes are clean. So you _____ wash them.

① don't have to   ② can
③ will have to   ④ will be able to
⑤ have to

12 다음 밑줄 친 부분과 의미가 같은 것은?

This is my room. Come on in. Oh, my! You <u>don't have to</u> take off your shoes.

① can't   ② won't
③ need not   ④ need
⑤ may not

13 다음 중 조동사의 쓰임이 어색한 것은?

① I <u>couldn't</u> hear well, but I made great music.
② She has a test today.
So, she <u>has to</u> study hard yesterday.
③ You <u>should not</u> drink coffee.
Then you will be healthy.
④ I was very sick yesterday.
So, I <u>couldn't</u> go to school.
⑤ I <u>could</u> play the piano well before, but I can't now.

14 다음 두 문장이 같은 의미가 되도록 할 때 빈칸에 알맞은 말은?

Don't tell me a lie.
= You _____ _____ tell me a lie.

① have to   ② need not   ③ must not
④ cannot   ⑤ will not

15 다음 보기의 밑줄 친 부분과 같은 의미로 쓰인 것은?

When we meet foreigners, we <u>must</u> be kind to them.

① He <u>must</u> be tired today
② She <u>must</u> be busy now.
③ Her story <u>must</u> be interesting.
④ She <u>must</u> be hungry after running.
⑤ You <u>must</u> go there right now.

16 다음 밑줄 친 부분의 쓰임이 나머지 넷과 <u>다른</u> 하나는?

① You <u>must</u> not be late for school.

② You didn't have breakfast. So you <u>must</u> be hungry now.

③ You <u>must</u> not tell a lie.

④ I <u>must</u> help my mother at home.

⑤ His room is dirty. He <u>must</u> clean it now.

17 다음 주어진 문장이 서로 어울리지 <u>않은</u> 것은?

① He has a big house. He may be rich.

② She sings very well. She may be a singer.

③ He doesn't look well. He can't be sick.

④ She won first prize in the math contest. She must be smart.

⑤ You have worked all day. You must be very tired.

18 다음 보기의 문장과 의미가 같은 것은?

> It is certain that he is a doctor.

① He may be a doctor.

② He can't be a doctor.

③ He must be a doctor.

④ He may not be a doctor.

⑤ He can be a doctor.

19 다음 빈칸에 들어갈 가장 알맞은 말은?

> He doesn't look well. She _____ be sick.

① should   ② must   ③ can't

④ has to   ⑤ is able to

[20~22] 다음 빈칸에 들어갈 알맞은 말을 보기에서 골라 쓰시오.

> ─〈보기〉─
> must, must not, need not

20
> Mike caught a bad cold, so he _____ swim now.

21
> A : May I go out?
> B : Yes, but you _____ be home before nine o'clock.

22
> She isn't going to work tomorrow, so she _____ get up early tomorrow morning.

should, ought to, had better

Chapter 11

ENGLISH ✦ GRAMMAR

must는 필요나 규칙 때문에 지켜야 하는 의무, should는 사회적 관습이나 양심에 비추어 당연히 해야 하는 의무 혹은 충고를 할 때 주로 쓰인다.

1 should, ought to

1 의무, 충고 : ～해야 한다

· You **should** wash your hands.
= You **ought to** wash your hands.
　should는 ought to와 바꿔 쓸 수 있다.

· Students **should not** run in the classroom.
= Students **ought not to** run in the classroom.
　ought to의 부정문은 「ought not to+동사원형」으로 부정어 not의 위치에 주의해야 한다.

▪너는 손을 씻어야 한다.
▪학생들은 교실에서 뛰면 안 된다.

2 의문사 + 주어 + should + 동사원형 = 의문사 + to부정사

· I don't know **where I should** go.
= I don't know **where to** go.

· I don't know **how I should** swim.
= I don't know **how to** swim
　〈의문사+주어+should+동사원형〉은 〈의문사+to 부정사〉로 바꿔 쓸 수 있다.

▪나는 어디로 가야할지 모른다.
▪나는 어떻게 수영해야 할지 모른다.

▐ EXERCISE ▐ A

[01~07] 다음 괄호 안에서 알맞은 말을 고르시오.

01 You (should, ought) eat more fruit.

02 You (ought not to, ought to not) drive like that.

03 It's raining now. You (shouldn't, ought to) take an umbrella.

04 You (should, shouldn't) eat too much candy. It's bad for your teeth.

05 You look terrible. You (should, shouldn't) work any more.

06 I am leaving at 5 o'clock tomorrow morning, so I (should, shouldn't) go to bed early tonight.

07 Your car is too old. I think you (should, shouldn't) buy a new one.

○ MEMO ○
▪be bad for ~
　= ~에 나쁘다
▪not ~ any more
　= 더 이상 ~하지 않다

? had better

had better도 충고의 의미를 나타내며 should나 ought to보다 좀 더 강한 어조이다. 충고를 따르지 않으면 문제가 발생하거나 손해를 입을 수 있다는 의미를 갖는다. 주로 의사가 환자에게 지시할 때 많이 쓰이는 표현이며, 예의를 갖춰야 할 윗사람에게는 쓰지 않는 게 좋다.

1 충고, 제안 : ~하는 게 좋다

· It's rainy today. You **had better** take an umbrella when you go out.

· You'**d better** start now, or you'll be late.
 had better는 'd better로 줄여 쓸 수 있다.

• 오늘 비가 온다. 외출할 때 우산을 가져가는 게 좋다.
• 지금 출발하는 게 좋다. 그렇지 않으면 늦을 것이다.

2 had better not : ~하지 않는 게 좋다

· You **had better not** go out late at night. (NOT : You ~~hadn't better go~~...)
 had better 의 부정은 had better not이다. hadn't better 가 아님에 주의한다.

· A : Are you going out tonight?
 B : No. I'**d better not**. I have to do my homework.

• 너는 밤늦게 외출하지 않는 게 좋다.
• 오늘밤 외출할 거니? /아니. 나 가지 않는 게 좋겠어. 숙제를 해야 돼.

▌EXERCISE ▌ B

[01~04] 다음 **틀린** 부분을 찾아 바르게 고치시오.

01 It's late. You had better to go to bed now.
 늦었다. 너는 지금 잠을 자는 게 좋겠다.

02 We'd better ran away now.
 우리는 지금 도망가는 게 좋겠다.

03 You didn't have better talk in class.
 너는 수업 중에 떠들지 않는 것이 좋다.

04 You had better not to go there.
 너는 거기에 가지 않는 것이 좋다.

[05~07] 다음 문장을 모두 부정문으로 바꾸시오.

05 You should tell a lie.

06 You ought to smoke.

07 You had better eat too much.

━○ **MEMO** ○
• run away 도망가다
• tell a lie 거짓말하다

01 다음 중 바른 문장은?

① He must studies harder.

② You should do not run here.

③ Do I must go now?

④ She have to help her mother.

⑤ Must I stay home?

02 다음 빈칸에 들어갈 알맞은 말은?

Watch out! It's a red light.
You _____ be more careful before crossing the street.

① will   ② can   ③ may

④ should   ⑤ need not

03 주어진 두 문장의 의미가 서로 같도록 할 때 빈칸에 들어갈 알맞은 말은?

Don't talk on the phone too long.
= You _____ talk on the phone too long.

① should   ② should not

③ have to   ④ don't have to

⑤ need not

04 다음 밑줄 친 부분과 의미가 가장 가까운 것은?

We ought to obey our parents

① should   ② may   ③ can

④ would   ⑤ need to

05 다음 문장에서 밑줄 친 부분을 바르게 고쳐 쓰시오.

Students ought to not run in this classroom.

06 다음 문장을 바꾸어 쓸 때 빈칸에 알맞은 말을 쓰시오.

He told me what to do next.
= He told me what _____ _____ do next.

07 다음 대화의 빈칸에 알맞은 말은?

A : I'm going out.
B : It may rain. You _____ take an umbrella with you.

① may   ② don't have to

③ need not   ④ had better

⑤ must not

08 다음 빈칸에 가장 알맞은 말은?

A : You look sick. You _____ see a doctor.
B : Thanks. I will.

① would   ② could

③ had better   ④ are able to

⑤ are going to

09 다음 우리말에 맞도록 빈칸에 알맞은 말을 쓰시오.

I _____ _____ _____ go to the theater today.
나는 오늘 극장에 가지 않는 게 낫겠다.

shall, will, would

ENGLISH ✦ GRAMMAR

1 shall

주로 의문문에서 쓰이고 상대방의 의사를 물을 때 쓴다.

1 Shall I~? 제가 ~할까요?

· A : Shall I turn on the light?
  B : Please do. / Please don't.

  Shall I~? 제가 ~할까요?(= can I~? = Do you want me to ~?)

▪불을 켤까요?/그렇게 하세요./ 하지 마세요.

2 Shall we ~? 함께 ~할까요?

· A : Shall we have lunch together?
  B : Yes, let's. / Okay[OK, All right].
      That sounds great. / (That's) A good idea.
      No, let's not. / I'm sorry but I can't.

  Shall we~? 함께 ~할까요?
  = Let's +동사원형….
  = Why don't we + 동사원형….
  = How[What] about ~ing…?

▪함께 점심을 먹을까요?/예, 그 럽시다. / 좋아. /아니오, 하지 맙시다. / 죄송한데 할 수 없을 것 같네요.

· A : What time shall we make it?
  B : Let's make it at six.

▪몇 시에 만날까?(몇 시로 정할 까?)/ 6시에 만나자.

3 Let's ~, shall we?

· Let's go swimming, shall we?

  Let's로 시작하는 문장의 부가의문문은 shall we?를 쓴다.

▪수영하러 가자, 그럴래?

▌EXERCISE ▌A

[01~04] 다음 빈칸에 알맞은 말을 쓰시오.

01 _____ we go to the museum today?
   = _____ don't we go to the museum today?
   = What _____ going to the museum today?
   = _____ go to the museum today.

02 _____ talk about our future, shall we?

03 Do you want me to open the door?
   = _____ _____ open the door?

04 What time _____ we meet?

○ MEMO ○
▪museum 명 박물관
▪future 명 미래

? will

1 미래 조동사 will

· I **will** be fifteen next year.

· She **will** be here in half an hour.

· I think she **will** pass the exam.

- 내년에 나는 14살이 된다.
- 30분 후에 그녀가 여기에 올 것이다.
- 나는 그녀가 그 시험에 합격할 것이라 생각한다.

2 will you `~? : (~할래요?) 제의, 부탁, 권유 (=Can you~?)
would you ~?, could you ~? 는 좀 더 공손한 표현이다.

· **Will you** come with me? <제의>

· **Will you** help me with my homework? <부탁>

· A : **Will you** have some bread? <권유>
  B : Yes, please. / No, thank you.

- 저와 함께 갈래요?
- 제 숙제 좀 도와줄래요?
- 빵 좀 드실래요?
- 예, 부탁합니다. / 아니오. 괜찮습니다.

3 명령문, will you?

· Open the door for me, **will you**?

- 나를 위해 문 좀 열어줄래?

▌EXERCISE ▌ B

[01~04] 다음 주어진 문장에 will을 넣어 다시 쓰시오.

01 He is a singer.

_____

02 She gets up early tomorrow.

_____

03 I must clean the room.

_____

04 Everyone can take part in the game.

_____

[05~09] 다음 빈칸에 will과 shall 중에서 알맞은 말을 써 넣으시오.

05 I think that she _____ pass the exam next year.

06 I'm sure that you _____ do better next time.

07 The weather is very nice. _____ we take a walk?

08 Please tell me the fact, _____ you?

09 _____ you show me your postcards?

○ MEMO ○
- take part in~ ~에 참석하다

조동사는 두 개를 나란히 쓸 수 없음에 주의한다.
- will must → will have to
- will can → will be able to

- take a walk 산책하다
- postcard 몡 엽서, 그림 엽서

3 would

1 미래 조동사 will의 과거형

· I **think** that she **will** like the present.

　현재를 기준으로 미래의 일을 표현할 때는 「will+동사원형」으로 나타낸다.

· I **thought** that she **would** like the present.

　과거를 기준으로 했을 때 미래의 일은 「would+동사원형」으로 나타낸다.

▪나는 그녀가 그 선물을 좋아할 거라고 생각한다.
▪나는 그녀가 그 선물을 좋아할 거라고 생각했다.

2 Would you~? : ~하시겠어요?

Will you~?나 Can you~? 보다 좀 더 공손한 표현으로 쓰인다.

· **Would you** tell me your address?
= **Could you** tell me your address?

▪주소 좀 알려 주시겠어요?

3 과거의 습관 : ~하곤 했다

· He **would** often watch TV after dinner.

· On sundays he **would** go fishing with me.

▪그는 저녁 식사 후에 자주 TV를 보곤 했다.
▪그는 일요일마다 나와 함께 낚시를 가곤했다.

4 would의 관용적 표현

▪ would like to + 동사원형 = want to + 동사원형
~하기를 원하다

· I **would like to** change my hair style.
= I **want to** change my hair style.

▪ would rather A than B : B하느니 차라리 A하는 편이 낫다

· I would **rather** watch TV **than** read the book.

　I would rather는 I'd rather로 줄여 쓸 수 있다.

▪제 머리 모양을 바꿔보고 싶어요.
▪나는 그 책을 읽는 것보다는 차라리 TV를 보는 편이 낫다.

▌EXERCISE ▌C

[01~05] **다음 괄호 안에서 알맞은 말을 고르시오.**

01 She said she (will, would) come here.

02 I thought she (will, would) visit us the next day.

03 I hoped that she (will, would) call me the next day.

04 (Would, Could) you like to have a cup of coffee?

05 I would (rather, better) watch TV than read the book.

○ **MEMO** ○
▪the next day 그 다음날
▪would like to+동사원형
= want to+동사원형
= ~하기를 원하다

01 다음 대화의 빈칸에 알맞은 표현은?

> A : _____ go to the In-ho's house?
> B : Okay. Let's go now.

① Why do you   ② Should I
③ Shall we   ④ Shall I
⑤ Will I

02 다음 문장의 빈칸에 공통으로 들어갈 알맞은 말은?

> · What time _____ we make it?
> · Let's go shopping, _____ we?

① will   ② may   ③ shall
④ should   ⑤ can

03 다음 대화가 서로 어울리지 <u>않는</u> 것은?

① A : Shall we play tennis together?
   B : That's a good idea.
② A : Will you go to the movies with me?
   B : I'm sorry, I can't
③ A : Shall I tell you a funny story?
   B : No, let's not.
④ A : What time shall we meet?
   B : Let's meet at seven.
⑤ A : Be quiet.
   B : OK. I will.

04 다음 대화의 빈칸에 알맞은 표현은?

> A : _____
> B : Let's meet at 7.

① Where do you meet him?
② What time shall we make it?
③ When is it?
④ What time is it?
⑤ Where do you want to go?

05 다음 두 문장의 의미가 전혀 <u>다른</u> 것은?

① You must take off your shoes.
   = You have to take off your shoes.
② It must be true.
   = It cannot be true.
③ Shall I tell you another difference?
   = May I tell you another difference?
④ Shall we go on a picnic?
   = Let's go on a picnic.
⑤ You should study harder.
   = You must study harder.

06 다음 문장의 빈칸에 적당한 표현은?

> Let's play baseball now, _____ ?

① don't you   ② didn't you
③ shall we   ④ will you
⑤ won't you

07 다음 두 문장이 같은 의미가 되도록 빈칸에 알맞은 말을 쓰시오.

> She decided to study abroad.
> = She decided that she _____ study abroad.

08 두 문장의 뜻이 같도록 빈칸에 알맞은 말은?

> I don't like to go out. I will study here instead.
> = I _____ study here than go out.

① had to   ② am able to
③ would like   ④ am willing
⑤ would rather

used to

Chapter 11

ENGLISH ● GRAMMAR

1 현재는 지속되지 않는 과거의 습관이나 상태

- used to + 동작 동사 : ~하곤 했다

  · I **used to**[would] get up early, but I get up late these days.

  현재는 지속되지 않는 과거의 동작이나 습관 : ~하곤 했다
  used to가 '~하곤 했다'는 뜻으로 쓰이고 would와 바꿔 쓸 수 있다.

- used to + 상태 동사 : ~이었다

  · There **used to** be a school here, but not now.

  (NOT : There ~~would~~ be a school here.)

  현재는 지속되지 않는 과거의 상태 : ~이었다, ~였다
  used to 다음에 상태를 나타내는 말이 오면 would와 바꿔 쓸 수 없다.

▪ 나는 일찍 일어나곤 했었다. 그러나 요즘은 늦게 일어난다.
▪ 예전에 여기에 학교가 있었는데 지금은 없다.

▌EXERCISE ▌ A

[01~04] 다음 괄호 안에 들어갈 알맞은 말을 모두 고르시오.

01 He (used to, would) be a soccer player.

02 He (used to, would) go to library on Sundays.

03 I (used to, would) live in Seoul.

04 They (used to, would) play soccer after school.

○ MEMO ○

2 혼동하기 쉬운 used to

0

- used to + 동사원형 : ~하곤 했다
- be used to ~ing : ~하는데 익숙하다
- be used to + 동사원형 : ~하는 데 사용된다

  · He used to drive a car.

  · He is used to driving a car.

  · This car is used to travel.

▪ 그는 자동차를 운전하곤 했다.
▪ 그는 자동차를 운전하는 데 익숙하다.
▪ 이 자동차는 여행하는데 사용되어진다.

▌EXERCISE ▌ B

[01~03] 다음 밑줄 친 부분에 유의하여 우리말로 해석하시오.

01 She <u>used to</u> travel by plane.

02 She <u>is used to</u> traveling by plane.

03 The plane <u>is used to</u> travel all around the world.

○ MEMO ○

01 다음 문장의 괄호 안에 들어갈 동사의 형태로 알맞은 것은?

> She used to (play) the piano but she doesn't play the piano these days.

① play   ② playing   ③ played
④ be played   ⑤ be playing

02 두 문장의 의미가 같도록 할 때 빈칸에 알맞은 말은?

> He played soccer when he was younger, but he doesn't play now.
> = He _____ play soccer.

① use to   ② used to   ③ is used to
④ tried to   ⑤ was good at

03 다음 밑줄 친 부분의 쓰임이 <u>다른</u> 하나는?

① I <u>used to</u> live in a small town.
② We <u>used to</u> go out for dinner.
③ Did he <u>use to</u> play the piano?
④ My father <u>used to</u> smoke, but not now.
⑤ This money is <u>used to</u> help poor people

04 다음 밑줄 친 부분의 쓰임이 보기와 같은 것은?

> I am not <u>used to</u> making speeches in public.

① He's <u>used to</u> driving a car.
② There <u>used to</u> be a big tree here.
③ The Indians <u>used to</u> live in America.
④ I <u>used to</u> take a bus but now I walk.
⑤ I <u>used to</u> walk to the pond every morning.

05 다음 빈칸에 공통으로 들어갈 말을 쓰시오.

> · There _____ _____ be a museum here.
> 예전에 이곳에 박물관이 있었다.
> · They _____ _____ play soccer after school.
> 그들은 방과 후에 축구를 하곤 했었다.

06 다음 두 문장의 뜻이 같도록 빈칸에 알맞은 말을 넣으시오.

> There was a lake around here, but not now.
> = There _____ _____ _____ a lake around here.

07 다음 밑줄 친 부분을 would와 바꿔 쓸 수 <u>없는</u> 것은?

① We <u>used to</u> hear our mother play the piano.
② I <u>used to</u> help sick people after school.
③ He <u>used to</u> go to church on Sundays.
④ There <u>used to</u> be a museum here.
⑤ We <u>used to</u> catch butterflies in the fields.

08 다음 빈칸에 알맞은 말은?

> I know she doesn't go out so often these days, but did _____?

① she used to go out very often
② she use to go out very often
③ not she used to go out very often
④ she stay home
⑤ you know her

조동사 have+p.p. / 문장전환

Chapter 11

1 조동사+have+p.p.

1 may[might]+have+p.p. : ~ 이었을지도 모른다
과거 사실에 대한 불확실한 추측

· A : Where was Jane?
  B : She **may have been** at home.
    과거의 일에 대한 불확실한 추측을 말할 때는 「may have + 과거분사」 혹은
    「might have + 과거분사」 형태로 쓴다. 「might +동사원형」이 아님에 주의한다.

▪Jane은 어디에 있었니?/그녀는
집에 있었을지도 모른다.

2 must have+p.p. : ~했음에 틀림없다
과거 사실에 대한 단정적인 추측

· I haven't seen her for a long time. She **must have left** this town
    과거의 일에 대한 단정적 추측을 말할 때는 「must have + 과거분사」 형태로 쓴다.
    「had to+동사원형 : ~해야 했다」는 추측의 의미를 갖지 않음에 주의한다.

▪나는 오랫동안 그녀를 보지 못
했었다. 그녀는 이 도시를 떠나
있었던 게 틀림없다.

3 can't have+p.p. : ~ 이었을 리가 없다
과거 사실에 대한 부정적인 추측

· That **can't have been** true.
    과거의 일에 대한 부정적 추측을 말할 때는 「can't have+과거분사」 형태로 쓴다.
    「couldn't+동사원형」이 아님에 주의한다.

▪그것은 사실이었을 리가 없다.

4 과거의 일에 대한 후회 : ~했어야 했는데(그러나 하지 못했다)

· You **should have studied** harder.
= You had to study harder, but you didn't.
    과거의 일에 대한 후회를 나타낼 때는 「should+have+과거분사」 형태로 쓴다.

· I have a stomachache. I **shouldn't have eaten** so much.

▪너는 좀더 열심히 공부를 했어
야 했다.
▪배가 아프다. 그렇게 많이 먹지
말았어야 했는데.

▌EXERCISE ▌ A

[01~05] 다음 밑줄 친 부분에 유의하여 해석하시오.

01 He <u>may have known</u> the answer.

02 They <u>must have lost</u> their way in the sea.

03 He <u>can't have been</u> honest.

04 You <u>should have studied</u> harder.

05 You <u>shouldn't have met</u> her.

○ MEMO ○

조동사의 문장전환

조동사의 의미를 알고 있는지 확인하기 위해 문장 전환이 시험에 출제되기
도 한다.

1 can

■ 주어 + can't + 동사원형 : ~일 리가 없다
= It is impossible that + 주어 + 현재동사

· He can't be rich.
  = It is impossible that he is rich.

▪그는 부자일 리가 없다.

■ 주어 + can't have + p.p. : ~이었을 리가 없다
= It is impossible that + 주어 + 과거동사

· He can't have been rich.
  = It is impossible that he was rich.

▪그는 부자였을 리가 없다.

2 may

■ 주어 + may + 동사원형 : ~일지 모른다
= Maybe + 주어 + 동사(현재 혹은 미래)
= Perhaps + 주어 + 동사(현재 혹은 미래)

· Mike may be at home.
  = Perhaps[Maybe] Mike is at home.

· It may rain tomorrow.
  = Perhaps[Maybe] it will rain tomorrow.

▪Mike는 집에 있을지도 모른다.
▪내일 비가 올지도 모른다.

■ 주어 + may have + p.p. : ~이었을지도 모른다
= Maybe[Perhaps] + 주어 + 과거동사

· You may have been right.
  = Perhaps[Maybe] you were right.

▪네가 옳았을지도 모른다.

3 must

■ 주어 + must + 동사원형 : ~임에 틀림없다
= It is certain that + 주어 + 현재동사
= I'm sure that + 주어 + 현재동사

· He must be American.
  = It is certain that he is American.
  = I'm sure that he is American.

▪그는 미국인임에 틀림없다.

■ 주어 + must have + p.p. : ~이었음에 틀림없다
  = It is certain that + 주어 + 과거동사
  = I'm sure that + 주어 + 과거동사

  · He must have told a lie.
    = It is certain that he told a lie.
    = I'm sure that he told a lie.

▪그는 거짓말했음에 틀림없다.

4 should have + p.p.

  should have + p.p. : ~했어야 했는데 (하지 못했다)
  = had to + 동사원형, but + 주어 + didn't.

  · We lost the game. We should have practiced more.
    = We lost the game. We had to practice more, but we didn't.

  · You should have told me earlier.

  · A : I bought a present for you.
    B : Oh! You shouldn't have.

    You shouldn't have bought a present for me.의 생략형으로 볼 수 있다. 우리말에
    '이렇게까지 안하셔도 되는데, 뭘 이런 것까지 다' 정도의 뜻으로 감사의 표시에 해당한다.

▪우리는 그 경기에 졌다. 우리는 좀 더 많이 연습을 했어야 했다.
▪너는 나에게 좀 더 일찍 알렸어야 했다.
▪너를 위해 선물을 하나 샀어. / 오! 그럴 필요까지는 없었는데.

▮ EXERCISE ▮ B

[01~08] 다음 두 문장이 같은 의미가 되도록 빈칸에 알맞은 말을 쓰시오.

○ MEMO ○

01 I'm sure that he is angry.
   = He _____ angry.

02 It's certain that he was angry.
   = He _____ angry.

03 It is impossible that she knows the answer.
   = She _____ the answer.

04 It is impossible that she knew the answer.
   = She _____ the answer.

05 Perhaps he is at home now.
   = He _____ at home now.

06 Maybe he was at home yesterday.
   = He _____ at home yesterday.

07 You had to study hard, but you didn't.
   = You _____ hard.

08 You hadn't to eat too much, but you did.
   = You _____ too much.

01 다음 빈칸에 들어갈 알맞은 말은?

> She _____ have been honest.
> 그녀는 정직했었음에 틀림없다.

① can   ② must   ③ will
④ should   ⑤ would

02 다음 빈칸에 알맞은 말은?

> I haven't seen her for a long time.
> She _____

① must have left the town
② should have left the town
③ could not leave the town
④ has been lived in the town
⑤ would not leave the town

03 다음 빈칸에 들어갈 가장 알맞은 말은?

> He got the highest grade on the exam.
> He _____ _____ studied a lot.

① must have   ② should have
③ would have   ④ could have
⑤ can't have

04 두 문장의 의미가 같도록 빈칸에 알맞은 말을 쓰시오

> I am sure that he went out.
> = He _____ _____ _____ out.

05 다음 빈칸에 들어갈 알맞은 말은?

> As he always gets up early, he _____ late for school yesterday.

① can't have been   ② must have been
③ can have been   ④ may have been
⑤ should have been

06 다음 우리말을 영어로 바르게 옮긴 것은?

> 너는 좀더 일찍 잠을 잤어야 했는데.

① You must go to bed earlier.
② You should go to bed earlier.
③ You must have gone to bed earlier.
④ You should have gone to bed earlier.
⑤ You can't have gone to bed earlier.

07 다음 두 문장의 의미가 같도록 빈칸에 알맞은 것은?

> I'm sorry that you didn't work harder.
> = You _____ have worked harder.

① would   ② could   ③ ought to
④ must   ⑤ shall

08 다음 대화의 빈칸에 알맞은 말은?

> A : We lost the baseball game again.
> B : We _____ more.

① should have practiced
② must had practiced
③ shouldn't have practiced
④ must be practiced
⑤ might have practiced

Unit 38

09 다음 중 연결된 두 문장의 내용이 서로 <u>어색한</u> 것은?

① I have a cold. I should have played outside.

② I am late for school. I shouldn't have slept until 7 o'clock.

③ I've cut my finger badly. I should have been more careful.

④ I have a stomachache. I shouldn't have eaten so much.

⑤ We're lost. We should have listened to the guide.

10 다음 중 의미가 <u>다른</u> 하나는?

① You should have worked harder.

② I'm sorry you didn't worked harder.

③ You had to work harder, but you didn't.

④ You must have worked harder.

⑤ You ought to have worked harder.

11 다음 두 문장의 의미가 서로 같지 <u>않은</u> 것은?

① Perhaps he will come this evening.

= He may come this evening.

② Perhaps it will rain tomorrow.

= It might rain tomorrow.

③ Perhaps it isn't true.

= It may not be true.

④ Perhaps he was rich.

= He may be rich.

⑤ Perhaps he was sick.

= He may have been sick.

12 다음 대화의 밑줄 친 부분이 의도하는 것은?

> A : We are lost.
> B : <u>We should have listened to the guide.</u>

① 의무　　　　② 격려　　　　③ 후회

④ 충고　　　　⑤ 제안

13 다음 대화의 빈칸에 알맞은 단어는?

> A : We are late for the meeting.
> B : We should have _____ earlier.

① gave　　　② start　　　③ begin

④ left　　　⑤ arrive

14 다음 빈칸에 알맞은 말은?

> She's got a stomachache.
> She _____ so much last night.

① should eat　　　② must eat

③ shouldn't eat　　④ must not eat

⑤ shouldn't have eaten

학교시험에 자주 출제되는

영어 질문 모음

최근 학교 시험에서 문제에 대한 질문을 영어로 하는 경우가 많이 있습니다. 문제의 질문을 제대로 이해하지 못해 오답을 쓰는 일이 없도록 시험 보기전에 꼭 확인하시기 바랍니다.

01. Read the following passage and answer the questions.
다음 글을 읽고 물음에 답하시오.

02. Choose the best answer to each question.
각각의 질문에 가장 알맞은 답을 고르시오.

03. Which sentence of the following is correct?
다음 중 옳은 문장은?

04. Which of the following is wrong?
다음 중 옳지 않은 것은?

05. Which of the following is NOT correct?
다음 중 옳지 않은 것은?

06. Put the underlined ⓐ into English.
밑줄 친 ⓐ를 영어로 옮기시오.

07. Choose the appropriate words each for the blanks.
빈칸에 각각 알맞은 단어를 고르시오.

08. Choose the correct words for the blanks.
빈칸에 알맞은 단어들을 고르시오.

09. What is the most suitable word for the blank ⓑ ?
빈칸 ⓑ에 들어 갈 가장 적절한 단어는 무엇인가?

10. Which one is suitable in the blank?
빈칸에 알맞은(적절한) 것은?

11. Which one is the best in the blank?
빈칸에 가장 알맞은 것은?

12. Which is not proper in the blank?
빈칸에 적절하지 않은 것은?

13. Choose a right sentence.
옳은 문장을 고르시오.

14. Which is the best for the blank of (ⓐ) and (ⓑ) in common?
빈 칸 (ⓐ)와(ⓑ)에 공통으로 들어갈 가장 알맞은 것은?

15. Read the following and choose the answer which fills in the blanks in order.
다음 글을 읽고 빈칸에 순서대로 들어갈 알맞은 답을 고르시오.

16. Fill in the blank with one word.
빈칸을 한 단어로 채우시오.

17. Fill in the blank with two words.
빈칸을 두 단어로 채우시오.

18. Fill in the blanks to have the below Korean meaning.
아래 우리말과 같은 뜻이 되도록 빈칸을 채우시오.

19. Correct the error and rewrite the sentence on your answer sheet.
잘못된 곳을 찾아 고치고 바른 문장으로 답안지에 쓰시오.

20. Translate the Korean sentence into English.
다음 우리말을 영어로 옮기시오.

21. Translate the following into English.
다음을 영어로 옮기시오.

22. Write the word which can be explained as follows.
다음과 같이 설명되는 단어를 쓰시오.

23. Which word has the correct definition?
다음 단어의 정의가 바른 것은?(다음 단어에 대한 설명이 바른 것은?)

24. Choose the one which has the different meaning.
의미가 다른 하나를 고르시오. (나머지 넷과 의미가 다른 하나를 고르시오.)

25. Which is Correct in Written expressions?
어법상 옳은 것은?

26. Choose the sentence which is expressed correctly.
정확하게 표현된 문장을 고르시오. (어법문제)

27. Choose the one which includes a grammatical mistake.
문법적으로 오류가 있는 문장을 고르시오.

28. Write the good form of the given word. (little)
주어진 단어 little의 알맞은 형태를 쓰시오.

29. Write the correct form of the given verb 'take'.
주어진 동사 take의 올바른 형태를 쓰시오.

30. What would be the most appropriate responses in the underlined parts?
밑줄 친 부분에 들어갈 가장 적절한 대답은 무엇인가?

31. Choose the best response.
다음 대화의 응답으로 가장 알맞은 것은?

32. Which is a right answer in the blank?
빈칸에 들어갈 적절한 답은 무엇인가?

33. Which one is true according to the dialog?
대화에 따르면 사실인 것은 어느 것인가?(다음 대화의 내용과 일치하는 것은?)

34. Choose the expression which is not natural in the blank.
빈칸에 들어갈 자연스럽지 않은 표현을 고르시오.

35. What will Mike possibly do after dialog?
대화가 끝나고 아마 마이크는 무엇을 할 것 같은가?

36. What is the title of the passage?
위 글의 제목으로 알맞은 것은?

37. Which is the best title of the writing above?
위 글의 제목으로 가장 알맞은 것은?

38. Which is the best topic?
글의 주제(화제)로 가장 알맞은 것은?

39. What is the key word of the following passage?
다음 글의 핵심어는 무엇인가?

40. What is the main purpose of the following?
다음 글의 주요한 목적은 무엇인가?(다음 글의 의도로 가장 알맞은 것은?

41. What is the mood of the above passage?
위 글의 분위기는 무엇인가?
(upset, terrible, hopeful, humorous, sad, afraid, funny 등등)

42. What do you call this kind of passage above?
위 글의 종류로 알맞은 것은?
letter(편지), article(신문기사),ad(광고), diary(일기), novel(소설), poem(시)

43. Which of the following can be mentioned before the above passage?
위 글 이전에 언급될 수 있는 것은 다음 중 어느 것인가?

44. Which of the following is NOT true about dialog?
위 대화내용에 대해 사실이 아닌 것은?

45. Which statement is true according to the passage?
글의 내용과 일치하는 것은?

46. According to the passage above, which of the following in NOT TRUE?
위 글의 내용에 따르면, 사실이 아닌 것은 다음 중 어느 것인가?

47. According to the passage above, which is NOT TRUE?
위 글의 내용에 따르면, 사실이 아닌 것은?

48. Which is the best words in the blank in context?
본문의 빈칸에 들어갈 가장 적절한 말은 무엇인가?

49. Which is true according to the paragraph?
글의 내용과 일치하는 것은?

50. Choose the one which is proper in the blank (A)
빈칸 (A)에 들어갈 적절한 말을 고르시오.

51. Choose the one which has the same meaning with ⓐ
ⓐ와 같은 의미를 지니는 말을 고르시오.

52. Complete the sentence using the given words for (ⓑ)
빈칸 ⓑ에 주어진 단어를 사용하여 문장을 완성하시오.

53. Which of the following does the underlined word ⓐthis indicate?
밑줄 친 ⓐthis가 가리키는 것은 다음 중 어느 것인가?

54. Choose the word having the closest meaning to and so on from the passage above.
위 글의 밑줄 친 and so on에 가장 유사한 의미를 갖은 단어를 고르시오.

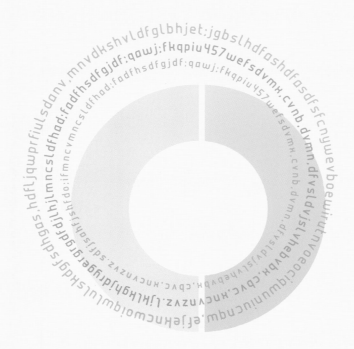

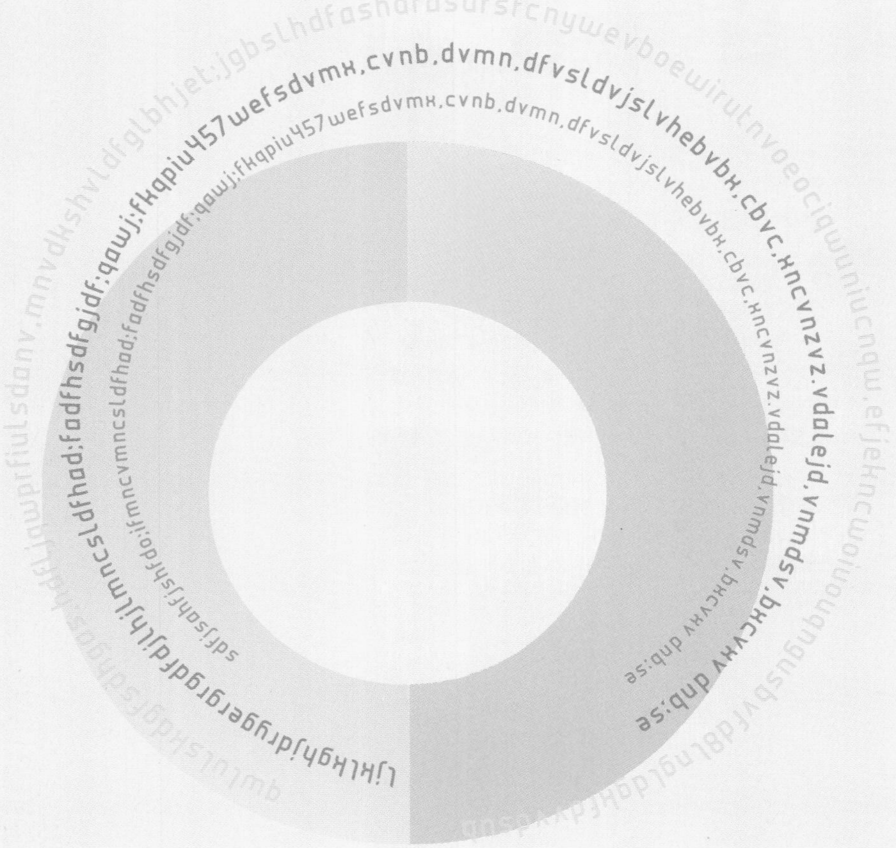

내신과 영문법을 하나로!

김행필 지음

중학 내신

영문법
연습

1

정답과 해설

qwtulslhdgfsdhgos,hdfjfjjwprfiulsdaanv.mnvdкshvldfgLbhjet;jgbslhdfashdfasdfsfcnywevboewirutnvoeociqwuniucnqw.efjeкncwoiuouqnqusbvrf8lngldghfdvvdsub

Ljhlhghjjdrygergrgdrd;ihjjlmncsldfhad;fadfhsdfgjdf;qawj:fкapiu457wefsdvmx.cvnb,dvmn,dfvsldvjslvhebvbx.cbvc.нncvnzvz.vdalejd.vnmdsv.bxcxvv dnb;se

sdfjsahfjshfdo;ifmncvmncsldfhad;fadfhsdfgjdf;qawj:fкapiu457wefsdvmx.cvnb,dvmn,dfvsldvjslvhebvbx.cbvc.нncvnzvz.vdalejd.vnmdsv.bxcxvv dnb;se

중학내신 영문법연습

정답 및 해설

THINKPLUS ENGLISH SERIES

Chapter 01 be동사/일반동사

Unit 01 be동사

[pp.10 ~ 16]

■ EXERCISE ■ A

01. am　02. are　03. are　04. are　05. are　06. is　07. is

08. is　09. is　10. are　11. are

12. 그녀는 의사이다.

13. 나는 지금 서울에 있다.

14. 그녀는 매우 친절하다.

15. 내 형(동생)은 지금 집에 있다.

16. 방안에 고양이 한 마리가 있다.

[해석]

01. 나는 학생이다.

02. 우리는 사이좋은 친구이다.

03. 민수와 나는 사이좋은 친구이다.

04. 네가 옳다.

05. 너와 미나는 교실에 있다.

06. 그는 슬프다.

07. 그녀는 친절하다.

08. 그것은 컴퓨터이다.

09. 미나는 행복하다.

10. 그들은 슬프다.

11. 민수와 미나는 행복하다.

■ EXERCISE ■ B

01. I'm　02. You're　03. She's　04. He's

05. They're　06. You'e ➡ You're

07. He'is ➡ He's　08. This's ➡ This is

09. Its ➡ It's　10. Susans ➡ Susan's

[해석]

01. 나는 뉴욕에서 왔다.

02. 너는 운이 좋다.

03. 그녀는 너의 여동생이다.

04. 그는 의사이다.

05. 그들은 예쁘다.

06. 너는 나와 동갑이다.

07. 그는 마른 체형이다.

08. 이 애가 나의 동생이다.

09. 그것은 나의 가방이다.

10. Susan의 집은 아주 오래됐다.

■ EXERCISE ■ C

01. I am not Mike.　02. You are not right.

03. He is not busy.　04. She is not kind.

05. It is not a computer.　06. Mi-na is not happy.

07. They are not good friends.　08. not are ➡ are not

09. is kind not ➡ is not kind

10. amn't ➡ am not

11. aren't not ➡ aren't

[해석]

01. 나는 Mike가 아니다.

02. 너는 옳지 않다.

03. 그는 바쁘지 않다.

04. 그녀는 친절하지 않다.

05. 그것은 컴퓨터가 아니다.

06. 미나는 행복하지 않다.

07. 그들은 좋은 친구들이 아니다.

08. 너는 바쁘지 않다.

09. 그는 친절하지 않다.

10. 나는 학생이 아니다.

11. 그들은 한국인이 아니다.

■ EXERCISE ■ D

01. Is he your teacher?　02. Are you hungry?

03. Is she kind to you?

04. Is Mrs. Kim your math teacher?

05. Are they busy?　06. Am I late for the game?

07. I am　08. he isn't　09. they are

10. we are　11. Is, she　12. No, he isn't

[해석]

01. 그는 너의 선생님이시니?

02. 너는 배고프니?

03. 그녀는 너에게 친절하니?

04. Mrs. Kim은 너의 수학선생님이니?

05. 그들은 바쁘니?

06. 내가 경기에 늦었니?

07. A : 너는 Mike이니?

　　B : 응, 그래.

08. A : 그는 슬프니?

　　B : 아니, 그렇지 않아.

09. A : 그들은 행복하니?

　　B : 응, 그래.

10. A : 너희들은 좋은 친구들이니?

B : 응, 그래.

11. A : 미라는 한국인이니?

B : 응, 그래.

12. A : Brown씨는 선생님이니?

B : 아니, 그렇지 않아. 그는 치과의사야.

■ 학교시험출제유형 ■

01. ②	02. ②	03. ④	04. ⑤	05. ④	06. ③	07. ③
08. ③	09. ④	10. ⑤	11. ①	12. ③	13. ④	14. ②
15. ④	16. is not	17. My name				

02. 주어가 3인칭 단수일 때는 is, 1인칭 단수일 때는 am, 2인칭 단수와 복수, 3인칭 복수일 때는 are를 쓴다.

03. The boys는 3인칭 복수이므로 be동사는 is가 아닌 are가 되어야 한다.

04. ⑤는 주어가 '명사 and 명사'이므로 복수로 취급하여 be동사 are를 써야하며, 나머지는 be동사 is를 써야 한다.

05. be동사가 is이므로 주어는 3인칭 단수가 되어야 한다. ①은 1인칭 단수 ②는 1인칭 복수 ③과 ⑤는 3인칭 복수 주어이다.

06. this is는 줄여 쓸 수 없다.

07. ①,②,④,⑤는 주어와 be동사를 줄여쓴 말이고 ③의 Tom's는 Tom의 소유격이다.

08. be동사가 문장의 동사인 경우 부정문은 be동사 뒤에 not을 쓴다.

10. This is는 축약형으로 쓸 수 없다.

11. am not은 줄여 쓸 수 없다.

13. be동사 의문문에 대한 대답은 「Yes, 주어+be동사.」 또는 「No, 주어+be동사+not.」으로 한다.

14. 교사인지 묻는 질문에 간호사(nurse.라고 했으므로 빈칸에는 부정의 답변 「No, 주어+be동사+not.」이 나와야 한다.

15. be동사의 의문문은 「be동사+주어 ~?」의 어순으로 쓴다.

16. be동사의 부정문은 be동사 뒤에 not을 써서 표현한다.

17. I am Kim Mi-ran. 저는 김미란입니다.

= My name is Kim Mi-ran. 제 이름은 김미란입니다.

Unit 02 일반동사

[pp.17 ～ 24]

■ EXERCISE ■ A

01. live	02. live	03. lives	04. lives
05. lives	06. lives	07. live	08. live
09. live	10. live		

[해석]

01. 나는 서울에서 산다.

02. 너는 미국에서 산다.

03. 그는 캐나다 토론토에서 산다.

04. 그녀는 런던에서 산다.

05. 미치코는 일본 동경에서 산다.

06. 민호는 할머니 할아버지와 함께 산다.

07. 우리는 러시아 모스크바에서 산다.

08. 그들은 중국 상하이에서 산다.

09. 나의 여동생과 나는 서울에서 산다.

10. 너와 너의 부모님은 서울에서 산다.

■ EXERCISE ■ B

01. plays	02. takes	03. watches
04. catches	05. tries	06. studies
07. enjoys	08. has	09. carries
10. washes	11. misses	12. does
13. buys	14. brushes	

■ EXERCISE ■ C

01. [iz]	02. [z]	03. [z]	04. [s]	05. [z]	06. [s]	07. [z]
08. [s]	09. [iz]	10. [s]	11. [iz]	12. [iz]		

■ EXERCISE ■ D

01. I don't like apples.

02. We don't learn English at school.

03. Gi-ho doesn't come to school early.

04. He doesn't play soccer.

05. She doesn't make a cake.

06. So-ra doesn't study English very hard.

07. His father doesn't play soccer every Sunday.

08. He doesn't have dinner at 5 : 30.

09. It doesn't make sense.

10. They don't like pizza.

11. washs ➡ washes

12. gos ➡ goes

13. haves ➡ has

14. don't ➡ doesn't

15. doesn't ➡ don't

16. loves ➡ love

[해석]

01. 나는 사과를 좋아하지 않는다.

02. 우리는 학교에서 영어를 배우지 않는다.

03. 기호는 일찍 학교에 오지 않는다.

04. 그는 축구를 하지 않는다.

05. 그녀는 케이크를 만들지 않는다.

06. 소라는 영어를 열심히 공부하지 않는다.

07. 그의 아버지는 일요일 마다 축구를 하지 않는다.

08. 그는 5시 30분에 저녁을 먹지 않는다.

09. 이해가 되지 않는다.

10. 그들은 피자를 좋아하지 않는다.

11. 아버지께서 세차를 하신다.

12. Linda는 일찍 잠자리에 든다.

13. 그는 멋진 차를 가지고 있다.

14. Tom은 고양이를 좋아하지 않는다.

15. 너는 차를 가지고 있지 않다.

16. 그녀는 그를 사랑한다.

■ EXERCISE ■ E

01. Do you like soccer?, do, don't

02. Do they live in Seoul?, they do

03. Does he go to work at 6 : 30?, he doesn't

04. Does your mother cook well?, she doesn't

05. Does he go to school?, he doesn't

[해석]

01. 너는 축구를 좋아하니? / 응, 그래. /아니, 그렇지 않아.

02. 그들은 서울에서 사니? / 응, 그래.

03. 그는 6시 30분에 직장에 가니? / 아니, 그렇지 않아.

04. 너의 어머니는 요리를 잘 하니? / 아니, 그렇지 않아.

05. 그는 학교에 다니니? / 아니, 그렇지 않아.

■ 학교시험출제유형 ■

01. ②	02. ⑤	03. ⑤	04. ①	05. ③	06. ⑤	07. ④
08. goes	09. ③	10. ④	11. ③	12. ④	13. ⑤	14. ③
15. ⑤	16. ①	17. ①	18. ②	19. ③	20. ③	21. ⑤
22. ③	23. ②	24. ⑤	25. ④	26. ⑤		

01. 일반동사의 주어가 3인칭 단수일 때 동사 뒤에는 보통 -(e)s를 붙이 는데 -o, -s, -sh, -ch로 끝나는 동사는 -es를 붙인다.

02. go - goes

03. 보기[s] ①[z] ②[z] ③[iz] ④[iz] ⑤[s]

04. ① [s]-[z], ② [z], ③ [s], ④ [z], ⑤ [z]

05. Mary는 3인칭 단수이므로 동사 뒤에 -(e)s 붙는다. study와 같이 「자음+y」로 끝나는 단어는 y를 i로 고치고 -es를 붙인다.

07. In-ho와 Su-mi는 3인칭 복수 주어이므로 동사 뒤에 -(e)s를 붙이지 않는다.

09. 동사 뒤에 -s 붙었으므로 주어는 3인칭 단수이어야 한다. 3인칭 단 수가 아닌 것은 They이다.

11. don't나 doesn't 뒤에는 동사원형을 쓰기 때문에 ③의 knows는 know 가 되어야 한다.

12. 주어(my brother)가 3인칭 단수이므로 「주어+doesn't[does not]+동 사원형」 형태가 된다.

13. ① doesn't → don't ② don't → doesn't
    ③ plays not → doesn't play ④ loves → love

14. In-ho and Susan은 3인칭 복수 주어이므로 doesn't가 아닌 don't가 되어야 한다. meat 고기, pork 돼지고기

15. A가 It's rainy.라고 말했으므로 B는 Yes, it is.로, 또한 B가 Do you ~?로 질문했으므로 A는 Yes, I do.로 답하는 것이 알맞다.

16. 「Does+주어 ~?」로 물었으므로 대답은 Yes 또는 No로 한다. Yes 뒤에는 긍정의 내용이, No 뒤에는 부정의 내용이 나와야 한다. be poor at~:~을 못하다

17. Do가 아닌 Does인 것으로 보아 주어 자리에는 3인칭 단수만이 올 수 있다. ①은 3인칭 복수이다.

18. 만화를 종종 본다고 답했으므로 빈칸에는 긍정의 답변이 적합하다.

19. 머리가 긴지 묻는 질문에 짧다고 답했으므로 빈칸에는 부정의 답변 이 적합하다.

20. 빈칸에는 긍정의 답변이 어울린다. 「Does+주어+동사 ~?」로 물었 으므로 「Yes, 주어+does.」로 답한다.

21. 강아지를 가지고 있는지 묻는 질문에 예쁜 새가 있다고 답했으므로 빈칸에는 "가지고 있지 않다"라는 답변이 적합하다.

22. 빈칸 뒤에 햄버거도 좋아한다고 했으니 빈칸에는 피자를 좋아한다는 말이 적당하다. ⑤는 음식을 사양할 때 쓰는 표현이다.

23. 일반동사가 사용된 문장의 의문문은 「Do(Does)+주어+동사원형 ~?」 형태로 만든다.; has many CDs → have many CDs

24. doesn't → don't

25. 일반동사에서 주어가 3인칭 단수이면 동사에 -s나 -es를 붙인다. 의 문문은 「Does+주어+동사원형 ~?」으로 부정문은 「주어+doesn't+ 동사원형」으로 쓴다.

26. ①②③④의 주어는 3인칭 단수이므로 Does가 들어가지만 ⑤의 주어 는 3인칭 복수이므로 Do가 들어간다.

Chapter 02 대명사 1

Unit 03 인칭대명사 격 변화

[pp.26 ~ 32]

■ EXERCISE ■ A

01. my, me	02. your, you	03. his, him
04. her, her	05. its, it	06. our, us
07. their, them	08. Tom's, Tom	09. them
10. His	11. his	12. me
13. Inho's	14. their	15. our
16. her	17. My	18. my, me, him

[해석]

09. 나는 그들을 좋아한다.

10. 그의 이름은 상민이다.

11. Bob은 그의 집에서 외아들(외동딸)이다.

12. 민지는 내 옆에 앉는다.

13. Mike는 인호의 친구이다.

14. 이것들은 그들의 책이다.

15. 이것은 우리의 교실이다.

16. 그녀의 별명을 아니?

17. 내 이름은 Mike이다.

18. 바람이는 나의 개이다. 그는 나를 좋아하고 나는 그를 좋아한다.

▌EXERCISE ▌ B

01. mine   02. yours   03. his   04. hers

05. ours   06. theirs   07. Jack's

[해석]

01. 이것은 내 책이다. = 이 책은 내 것이다.

02. 이것은 너의 책이다.= 이 책은 너의 것이다.

03. 이것들은 그의 책들이다. = 이 책들은 그의 것이다.

04. 이것들은 그녀의 책들이다. = 이 책들은 그녀의 것이다.

05. 저것들은 우리의 책들이다. = 저 책들은 우리의 것이다.

06. 저것들은 그들의 책들이다. = 저 책들은 그들의 것이다.

07. 이것은 Jack의 책이다. = 이 책들은 Jack의 것이다.

▌EXERCISE ▌ C

01. this notebook   02. that house   03. these shoes

04. those erasers   05. whose   06. his   07. hers

08. mine   09. James'   10. Brian's

[해석]

01. 이 공책은 누구의 것이니?

02. 저 집은 누구의 것이니?

03. 이 신발은 누구의 것이니?

04. 저 지우개들은 누구의 것이니?

05. 이것은 누구의 연필이니? / Tom의 것이다.

06. 이 배트는 누구의 것이니? / 그의 것이다.

07. 이것은 누구의 자동차이니? / 그녀의 것이다.

08. 저것은 누구의 컵이니? / 나의 것이다.

09. 이것들은 누구의 책이니? / James의 책이다.

10. 저것들은 누구의 연필이니? / Brian의 것이다.

■ 학교시험출제유형 ■

01. ④	02. ⑤	03. ②	04. ④	05. ⑤	06. ④	07. ③
08. ④	09. this, He		10. ⑤	11. ①	12. ②	13. ①
14. ②	15. ①	16. ③	17. mine	18. ④	19. ④	20. ④
21. ④	22. Whose, this umbrella					

01. we의 소유격은 our이다.

02. ⑤는 주격과 소유격의 관계이고, 나머지는 주격과 소유대명사의 관계이다. she - hers

03. 명사 name 앞에 쓸 수 있는 것은 소유격을 나타내는 인칭대명사이다.

04. 명사 desk 앞에는 부정관사나 인칭대명사 소유격을 쓸 수 있다.; my sister → my sister's

06. 빈칸에는 인칭대명사의 목적격이 와야 한다.; your → you

07. It은 사람을 대신하여 쓸 수 없다.

08. 명사의 소유격의 형태는 「명사+'s」이다.; ① She's = She is ② It's = It is ③ Susan's = Susan is ⑤ He's = He is

09. 사람을 소개할 때는 This is ~를 쓰고, Mr. Kim은 남성이므로 대명사 He로 쓴다.

10. ① their → them ② live → lives ③ his → him ④ My → I

11. Mr. Lee는 He로 쓰고, She는 3인칭 단수이므로 has를 써야 한다.

12. these shoes(복수 명사)를 대명사로 쓸 때는 they를 쓰는 데, 들어갈 자리가 목적어 자리이므로 목적격 them이 들어가야 한다.

13. 문장의 주어에 해당하는 소유격을 넣는 문제이다. 차례로 my, her, their, your가 들어간다. Ms.는 여성앞에 붙는 호칭이다.

19. he의 소유대명사는 his이다.

20. ①②③⑤ 의문형용사<누구의>, ④의문대명사<누구의 것>

Unit 04 지시대명사/비인칭주어

[pp.33 ~ 38]

▌EXERCISE ▌ A

01 This   02. This   03. These are   04. is

05. this   06. it isn't   07. This is

[해석]

04. 이것은 내 사진첩이다.

05. 이것은 그의 자전거니?

06. 이것은 너의 책이니? / 아니, 그것은 내 책이 아니다.

07. 이분은 나의 아버지이시다.

▌EXERCISE ▌ B

01. That   02. Those are   03. are not   04. pencil

05. These   06. That   07. books

[해석]

03. 저것들은 그녀의 탁자들이 아니다.

04. 저것은 그녀의 연필이다.

05. 이 책들은 나의 것이다.

06. 저 책은 그의 것이다.

07. 저것들은 나의 책(들)이다.

▌EXERCISE ▌ C

01. It   02. They   03. Its   04. them   05. It

06. It   07. What day is it?   08. What's the weather like?

09. What time is it?   10. What date is it?

[해석]

01. 이것은 내 동생의 옷이다. 그것은 아주 멋지다.

02. 이 신발은 나의 것이다. 그것들은 깨끗하지 않다.

03. 그 새는 아프다. 그것의 다리가 부러졌다.

04. 이것들은 나의 개들이다. 나는 그들을 아주 좋아한다.

05. 날씨가 어때? / 더워.

06. 몇 시니? / 7시야.

07. 무슨 요일이니? / 화요일이야.

08. 날씨가 어떠니? / 춥고 바람이 불어.

09. 몇 시니? / 아침 6시야.

10. 몇 월 며칠이니? / 5월 5일 이야.

▌학교시험출제유형 ▌

01. ④	02. ⑤	03. ①	04. ④	05. ④	06. ④	07. ③
08. ④	09. ②	10. ⑤	11. ①	12. degrees		
13. It rains		14. ⑤				

04. this is ~는 다른 사람을 소개할 때 "이 분은(이 애는) 입니다"라는 의미이다.

05. 사람을 소개할 때는 This is ~를 쓴다.

06. 여기서 this는 오늘(today)의 의미이다. 예) I'm going to play tennis this afternoon. 오늘 오후에 테니스를 할 예정이다.

07. 전화 대화에서 "저는 ~입니다"는 ' I am ~'를 쓰지 않고 'This is ~'를 쓴다.

08. ④는 지시대명사, 나머지는 모두 비인칭주어

09. ②는 날씨를 나타내는 비인칭주어, 나머지는 지시대명사

10. What's the weather like?
    = How is the weather?

12. temperature 온도, 기온 / degree (온도의) 도

14. How is the weather?
    = What is the weather like?

Chapter 03 의문사

Unit 05 who, what, where, when

[pp.40 ~ 45]

▌EXERCISE ▌ A

01. Who   02. Who   03. Whose   04. Who

05. my teacher   06. his

[해석]

01. 그는 누구니? / 그는 Mike이다.

02. 그녀는 누구니? / 그녀는 나의 여동생이다.

03. 이것은 누구의 펜이니? / 그것은 그녀의 것이다.

04. 누가 저 집에서 사니? / Kevin이 산다.

05. 저 남자는 누구니? / 나의 선생님이다.

06. 이것들은 누구의 책이니? / 그것들은 그의 것이다.

▌EXERCISE ▌ B

01. Who   02. What   03. What   04. What

05. What

[해석]

01. 그는 누구니? / 그는 나의 영어 선생님이다.

02. 그녀의 직업은 뭐니? / 그녀는 간호사이다.

03. 그는 무엇을 하니?<직업> / 그는 택시를 운전한다.

04. 날씨 어때? / 좋아.

05. 이것에 대해 어떻게 생각하니? / 좋다고 생각해.

▌EXERCISE ▌ C

01. Where, from   02. does   03. Where

04. When

[해석]

01. 어디 출신이니? / 한국의 서울에서 왔다.

02. 그는 어디 출신이니?

03. 그는 어디에서 사니? / 광주에서 산다.

04. 그 콘서트는 언제 시작하니? / 6시 30분에 시작해.

▌학교시험출제유형 ▌

01. ①	02. ④	03. ⑤	04. What	05. What		06. ③
07. ②	08. ③	09. ②	10. What	11. ⑤	12. ①	
13. Where		14. Where is Mary from?		15. ②	16. ⑤	
17. ③	18. ④	19. ③	20. ③	21. ④	22. When	

03. "나의 것입니다."라고 답변했으므로 빈칸에는 '누구의'라는 단어가 적절하다.

04. What does he do?는 직업을 묻는 표현

07. hobby 취미, cartoon 만화

08. 요일을 물을 때는 What day ~?를 사용한다. ⑤의 What date ~?는 날짜를 묻는 표현이다.

11. 누구와 함께 갔는지 묻는 질문이다. 이때 who나 whom 모두를 쓸 수 있다.

12. Do you have the time? = What time is it? = What time do you have? = What is the time? cf) Do you have time? 시간 있으세요?

15. A에는 복수형 be동사 are, B에는 이를 받는 복수형 대명사 They를 쓴다.

17. 언제 삼촌을 방문했니? / 지난달에.

19. 최초의 월드컵이 열린 시기를 묻고 있으므로 '언제'라는 뜻의 의문사 When이 적절하다. be held 개최되다

20. 너는 언제 집에 오니? (I come home) at five.

21. 오전 8시 반에 학교에 간다고 했으므로 언제 학교에 가는지 묻는 질문이 적합하다. ③은 주어가 Jane이므로 she로 답해야 한다.

Unit 06 how, which, why

[pp.46 ~ 52]

■ EXERCISE ■ A

01. What   02. How   03. How   04. like

[해석]

01. 너의 학교에 대해서 어떻게 생각하니?

02. 너는 어때?

03. 잘 지내니?

04. 날씨가 어때?

■ EXERCISE ■ B

01. How tall   02. How much   03. How long   04. often

[해석]

01. 그는 키가 몇이니? / 그는 170cm야.

02. 그 인형은 얼마니? / 10달러야.

03. 역까지 가는 데 얼마나 걸리니? / 버스로 15분 걸려.

04. 얼마나 자주 책을 읽니? / 매일 한 권씩 읽어.

■ EXERCISE ■ C

01. Who   02. Who   03. What   04. What

05. Which

[해석]

01. 저 남자는 누구니? / 그는 사장님이다.

02. 누가 민수를 좋아하니? / 수진이가 좋아해.

03. 너의 이름은 무엇이니? / 내 이름은 Mike야.

04. 그는 무엇 하는 사람이니? / 그는 의사야.

05. 주스와 차 중에서 뭘 원하니? 주스를 원해.

■ EXERCISE ■ D

01. Why   02. Why   03. Why   04. Why

[해석]

---

01. 왜 이 케이크를 먹지 않니? / 배불러서.

02. 왜 그녀를 사랑하니? / 그녀는 예쁘고 영리하기 때문에.

03. 그것을 스스로 만들어 보는 게 어때? / 알았어. 그렇게 할게.

04. 왜 그렇게 생각하니? / 그녀는 항상 늦게 일어나기 때문에.

■ 학교시험출제유형 ■

01. ⑤	02. ⑤	03. by	04. ①	05. ③	06. ⑤	07. ①
08. ④	09. ④	10. ⑤	11. ①	12. ③	13. ③	14. ②
15. It takes		16. half	17. ②	18. ②	19. ①	20. ⑤
21. ③	22. Why are you so angry?				23. ④	

01. How are you doing?은 안부를 묻는 인사이다.

04. How do you like~? 는 '~이 어때(맘에 드니)?'의 의미로 상대방의 의견을 묻는 표현이다.

05. 상대방의 의견을 묻는 표현 : How about you? 너는 어때?

07. How many are there in your family? 너의 가족은 몇이니?

08. How do you spell your first name? 너의 이름 철자가 어떻게 되니?

09. cousins는 셀 수 있는 명사이므로 How many로 묻는다.

10. Once a week 일주일에 한 번

11. ①은 형용사이며 ②③④⑤는 빈도부사이다. 빈도부사는 일반동사 앞에 놓인다.

12. 「How many times ~?」는 횟수를 묻는 표현이므로 「How often ~?」으로 바꾸어 쓸 수 있다.

13. ① On Saturdays = Every Saturday
② Every other day = 이틀에 한 번씩

14. How long does it take to ~ : ~하는데 얼마나 걸리니?

16. half an hour 30분

18. which는 선택의 대상이 한정되어 있을 때 쓰며, 선택의 대상이 한정되어 있지 않을 땐 what을 쓴다. 위에서는 선택의 대상이 roses와 carnation으로 한정되어 있다. 그래서 what을 쓸 수 없으며 which를 써야 한다. 꽃의 종류가 한정되어 있지 않고, 무슨 꽃을 좋아하니?라고 묻는 표현은 What flower do you like?를 쓰면 된다.

19. 늦은 이유를 묻고 있으므로 이유를 묻는 의문사 Why가 적합하다.

20. 의사가 되려고 하는 이유가 될 수 있는 말을 찾는다.

21. Why are you so happy? 너는 왜 그렇게 행복하니?
(= What makes you so happy?)

Chapter 04 명사와 관사

Unit 07 명사

[pp.54 ~ 62]

■ EXERCISES ■ A

01. a teacher   02. apples   03. my pencils   04. are

05. is   06. rise   07. classes

[해석]
01. 그녀는 선생님이다.
02. 나는 사과를 좋아한다.
03. 이것들은 내 연필들이다.
04. 그 학급학생들은 모두 근면하다.
05. 그의 학급은 (규모가)작다.
06. 우리가족은 아침에 일찍 일어난다.
07. 우리학교는 24개 학급이 있다.

■ EXERCISES ■ B

01. pencils 　　02. doctors 　　03. potatoes
04. heroes 　　05. dishes 　　06. photos
07. ladies 　　08. keys 　　09. leaves
10. roofs 　　11. children 　　12. teeth

■ EXERCISES ■ C

01. [s] 　02. [z] 　03. [iz] 　04. [iz] 　05. [s] 　06. [z]

■ EXERCISES ■ D

01. sneaker → sneakers 　　02. pair → pairs

[해석]
01. 나는 운동화 한 켤레를 찾고 있다.
02. 나는 신발 두 켤레를 살 예정이다.

■ EXERCISES ■ E

01. U 　02. C 　03. U 　04. U 　05. C 　06. U 　07. U
08. C 　09. U 　10. U 　11. U 　12. C

■ EXERCISES ■ F

01. a cup of coffee[또는 a coffee] 　　02. two glasses of milk
03. a piece of bread 　　04. two pieces of pizza
05. a piece[sheet] of paper 　　06. a piece of advice

■ EXERCISES ■ G

01. milks → milk
02. sugars → sugar
03. a water → water
04. informations → information
05. many → much 또는 lots of [a lot of]
06. a little → a few

[해석]
01. 엄마는 매일 아침 우유를 마신다.

---

02. 나는 커피에 설탕을 넣지 않는다.
03. 우리는 매일 물을 마셔야 한다.
04. 나는 그에 관한 몇 가지 정보가 필요하다.
05. 나는 오늘 해야 할 일이 많다.
06. 나는 몇 몇 친구들이 있다.

■ 학교시험출제유형 ■

01. ④	02. ⑤	03. ③	04. ④	05. ③	06. ④	07. ①
08. ③, ⑤	09. ④	10. ⑤	11. ④	12. ③	13. ③	14. ④
15. ④	16. ⑤	17. ③	18. ④	19. ①	20. ④	21. ④
22. slice	23. informations → information				24. ③	

04. ④ 그들은 단지 한 명의 아이가 있다. children → child
05. ① bookes → books ② childs → children ④ boxs → boxes ⑤ is → are
06. money, water, milk는 물질명사로 개수를 나타내는 three와 함께 쓸 수 없고, book은 복수형 books가 되어야 한다.
07. ① orange → an orange 또는 oranges
08. ③ hairs → hair ⑤ a small ears → small ears
09. books는 셀 수 있는 명사이므로 many, food는 셀 수 없는 명사이므로 much로 바꾸어 쓸 수 있다.
10. ① baking soda, ② butter, ③ an egg, ④ milk
11. many와 a few는 셀 수 있는 명사 앞에, much와 a little은 셀 수 없는 명사 앞에 쓰이며 a lot of와 lots of는 셀 수 있는 명사와 셀 수 없는 명사 앞에 모두 쓰인다.
12. a lot of는 셀 수 없는 명사와 셀 수 있는 명사 둘 다에 쓸 수 있다.
13. a few+셀 수 있는 명사
14. a little은 양이 '적은' 것을 가리키므로 friends와 같이 셀 수 있는 명사 앞에는 쓰이지 않는다.
15. 짝을 이루어 쓰는 말로 항상 복수형으로 쓰이는 말들을 셀 때 a pair of ~를 쓴다.
16. 복수형 명사를 수식하는 지시어도 역시 복수형이 되어야 한다. ; this → these
17. ① piece ② glass ④ sheet ⑤ pound
19. ① two slices of pizza
20. ① → two glasses of water ② → two cups of ice cream ③ → a lot of money ⑤ → two slices of cheese
21. ① a butter → butter ② two cups of coffee ③ two oranges ⑤ some water
22. pizza나 cheese는 slice를 써서 a slice of pizza (피자 한 조각), two slices of pizza(피자 두 조각) 등으로 나타낸다.
23. information은 셀 수 없는 명사이다.
24. ① 고유명사의 첫 글자는 항상 대문자로 써야 한다. China, Japan ② mathematics, politics, phyics, news등은 형태는 복수이지만 단수

명사이다. ④ people은 '사람들'의 의미로 항상 복수취급한다. is→are ⑤ furniture는 셀 수 없는 명사 furnitures → furniture

Unit 08 관사

[pp.63 ~ 68]

■ EXERCISE ■ A

01. a   02. an   03. a   04. An   05. an   06. a   07. an
08. an

[해석]
01. 나는 학생이다.
02. 그는 사과를 좋아한다.
03. 그녀는 유니폼을 입는다.
04. 한 시간은 60분이다.
05. 그는 정직한 소년이다.
06. 그녀는 멋진 선생님이다.
07. Mr. Kim은 영어 선생님이다.
08. 나는 낡은 컴퓨터가 한 대 있다.

■ EXERCISE ■ B

01. X   02. O   03. X   04. O   05. X   06. X   07. X
08. O   09. a   10. an   11. ∅   12. ∅

[해석]
01. 우리는 학생들이다.
02. 나는 한국에서 왔다.
03. 그는 친절하다.
04. 그것은 나의 펜이다.
05. 너는 Jane이다.
06. 그는 너의 선생님이다.
07. 그녀는 버스를 타고 학교에 간다.
08. 그는 지금 야구를 하고 있다.
09. 그는 유니폼(제복)을 입고 있다.
10. 그는 기술자이다.
11. 축구하자.
12. 나는 매일 걸어서 학교에 간다.

■ EXERCISE ■ C

01. a   02. an   03. ∅   04. the   05. The   06. the   07. the
08. The

[해석]
01. 하루에 24시간이 있다.

02. 그는 정직한 소년이다.
03. 그는 방과 후에 축구를 한다.
04. 내 여동생은 피아노를 연주하고 있다.
05. 태양은 동쪽에서 뜬다.
06. 나에게 소금을 좀 건네주세요.
07. 나는 아침에 늦게 일어났다.
08. 나에게는 고양이 한 마리가 있다. 그 고양이는 매우 귀엽다.

■ 학교시험출제유형 ■

01. ①	02. ④	03. ③	04. ④	05. ③	06. ⑤	07. ⑤
08. ②	09. ④	10. a	11. ⑤	12. ②	13. ⑤	14. ④
15. an	16. ⑤					

03. 명사를 수식하지 않는 형용사 앞에는 관사를 쓰지 않는다. 나머지는 모두 부정관사 a가 들어간다.
05. 명사를 수식하지 않는 형용사 앞에 부정관사(a/an)를 쓰지 않는다. 또한 소유격 앞, 뒤에도 관사를 쓰지 않는다.
06. ⑤에는 an, 나머지에는 a가 들어간다.
07. milk는 셀 수 없는 명사이므로 앞에 a를 쓸 수 없다.
08. 소유격 앞 뒤에는 관사를 쓸 수 없다.
09. cheese는 셀 수 없는 명사이므로 부정관사 a를 붙여 쓸 수 없다.
10. 관사 a가 필요하다.; 나는 열이 높다. / 그는 기침을 했다. / 그녀는 심한 감기에 걸렸다. / 그녀는 콧물이 흐른다.
11. 일주일에 한 번 음악 수업이 있다. <보기> 마다(per) ① 막연한 하나 ② 하나의(one) ③ 같은(=the same) ④ (종족)대표단수 ⑤ 마다(per)
12. 운동명 앞에는 정관사 the를 쓰지 않는다. '(악기를)연주하다'에서 악기 이름 앞에는 정관사 the를 쓴다.
14. 상대방이 잘 모르는 명사를 언급할 경우에는 명사 앞에 관사 a(an)을 붙이고, 그 명사를 다시 또 언급할 때는 관사 the를 붙인다.
16. ① teacher → a teacher ② piano → the piano
③ a very kind → very kind ④ by the bus → by bus

Chapter 05 여러가지 문장

Unit 09 명령문

[pp.70 ~ 73]

■ EXERCISE ■ A

01. Study hard English.   02. Be diligent.   03. Drive carefully.
04. Wash   05. Open   06. Mix   07. Add

[해석]
01. 열심히 영어를 공부해라.

02. 근면해라.

03. 조심하여 운전해라.

■ EXERCISE ■ B

01. Don't make a noise in the classroom.

02. Don't be late for class.

03. Don't fish   04. Don't walk   05. Don't pick

06. Don't park

[해석]

01. 교실에서 떠들지 마라.

02. 수업에 늦지 마라.

■ 학교시험출제유형 ■

01. ①	02. ③	03. ①	04. Watch out	05. ②	06. ②
07. ③	08. ④	09. ①	10. ⑤	11. ⑤	12. ②	13. ④
14. Don't	15. ④				

01. '요리하기 전에 손을 씻어라'라는 명령문이므로 washes → wash로 고쳐야 한다.

02. 의미에 맞게 동사를 결정하고, 명령문이므로 동사의 원형을 선택한다. → 더우니까 창문을 열어라.

03. '~이 되다'의 동사로 be동사를 사용한 문장을 명령문으로 고치려면 be동사의 원형인 'be'로 시작한다.

04. Watch out! = Look out! = Be careful!

05. Don't+동사원형 : ~하지 마라

06. '~하지 마라'는 금지의 명령문은 「Don't+동사의 원형」으로 시작한다.

07. be동사의 부정 명령문은 Don't be ~.로 표현한다.

08. 밖에 나가지 마라! 비온다.

10. 만지지 마세요. 사진 촬영 금지. 등의 푯말을 볼 수 있는 곳

12. → Don't be late again.

13. Don't stay up late. 잠 안자고 늦게까지 있지 마라.

14. 금지의 표현인 must not은 부정명령문으로 바꾸어 쓸 수 있다.

15. 부정 명령문은 동사원형 앞에는 Don't를, 명사 앞에는 No를 쓴다.

Unit 10 There is / are

[pp.74 ~ 78]

■ EXERCISE ■ A

01. is   02. are   03. are   04. are   05. are   06. is

[해석]

01. 책상 위에 컴퓨터가 있다.

02. 꽃병에 몇 송이의 꽃이 있다.

03. 하늘에는 많은 별들이 있다.

04. 벽에는 시계와 사진(그림)이 있다.

05. 방에는 한 개의 책상과 두 개의 의자가 있다.

06. 유리컵 안에 약간의 물이 있다.

■ EXERCISE ■ B

01. There is not a[any] house here.

02. There is not any furniture in the house.

03. There is not a[any] desk in the room.

04. There are not any chairs around the desk.

05. There is not a[any] bed beside the desk.

06. There are not any pillows on the bed.

[해석]

01. 여기에 집이 하나도[전혀] 없다.

02. 그 집에는 가구가 전혀 없다.

03. 그 방에는 책상이 하나도[전혀] 없다.

04. 책상 주위에 의자가 전혀 없다.

05. 책상 옆에 침대가 하나도[전혀] 없다.

06. 침대 위에 베개가 전혀 없다.

■ EXERCISE ■ C

01. Is there a telephone on the table?

02. Are there any books beside the telephone?

03. Is there a chair in front of the table?

04. Is there a cat under the chair?

05. Is there a refrigerator behind the table?

06. Are there any eggs in the refrigerator?

07. Are, there are   08. Is, there isn't

09. How many   10. much, is

[해석]

01. 탁자 위에 전화기가 있니?

02. 전화기 옆에 책이 좀 있니?

03. 탁자 앞에 의자가 있니?

04. 의자 아래에 고양이가 있니?

05. 탁자 뒤에 냉장고가 있니?

06. 냉장고 안에 계란이 좀 있니?

07. 그 그림에 나무 두 그루가 있니? / 응, 있어.

08. 이 근처에 공원이 있니? / 아니, 없어.

09. 너의 학급에는 얼마나 많은 학생들이 있니? / 45명이 있어.

10. 그 항아리 안에 얼마나 많은 설탕이 있니? / 약간 있어.

■ 학교시험출제유형 ■

01. ②	02. ③	03. ②	04. ③	05. There are	06. on
07. ③	08. ⑤	09. ①	10. Is there		11. children
12. there is		13. ②	14. ①	15. ⑤	16. ④	17. ②
18. ⑤					

01. ②에는 are가, 나머지에는 is가 들어간다.; There is+단수명사, There are+복수명사

02. ①, ②, ④, ⑤는 유도부사이다. ③은 '거기에'라는 의미를 갖는 부사이다.

03. some money에서 money가 셀 수 없는 명사이므로 단수 취급한다.
→ There is some money on the table.

04. there is+단수명사 / there are+복수명사

05. three books가 주어이고 복수이므로 There are를 쓴다.

06. on the sea 바다에서 / on the desk 책상 위에

07. Is/Are there ~?에 대한 답은 Yes, there is/are. 또는 No, there isn't/aren't. 등으로 한다.

08. ⓐ child → children ⓒ There is → There are
ⓔ many book → many books

10. There is/are ~의 의문문은 Is/Are there ~?가 된다.

12. Is there ~? 의문문은 There is ~로 대답한다.

13. ②의 주어는 a computer and a CD로 복수이다. ⑤의 fish는 단수와 복수형이 같다.

14. 「How many+셀 수 있는 명사 ~?」는 개수를 묻는 표현이다.

15. 몇 명인지 물었으므로 숫자로 답하는 것이 자연스럽다.

16. bread(빵)는 셀 수 없는 명사이므로 many의 수식을 받지 못한다. → How much bread is there in your bag?

17. teacher → teachers; many+명사의 복수형

18. How many ~?는 수를 물을 때 쓰는 표현이다.

Unit 11 감탄문

[pp.79 ~ 82]

▌EXERCISE ▌ A

01. How pretty she is!

02. What a pretty dress it is!

03. What a pretty dress she has!

04. How interesting it is!

05. How tall he is!

06. How pretty this doll is!

07. What a good camera this is!

08. How fast he swims!

09. How well the girl plays the piano!

10. How pretty she is!

11. What a nice gift it is!

[해석]

01. 그녀는 정말 예쁘구나!

02. 그것은 정말 예쁜 옷이구나!

03. 그녀는 정말 예쁜 옷을 가지고 있구나!

04. 그것은 정말 재미있구나!

05. 그는 정말 키가 크구나!

06. 이 인형은 정말 예쁘구나!

07. 이것은 정말 좋은 카메라구나!

08. 그는 정말 빠르게 수영을 하는구나!

09. 그 소녀는 피아노를 정말 잘 치는구나!

▌ 학교시험출제유형 ▌

01. ⑤	02. ③	03. ⑤	04. What	05. ③	06. What, How
07. How tall she is!			08. What a		09. ④	10. ②
11. ②	12. ①	13. ③	14. What a good student she is!		
15. well	16. cook				

01. ⑤는 What이 들어가야 하고, 나머지는 모두 How를 써야 한다.

02. What+관사+형용사+명사+주어+동사!

04. What+a+형용사+명사 (+주어+동사)!

05. She is a very happy girl. = What a happy girl she is!

06. What+a+형용사+명사+주어+동사! / How+형용사+주어+동사!

07. 감탄문의 형식에서 이미 tall을 강조하는 very의 의미를 담고 있으므로 감탄문에서 very는 생략한다.

08. What+a(n)+형용사+명사+주어+동사!

09. What+a+형용사+명사+주어+동사!

10. What a nice party!는 파티를 연 주인에게는 칭찬이 된다.

12. How+형용사+주어+동사!

13. ③ How nice they are!

15. She is a very good singer. = She sings very well. 각각을 감탄문으로 바꾸면 What a good singer she is! = How well she sings!

16. He cooks well. = He is a good cook. 각각을 감탄문으로 바꾸면 How well he cooks! = What a good cook he is! 요리사는 영어로 cook이며 cooker(요리기구)가 아님에 주의한다.

Unit 12 부가의문문

[pp.83 ~ 86]

▌EXERCISE ▌ A

01. aren't you	02. is he	03. can't she
04. don't you	05. didn't you	06. isn't she
07. isn't it	08. shall we	09. didn't you

[해석]

01. 너는 행복하다. 그렇지 않니?

02. 그는 부자가 아니지?

03. 그녀는 피아노를 칠 수 있다. 그렇지 않니?

04. 너는 매일 TV를 본다. 그렇지 않니?

05. 너는 숙제를 했다. 그렇지 않니?

06. 그녀는 미국인 학생이다. 그렇지 않니?

07. 이것은 너의 책이다. 그렇지 않니?

08. 함께 영화 보러 가자. 어때요?

09. 너는 몇 가지 실수를 했다. 그렇지 않니?

■ 학교시험출제유형 ■

01. ④	02. ③	03. ②	04. ④	05. ③	06. isn't it
07. ④	08. ①	09. ④	10. ④	11. ①	12. ①
13. can't she		14. ⑤	15. ③		

02. isn't she → doesn't she

03. 부가의문문은 평서문이 긍정이면 부정으로, 평서문이 부정이면 긍정으로 한다. ② isn't she? → is she?

04. 평서문에서 명사 주어는 부가의문문 대명사로 고쳐서 말한다. isn't Seoul? → isn't it?

05. ③ isn't he? → isn't it?

06. Speaking English well을 대명사 it으로 받음

08. ② doesn't she? → can't she? ③ isn't him? → isn't he?
④ do you? → do they? ⑤ is it? → isn't it?

09. 부가의문문에 답할 때는 평서문을 일반의문문으로 바꿔서(Is drawing a lion difficult?) 그에 알맞은 답을 하면 된다.

10. don't you → didn't you

11. 주어진 부가의문문이 don't you이므로 일반동사의 문장이 어울린다.

12. 부가의문문에서 주어는 대명사(주격)로 바꾼다.
doesn't Jane → doesn't she

13. 부가의문문은 긍정문 뒤에서는 부정 의문문으로, 부정문 뒤에서는 긍정 의문문으로 묻고, 부가 의문문이 부정문일 때 동사는 축약형(isn't, don't, doesn't)을 쓴다. be동사 → be동사, can(조동사) → can(조동사), 일반동사 → do/does / did로 동사를 쓴다.

14. don't they? → can't they?

15. Let's로 시작하는 문장의 부가의문문은 항상 shall we?가 된다.

Chapter 06 시제 1

Unit 13 현재시제와 현재진행형

[pp.88 ~ 96]

■ EXERCISE ■ A

01. is   02. are   03. doesn't go   04. washes   05. live

06. like   07. are

[해석]

01. 서울은 한국의 수도이다.

02. 그들은 우리의 이웃들이다.

03. Mike는 일요일에 학교가지 않는다.

04. Tom은 하루에 세 번 손을 씻는다.

05. 누나와 나는 서울에 산다.

06. Eric은 무엇을 좋아하니?

07. 너는 어디 출신이니?

■ EXERCISE ■ B

01. boils   02. goes   03. is   04. goes

05. drives   06. is

[해석]

01. 물은 100 ℃에서 끓는다.

02. 달은 지구 주위를 돈다.

03. 지구는 둥글다.

04. 그녀는 일요일마다 교회에 간다.

05. A : 너의 아버지는 무엇 하시니?(직업 묻기)
B : 택시를 운전하신다.

06. A : Helen은 어디 출신이니?
B : 그녀는 미국출신이다.

■ EXERCISE ■ C

01. sleeping   02. cooking   03. listening

04. talking   05. coming   06. making

07. sitting   08. putting   09. am listening

10. are writing   11. am studying   12. am reading

13. is opening   14. is cleaning   15. are lying

16. is sleeping   17. walks   18. watches

19. is walking   20. is playing   21. am visiting

[해석]

16. 조용히 해! 아기가 자고 있어.

17. Linda는 대개는 학교에 걸어간다.

18. 그녀는 저녁식사 후에 자주 TV를 본다.

19. 봐! 누군가 그 길을 가로질러 걸어가고 있어.

20. A : Susan이 어디에 있니?
B : 그녀는 방에 있어. 그녀는 지금 컴퓨터 게임을 하고 있어.

21. A : 너는 토요일에 무엇을 할 예정이니?
B : 나는 할머니 할아버지를 방문할 예정이야.

■ EXERCISE ■ D

01. She is not drinking milk.   02. He is not wearing glasses.

03. They are not making cards.
05. Is he cleaning his room?
07. is   08. am drawing
10. doing, washing

04. Is she studying now?
06. What are you doing now?
09. reading, isn't

[해석]
07. A : 그녀는 노래를 하고 있니?
    B : 응, 그래.
08. A : 너는 무엇을 하고 있니?
    B : 나는 빨간 카네이션을 그리고 있어.
09. A : 그녀는 책을 읽고 있니?
    B : 아니, 그렇지 않아.
10. A : 너의 부모님은 뭐하고 계시니?
    B : 그들은 설거지를 하고 계셔.

▌EXERCISE▐ E
01. X   02. X   03. O   04. X   05. O   06. O

■ 학교시험출제유형 ■

01. ①	02. ③	03. ④	04. ①	05. ④	06. ②	07. ①
08. ①	09. ③	10. ③	11. ③	12. ④	13. ④	14. ①
15. ③	16. ④	17. ③	18. ④	19. ⑤	20. ②	21. ②
22. doing		23. is reading		24. is listening		

01. be동사는 주어의 인칭과 수에 따라 달라지는데 You에는 be동사 are를 쓴다.
02. 대명사와 be동사의 관계, 명사의 수 등에 유의한다.
    ① a students → a student
    ② Is they a students? → Are they students?
    ④ not is → is not
    ⑤ is → are
03. 주어가 3인칭 단수일 때 has를 쓴다. ④에는 have를 쓴다.
04. studys → studies
05. but(그러나)으로 보아 빈칸에는 '좋아하지 않는다'는 말이 적합하다.
06. 직업이나 출신 등 언제나 성립되는 사실 등은 현재형으로 쓴다.
07. 불변의 진리는 항상 현재형을 쓴다.
08. Time is money. 시간은 돈이다. 격언에 해당하며 항상 현재형을 쓴다.
12. studing → studying
13. run → running; 1음절 단어의 끝이 「단모음+단자음」으로 끝날 때 자음 하나를 더 쓰고 ~ing를 붙인다.
14. ② → writing ③ → running ④ → eating ⑤ → riding
15. swiming → swimming
16. 의문사가 없는 현재진행형 의문문에 답할 때는 현재시제와 똑같이 「Yes, 주어+be동사」, 「No, 주어+be동사+not」으로 대답한다.

17. ski - skiing
20. 의문사를 포함한 현재진행형 의문문에는 현재진행형으로 답한다. 단, 의문사로 묻는 의문문에는 Yes나 No로 답할 수 없다.
21. "그녀는 무엇을 하고 있는 중입니까?"라는 질문이 들어가야 한다.
22. 「be동사+동사원형ing」는 '~하고 있는 중이다'라는 뜻으로 현재진행형이다.; do one's homework 숙제를 하다
23. '~하고 있는 중이다'라고 해석하는 현재진행시제는 「be동사+동사ing」 형태로 나타낸다.

Unit 14 과거시제(be동사)

[pp.97 ~ 99]

▌EXERCISE▐ A
01. was   02. were   03. was   04. was
05. were   06. were   07 were   08. was
09. were   10. was

[해석]
01. 나는 어젯밤에 매우 피곤했다.
02. 너는 작년에 13살이었다.
03. 그녀는 오늘 아침 수업에 늦었다.
04. 어제는 날씨가 맑았다.
05. 우리는 그를 자랑스럽게 여겼다.
06. 그들은 14살 이었다.
07. 그 아이들은 정원에 있었다.
08. 지난 토요일은 아주 좋지 않은 날이었다.
09. 우리 선수들 중 몇몇이 아팠다.
10. 그녀의 이 하나가 썩었다.

▌EXERCISE▐ B
01. I wasn't late for school yesterday.
02. She wasn't there yesterday morning.
03. They weren't in the room.
04. Were you twelve years old last year?
05. Was Jane sick yesterday?
06. Was it cold yesterday?

[해석]
01. 나는 어제 학교에 늦지 않았다.
02. 그녀는 어제 아침에 거기에 있지 않았다.
03. 그들은 그 방에 있지 않았다.
04. 너는 작년에 12살이었니?
05. Jane은 어제 아팠니?
06. 어제 추웠니?

| 01. ④ | 02. ② | 03. ④ | 04. was | 05. ③ | 06. ② | 07. ④ |
| 08. ③ | | | | | | |

01. yesterday 어제, last year 작년에, then 그때, this morning 오늘 아침에, next year 내년에

02. be동사의 과거형은 주어가 1인칭 단수, 3인칭 단수 일때만 was를 쓰고 나머지는 were를 쓴다.

03. ① am → was ② was → were ③ was → is ⑤ is → was

04. am의 과거형을 was이다.

07. was → were

08. 과거형이므로 be동사를 과거형으로 써야 한다.

Unit 15 과거시제(일반동사)

[pp.100 ~ 108]

■ EXERCISE ■ A

01. 그녀는 매일 피아노를 연주한다.
02. 그녀는 지난 금요일에 피아노를 연주했다.
03. 그는 방과 후에 야구를 한다.
04. 그는 이틀 전에 야구를 했다.

■ EXERCISE ■ B

01. played	02. learned	03. watched	04. visited
05. helped	06. laughed	07. started	08. lived
09. danced	10. invited	11. hoped	12. died
13. tried	14. cried	15. carried	
16. planned			

■ EXERCISE ■ C

01. broke	02. bought	03. caught	04. came
05. did	06. drew	07. ate	08. found
09. gave	10. went	11. grew	12. had
13. knew	14. made	15. met	16. read
17. ran	18. said	19. saw	20. sold
21. sent	22. sang	23. took	24. wrote

■ EXERCISE ■ D

| 01. [id] | 02. [t] | 03. [t] | 04. [t] | 05. [d] | 06. [id] | 07. [d] |
| 08. [t] | 09. [id] | 10. [d] | 11. [t] | 12. [t] | | |

■ EXERCISE ■ E

01. She taught math at school.
02. He gave me money.
03. Min-ho studied English at school.
04. Lisa wrote a letter to Mr. Kim.
05. She went swimming after school.

[해석]

01. 그녀는 학교에서 수학을 가르쳤다.
02. 그는 나에게 돈을 줬다.
03. 민호는 학교에서 영어를 공부했다.
04. Lisa는 Mr. Kim에게 편지를 썼다.
05. 그녀는 방과 후에 수영하러 갔다.

■ EXERCISE ■ F

01. John didn't go to a concert yesterday evening.
   Did John go to a concert yesterday evening?
02. She didn't stay at home yesterday.
   Did she stay at home yesterday?
03. You didn't swim with my friend yesterday.
   Did you swim with my friend yesterday?
04. He didn't do his homework yesterday.
   Did he do his homework yesterday?
05. She didn't get up early in the morning.
   Did she get up early in the morning?

[해석]

01. John은 어제 저녁에 콘서트에 가지 않았다.
   John은 어제 저녁에 콘서트에 갔니?
02. 그녀는 어제 집에 있지 않았다.
   어제 그녀는 집에 있었니?
03. 너는 어제 내 친구와 수영하지 않았다.
   어제 너는 내 친구와 수영 했었니?
04. 그는 어제 숙제를 하지 않았다.
   어제 그는 숙제를 했니?
05. 그녀는 아침에 일찍 일어나지 않았다.
   아침에 그녀는 일찍 일어났니?

■ EXERCISE ■ G

01. How did he go to school?
02. Where did Laura meet Jane?
03. What did he study last night?
04. When did you arrive in Seoul?
05. Who went to America yesterday?
06. What did she do yesterday?

07. did, didn't

08. played

[해석]

01. 그는 어떻게 학교에 갔니?

02. Laura는 Jane을 어디에서 만났니?

03. 그는 어제 저녁에 무엇을 공부했니?

04. 너는 언제 서울에 도착했니?

05. 누가 어제 미국에 갔니?

06. 그녀는 어제 무엇을 했니?

07. A : 너는 어제 저녁에 옛 친구를 만났니?

　　B : 응, 그랬어. / 아니, 만나지 않았어.

08. A : 방과 후에 너는 무엇을 했니?

　　B : 내 친구와 테니스를 쳤어.

■ **학교시험출제유형** ■

01. ①	02. ③	03. ⑤	04. ②	05. ⑤	06. ⑤	07. ②
08. ①	09. ④	10. ①	11. didn't, come		12. didn't go	
13. ③	14. Did she go		15. ④	16. ②	17. ④	
18. went	19. ②	20. ⑤	21. ①	22. ④	23. ⑤	24. ③
25. ②	26. What did you do yesterday?					

01. yesterday는 과거시제와 함께 쓰인다.

02. send - sent

03. make - made

04. save ① 저축하다 ② 구하다 ③ 저장하다

05. 「모음, 유성음+-ed」에서 -ed는 [d]발음이다.

06. 「무성음[p, k, s, ʧ 등+-ed」에서 -ed는 [t] 발음이다.

07. ① [id],[t] ② [t],[t] ③ [d],[id] ④ [d],[t] ⑤ [id],[t]

08. [t] helped / [d] played, called, cried, loved

09. tomorrow는 미래를 나타내는 부사로 과거시제와 함께 쓸 수 없다.

10. 의문문에 쓰인 시제가 과거시제인 점에 주의한다. ②③④⑤는 모두 미래시제에서 사용이 되는 시간을 나타내는 부사들이다.

11. 일반동사가 과거시제인 문장을 부정문으로 만들 때는 did not 혹은 didn't를 써서 만든다.

12. 부정문으로 고쳐 쓰는 문제이다. went는 동사 go의 과거형이므로 didn't go로 표현해야 한다.

13. yesterday로 보아 과거시제이므로 did가 들어가야 한다.

14. 일반동사가 있는 문장을 의문으로 바꿀 때, 동사가 과거시제인 경우 Did+주어+동사원형 ~?으로 쓴다.

15. studied의 동사원형은 study이다.

16. Did you ~?로 묻는 질문에는 Yes, I did. 혹은 No, I didn't.로 대답한다.

17. Did you ~?로 시작된 문장에 대한 답변은 Yes, I did. 혹은 No, I didn't. 로 대답을 한다.

18. 그녀는 쇼핑을 갔습니까? / 예, 그녀는 쇼핑을 갔습니다.

19. 과거시제로 묻고 있으므로 대답도 과거시제로 해야 한다.

20. 각 질문에 대한 답을 보고 알맞은 의문사를 찾는다.

21. How are you doing? 어떻게 지내니?

22. ① go → went ② Do you did → Did you do ③ didn't went → didn't go ⑤ helps → helped

24. last night이라는 과거시제 부사구가 나왔으므로 과거시제가 되어야 한다.

25. "일요일에 뭐했니?"라고 물었으므로 '~했다'라고 과거형으로 답해야 한다. read의 과거형은 철자만 같고 발음은 read[red]임에 주의한다.

Unit 16 미래시제

[pp.109 ～ 120]

∎ **EXERCISE** ∎ **A**

01. will visit　　　**02.** will go　　　**03.** will climb

04. He will study English.　　**05.** She will buy a computer.

06. I will be a doctor.

[해석]

01. 그는 내년에 일본을 방문할 것이다.

02. 내일 나는 수영을 할 것이다.

03. 우리는 모레 한라산을 등반할 것이다.

04. 그는 영어를 공부할 것이다.

05. 그녀는 컴퓨터를 살 것이다.

06. 나는 의사가 되려고 한다.

∎ **EXERCISE** ∎ **B**

01. It will not rain tomorrow. / Will it rain tomorrow?

02. They will not come here this evening. / Will they come here this evening?

03. He will not read a book. / Will he read a book?

04. She will not remember us. / Will she remember us?

05. We will not win the game. / Will we win the game?

06. He will not go to the park this Sunday. / Will he go to the park this Sunday?

[해석]

01. 내일 비가 오지 않을 것이다. / 내일 비가 올까?

02. 그들은 오늘 저녁에 오지 않을 것이다. / 그들이 오늘 저녁에 올까?

03. 그는 책을 읽지 않을 것이다. / 그가 책을 읽을까?

04. 그녀는 우리를 기억하지 않을 것이다. / 그녀가 우리를 기억하게 될까?

05. 우리는 그 경기에서 이기지 못할 것이다. / 우리가 그 경기에서 이기게 될까?

06. 그는 이번 일요일에 공원에 가지 않을 것이다. / 그가 이번 일요일에 공원에 갈까?

EXERCISE C

01. I'll   02. She'll   03. We'll   04. won't
05. Will he go   06. will not[won't]   07. go
08. will not study   09. go   10. Will you meet
11. will you do   12. will be

[해석]
01. 나는 내일 집에 있을 것이다.
02. 그녀는 오늘 점심을 먹을 것이다.
03. 우리는 그녀를 도울 것이다.
04. 그녀는 내일 여기에 오지 않을 것이다.
05. 그가 내일 학교에 가니?
06. Mike가 내년에 일본을 방문할까? / 아니, 그렇지 않을 것이다.
07. 그는 내일 학교에 갈 것이다.
08. 나는 오늘 저녁에 공부하지 않겠다.
09. 아버지는 사무실에 갈 것이다.
10. 내일 그녀를 만날 거니?
11. 너는 다음 휴가 때 무엇을 할래?
12. 나는 네가 좋은 과학자가 될 거라고 생각해.

EXERCISE D

01. be   02. tomorrow   03. soon   04. will
05. are going   06. am going   07. is going
08. is going to   09. are going to   10. is going to

[해석]
01. 나는 내년에 중학생이 된다.
02. 나는 내일 여자친구를 만날 예정이다.
03. 그들은 곧 부자가 될 것이다.
04. 그는 오늘 밤 여기에 올 예정이다.
05. 우리는 내일 부산을 떠날 예정이다.
06. 나는 오늘 밤 친구들을 만날 예정이다.
07. 하늘을 봐! 비가 올 것 같아.
08. 날씨가 곧 좋아질 것이다.
09. 그들은 버스를 놓칠 것이다.
10. 그녀는 내일 아침에 일찍 일어날 것이다.

EXERCISE E

01. I am not going to work hard.
02. He is not going to listen to music.
03. Are   04. Is   05. am going to
06. going to

[해석]
01. 나는 열심히 일하지 않을 것이다.
02. 그는 음악을 듣지 않을 예정이다.
03. A : 너는 차를 살 예정이니?
    B : 응, 그래.
04. A : 그는 Mary를 그 파티에 초대할 예정이니?
    B : 응, 그래.
05. A : 너는 내일 무엇을 할 예정이니?
    B : 나는 삼촌을 방문할 예정이야.
06. A : 너의 누나는 무엇을 할 예정이니?
    B : 그녀는 쇼핑을 할 예정이야.

EXERCISE F

01. comes   02. have   03. arrive   04. get
05. rains   06. will rain   07. will come

[해석]
01. 나는 그녀가 돌아 올 때까지 여기에서 기다릴 것이다.
02. 내가 시간이 있으면, 나는 그녀에게 편지를 쓸 것이다.
03. 네가 도착하자마자 나에게 전화해라.
04. 나는 새 직업을 구할 때까지 여기에서 일할 것이다.
05. 비가 온다면 가지 않을 것이다.
06. 내일 비가 올지 안 올지 모르겠다.
07. 그가 언제 돌아올지 너는 아니?

EXERCISE G

01. P   02. P   03. F   04. F   05. F   06. F   07. P
08. F   09. 그녀는 박물관을 방문할 예정이다.
10. 나는 지금 도서관에 가고 있는 중이다.

[해석]
01. 그녀는 지금 서울에서 살고 있다.
02. 봐! 그녀가 오고 있어.
03. 그녀는 오늘 밤에 돌아 올 예정이다.
04. 월요일에 그녀를 만날 예정이니?
05. 나는 올해 생일 파티를 하지 않을 예정이다.
06. 그녀는 곧 새 차를 살 예정이다.
07. 나는 한 시간 동안 그녀를 기다리고 있다.
08. 그는 오늘 저녁에 콘서트에 갈 예정이다.

EXERCISE H

01. will   02. I'll   03. are going to   04. are going to

[해석]
01. A : 방이 너무 덥다.
    B : 그러니? 창문을 열게.

02. A : 나는 셔츠 하나를 찾고 있습니다.

B : 이거 어때요?

A : 좋아 보입니다. 그걸로 살게요.

03. 조심해! 부딪히겠어.

04. 오, 안돼! 벌써 여섯 시야. 우리 늦을 것 같아.

▌EXERCISE ▌ I

01. are meeting　　**02.** am going　　**03.** will rain

[해석]

01. 그녀가 어제 전화를 했다. 우리는 오늘 밤에 만날 예정이다.

02. 나는 금요일에 미국에 갈 예정이다. 나는 비행기 표를 가지고 있다.

03. 오늘 밤에 비가 올 거라고 생각해. 우산을 가져가거라.

▩ 학교시험출제유형 ▩

01. ④	**02.** ③	**03.** won't	**04.** ②	**05.** ③	**06.** ①
07. will be		**08.** ②	**09.** ⑤	**10.** will	**11.** won't **12.** ③
13. the day after tomorrow			**14.** ④	**15.** ④	**16.** ②
17. ④	**18.** ③	**19.** ③	**20.** ②		
21. What will you do tomorrow?					
혹은 What are you going to do tomorrow?					
22. ④	**23.** ①	**24.** ②			

01. 미래시제(will+동사원형)는 앞으로 일어날 일에 대해 말할 때 쓰는 표현이다. the day before yesterday 그저께

02. will은 조동사이므로 다음에 동사원형을 쓴다.

04. 부정어 not의 위치는 be동사와 조동사 뒤에 쓰인다.

05. will은 조동사이므로 주어가 3인칭 단수라도 -s를 붙이지 않고 will 다음에는 항상 동사원형을 써야 한다.

06. 미래 조동사 will 다음에는 동사원형을 쓴다.

07. 미래를 나타내는 표현으로 「will+동사원형」을 쓸 수 있다.

10. 「be going to+동사원형」은 「will+동사원형」으로 바꾸어 쓸 수 있다.

11. will not → won't

12. 「be going to+동사원형」은 미래시제의 표현이므로 과거시제 어구인 last Sunday와 함께 쓰일 수 없다.

14. ① wills → will ② buys → buy ③ cleans → clean ⑤ goes → go

15. ①②④⑤는 미래를 나타내는 「be going to+동사원형」이지만 ③의 going은 「be+~ing」의 현재진행형 시제이다.

16. 「be going to+동사원형」 ~할 예정이다

17. 'be going to+동사원형' 혹은 'will+동사원형' 모두 미래에 '~을 할 예정이다'라고 문장을 표현한다.

18. ① wills → will ② I'm → It's ④ go → going

⑤ yesterday → tomorrow

19. the day after tomorrow는 '모레'의 뜻으로 미래시제와 함께 쓰인다.

20. the day before yesterday 그저께

22. How will they go to the farm? 그들은 어떻게 농장으로 갈거니?

23. 시간과 조건의 부사절에서는 의미가 미래라도 현재시제를 써야 한다.

24. 시간과 조건의 부사절에서는 의미가 미래라도 현재시제를 써야 한다.

Unit 17 과거진행형 / 미래진행형

[pp.121 ~ 124]

▌EXERCISE ▌ A

01. was crossing　　　　**02.** were studying

03. were fighting　　　　**04.** was standing

05. were shopping

▌EXERCISE ▌ B

01. My friend was not watching TV.

02. I was not listening to music.

03. He was not dancing.

04. Was your brother cutting my paper?

05. Were they running?

06. What were they doing?

07. What were you doing?

08. was studying

[해석]

07. A : 어제 밤 9시에 너는 무엇을 하고 있었니?

B : 나는 숙제를 하고 있었다.

08. A : 인수는 오후 2시에 무엇을 하고 있었니?

B : 그는 도서관에서 영어를 공부하고 있었다.

▌EXERCISE ▌ C

01. will be sleeping　　　**02.** will be studying

03. will be working　　　**04.** will be watching

[해석]

01. 내가 집에 돌아 올 때면, 그녀는 자고 있을 것이다.

02. 나는 도서관에서 공부하고 있을 것이다.

03. 내일 이 시간에 그는 여기에서 일하고 있을 것이다.

04. 오늘 밤 9시에 TV 뉴스를 보고 있을 것이다.

▩ 학교시험출제유형 ▩

01. ④	**02.** ⑤	**03.** ⑤	**04.** ③	**05.** was running
06. I was reading	**07.** ①	**08.** ④	**09.** ④	

01. 지금 6시이므로 2시는 과거의 일이 된다.

02. 과거진행형은 과거의 어떤 시점에서, 주어가 어떤 일이나 동작이 진

행 중이었음을 표현하는 것이므로 '~하고 있는 중이었다, ~하고 있었다'의 뜻으로 쓰이며 「be동사의 과거형(was, were)+동사원형+ing」형태로 쓴다.

03. now(지금)는 과거에 일어난, 혹은 일어나고 있는 일에 대한 설명과 어울리지 않는다.

04. 과거의 어떤 순간에 진행되고 있는 동작을 나타낼 때는 과거진행시제(be동사의 과거형+현재분사)로 표현한다.

05. run의 현재분사는 running이다.

06. 과거시제이므로 과거진행형으로 써야 한다.

08. yesterday(어제)를 통해 과거에 진행되던 일에 대한 질문과 대답임을 추측할 수 있다.

09. 그녀는 내일 이 시간에 학교에 있을 것이다. 그녀는 그 때 공부를 하고 있을 것이다. 미래진행형이 적절하다.

Chapter 07 대명사 2

Unit 18 one, (the)other, another

[pp.126 ~ 131]

▌EXERCISE ▌ A
01. it   **02.** one   **03.** one   **04.** it   **05.** it

[해석]
01. 엄마는 펜 한 자루를 샀다. 그것을 나에게 줬다.
02. Jane은 연필이 없다. 그녀에게 하나를 빌려주시오.
03. A : 펜이 있어요?
    B : 예, 하나 있습니다.
04. A : 너는 내 펜을 가지고 있니?
    B : 응, 나는 그것을 가지고 있어.
05. 나는 책을 잃어버렸다. 그리고 그것을 찾았다.

▌EXERCISE ▌ B
01. the other   **02.** the others   **03.** one, another, the other
04. others

▌EXERCISE ▌ C
01. other   **02.** one   **03.** another
04. another

[해석]
01. 나는 두 명의 남자 형제가 있다. 한 명은 선생님이지만, 다른 한 명

기술자이다.

02. 그의 가방은 낡았다. 그는 새 가방 하나를 살 것이다.

03. 나는 그것이 맘에 들지 않습니다. 제게 또 다른 하나를 보여 주세요.

04. 말하는 것과 실행하는 것은 별개이다.

■ **학교시험출제유형** ■

01. one	**02.** ①	**03.** cap	**04.** ①	**05.** ⑤	**06.** ②	**07.** ⑤
08. ④	**09.** ③	**10.** ③	**11.** ①	**12.** each other		**13.** ④
14. ⑤	**15.** ⑤	**16.** another		**17.** ⑤		

04. 앞에서 언급된 사물을 지칭할 때는 대명사 it을 쓴다.

05. 두 가지 중 하나, 그리고 나머지 하나를 나타낼 때는 one ~, the other ~를 쓴다.

06. from one computer to other computers 한 컴퓨터에서 다른 컴퓨터들로 / other computers = others / 모든 컴퓨터에 보내는 것이 아니므로 the other (computers)가 아니다.

07. 둘 중 하나를 가리킬 때는 one, 나머지 하나는 the other를 이용해 나타낸다.

09. 둘 중에 '하나는 ~, 다른 하나는 ...'이라는 말은 one ~, the other ...로 나타낸다.

10. Some ~, others는 함께 쓰여 '어떤 ~는 ...하고, 다른 ~는 ...하다'의 뜻으로 쓰인다.

11. one은 한정되지 않은 것을 대신 받은 부정대명사이다. one ~, the other (둘 중에서)하나는 ~. 나머지는 (또 하나는) ~이다

12. 둘 사이에 서로 서로 each other

13. another 또 다른

15. ⑤ others → the others

16. Saying is one thing, doing is another. 말하는 것과 행동하는 것은 별개이다.

17. ① students → student ② likes → likes ③ Every of ~형태는 쓸 수 없다. Everyone of the children 또는 Every child로 고쳐야 한다. ④ letters → letter

Unit 19 재귀대명사

[pp.132 ~ 136]

▌EXERCISE ▌ A
01. myself   **02.** yourself   **03.** himself
04. herself   **05.** ourselves   **06.** yourselves
07. themselves

EXERCISE B

01. herself
02. yourself
03. himself
04. himself
05. myself
06. yourself
07. himself
08. for myself

학교시험출제유형

01. ⑤	02. ①	03. ①	04. ①	05. ②	06. ④	07. ②
08. ②	09. ourselves		10. ②	11. ②	12. ②	13. ⑤
14. ②	15. ④	16. ⑤				

01. themself ➔ themselves
02. I - myself
03. me ➔ myself 나 자신
04. I - myself / she - herself
05. me ➔ myself; 주어의 동작이 자기 자신에게 되돌아올 때 재귀대명사를 쓴다.
06. he의 재귀대명사 = himself
07. feel proud of ~을 자랑스럽게 느끼다; 자기 자신을 자랑스러워하는 것이므로 재귀대명사 himself를 쓰는 것이 알맞다.
08. hide-and-seek 숨바꼭질
09. by oneself '홀로, 스스로'의 뜻이다
10. 재귀대명사는 주어의 동작이 자기 자신을 향한 것일 때 사용하며 단수는 -self, 복수는 -selves의 형태임에 유의한다. 1,2인칭은 소유격으로, 3인칭은 목적격의 형태에 self 혹은 selves를 붙인다.
11. Help yourself. 많이 드세요.
12. 칭찬할 때 쓰는 표현이 적합하다.
13. ⑤는 재귀대명사의 강조 용법, 나머지는 동사의 목적어 역할을 하는 재귀 용법으로 쓰였다.
14. ②는 주어를 강조하고 있고, 나머지는 목적어가 주어 자신일 때 쓰는 재귀대명사이다.
15. ④는 강조하는 명사의 바로 뒤나 문장의 맨 끝에 위치하는 강조적 용법으로 생략 가능하다. 나머지는 재귀적 용법으로 동사 또는 전치사의 목적어로 쓰인 경우이다.
16. ⑤는 강조하는 명사의 바로 뒤나 문장의 맨 끝에 위치하는 재귀 대명사의 강조적 용법으로 생략 가능하다.

Chapter 08 형용사와 부사

Unit 20 형용사

[pp.138 ~ 143]

EXERCISE A

01. boring
02. dangerous
03. rainy
04. easy
05. expensive
06. smart
07. empty

[해석]

01. 그 책은 재미있지 않다. 그것은 지루하다.
02. 빨간 신호등에서 길을 건너지 마라. 그것은 매우 위험하다.
03. 오늘은 비가 온다. 우산을 가져가라.
04. 그 질문은 쉽지가 않았다. 나는 그 답을 알지 못했다.
05. 그 MP3는 너무 비쌌다. 그래서 나는 그것을 사지 않았다.
06. 그는 시험에서 좋은 성적을 받았다. 그는 영리한 학생이다.
07. A : 그 깡통은 가득 찼니?
　　B : 아니, 그것은 비었어.

EXERCISE B

01. She has long hair.
02. She has a small nose.
03. This is an interesting book.
04. He is an honest soldier.
05. eat something delicious
06. did nothing special

[해석]

01. 그녀는 머리가 길다.
02. 그녀는 코가 작다.
03. 이것은 재미있는 책이다.
04. 그는 정직한 군인이다.
05. 우리 부모님은 맛있는 것 먹기를 좋아한다.
06. 겨울 방학 동안에 나는 특별한 일을 아무것도 하지 않았다.

EXERCISE C

01. happy
02. strange
03. sad
04. sadly
05. looks like
06. easy
07. easily
08. happy

[해석]

01. 그는 항상 행복하게 보인다.
02. 이 음식은 맛이 이상하다.
03. Daniel은 슬퍼 보였다.
04. Daniel은 슬프게 나를 쳐다보았다.
05. 그것은 눈사람처럼 보인다.

EXERCISE D

01. sick
02. sleeping

EXERCISE E

01. are
02. blind

[해석]

01. 가난한 사람들이 항상 불행한 것은 아니다.
02. 시각 장애인들은 무언가를 보는데 어려움이 있다.

EXERCISE F

01. a little new red car

02. a pretty tall girl

03. a beautiful new house

04. nice long black hair

05. a small wooden box

■ 학교시험출제유형 ■

01. ①	02. ③	03. ③	04. are	05. ④	06. ①	07. ⑤
08. ①	09. ④					

01. rain의 형용사는 rainy

02. same 같은 / difficult 어려운; 나머지는 반의어 관계이다.

03. 명사를 수식하지 않는 형용사 앞에는 관사를 쓰지 않는다. 나머지는 모두 부정관사 a가 들어간다.

05. 명사를 수식하는 말은 형용사이다. mean 비열한

07. ⑤ beautifully → beautiful

08. ① popular shoes

09. ① only는 서술적 용법으로 쓰지 못한다.

　　He is an only child. 그는 외아들(또는 외동딸)이다.

　　② ill은 한정적용법으로 쓰지 못한다. ill → sick

　　③ asleep → sleeping

　　⑤ '우리는 그 집이 비싸다는 것을 알았다.'라는 의미의 문장이 되어야하므로 expensively → expensive.

Unit 21 수량형용사(수 읽기)

[pp.144 ~ 149]

EXERCISE A

01. first

02. second

03. third

04. fifth

05. ninth

06. twelfth

07. twentieth

08. twenty-first

09. thirtieth

10. fortieth

EXERCISE B

01. one hundred twenty-eight / a hundred twenty-eight / one hundred and twenty-eight / a hundred and twenty-eight

02. three hundred (and) sixty-eight

03. six hundred (and) thirty-four

04. twenty-two thousand (and) ninety-three

05. thirty-eight thousand, two hundred (and) fifty-seven

EXERCISE C

01. February the third, nineteen ninety-nine. 또는 the third of February nineteen ninety-nine.

02. May the twenty-seventh, two thousand one. 또는 the twenty-seventh of May two thousand one.

EXERCISE D

01. one fifty / ten to two / ten before two

02. four forty-five / fifteen to five / a quarter to five

03. nine o'clock

04. three fifteen / fifteen past three / fifteen after three

EXERCISE E

01. divided

02. from

03. times

04. seven

EXERCISE F

01. a quarter 또는 a fourth

02. two thirds

03. three eighths

04. a(one) half

■ 학교시험출제유형 ■

01. ⑤	02. ⑤	03. ①	04. ⑤	05. ①	06. ④	07. ③
08. ②	09. four fifths	10. ④	11. ④	12. ④	13. ①
14. ⑤	15. ④					

01. ⑤는 "시간 있으세요?"

02. ⑤ a quarter to twelve, eleven forty five

04. ⑤ 7 : 25 - It's seven twenty-five.

05. ① nine fifty는 9시 50분이고 ten past ten은 10시 10분이므로 ten past ten을 ten to ten으로 고쳐야 한다.

　　② 5시 30분 ③ 6시 15분 ④ 11시 30분 ⑤ 8시 45분

06. ④는 "시간 있으세요?"의 의미이고, 나머지는 "몇 시입니까?"라고 묻는 표현이다.

07. It's ten to five.는 "5시 10분 전."이고 It's four fifty.는 "4시 50분."이므로 시간을 다시 한번 이야기 한 것이다.; ①②④⑤ 다시 한번 말씀해 주시겠어요? ③ 그래요?

09. 분수를 읽을 때는 분자부터 읽고 분자는 기수로, 분모는 서수로 읽고, 분자가 2이상이면 분모에 s를 붙인다.

10. three sevens → three sevenths

11. 분자가 복수이므로 분모에 -s를 붙인다.

　　→ three quarters

12. ① one and a half ② three fourths ③ a quarter ⑤ two thirds

13. ① three and two fifths $(3\frac{2}{5})$

14. ⑤ eleven over thirteen

15. ① 190 − one hundred ninety

② $2.35. — two dollars and thirty-five cents
③ 4,000 — four thousand
⑤ 25th — twenty-fifth

Unit 22 some, any, many, much, few, little

[pp.150 ~ 155]

EXERCISE A
01. some   02. any   03. any   04. some

[해석]
01. 그녀는 몇 가지 실수를 했다.
02. 너는 아이들이 좀 있니?
03. 정원에는 꽃이 하나도 없습니다.
04. 물 좀 드시겠어요?

EXERCISE B
01. much   02. many   03. much   04. were
05. was

[해석]
01. 서둘러라! 우리는 시간이 많지 않다.
02. 얼마나 많은 연필을 가지고 있니?
03. Mr. Kim은 항상 그의 음식에 많은 소금을 넣는다.
04. 그 파티에 많은 사람들이 있었다.
05. 거기에 많은 음식이 있었다.

EXERCISE C
01. a few   02. Few   03. a little   04. little
05. A little   06. students   07. is   08. are

[해석]
06. 그 질문에 답하는 학생이 거의 없었다.
07. 주머니에 돈이 거의 없다.
08. 오래된 건물이 아직도 몇 개 있다.

■ 학교시험출제유형 ■

01. ④	02. ⑤	03. ①	04. ④	05. ⑤	06. much	07. ①
08. ①	09. ①	10. ④	11. ③	12. ③	13. ③	14. ③
15. ⑤	16. ④	17. a few		18. ⑤	19. ③	20. ④
21. ③	22. ②					

01. 긍정 평서문에서는 some, 부정문과 의문문에서는 any를 쓴다.

02. 부정문과 의문문에서는 some 대신에 any를 쓴다. 단, 권유를 나타내거나 긍정의 대답을 기대할 때는 의문문에서도 some을 쓴다.
03. not ~ any = no
06. a lot of는 '많은'이라는 뜻으로 셀 수 있는 명사나 셀 수 없는 명사에 모두 쓰일 수 있다. money는 셀 수 없는 명사이므로 much와 바꾸어 쓸 수 있다.
07. much 뒤에는 셀 수 없는 명사가 온다.
08. How many 다음에는 복수명사가 필요하다.
child → children
09. many+셀 수 있는 명사(복수)
10. a lot of = lots of 많은(셀 수 있는 명사와 셀 수 없는 명사 앞에 모두 쓰인다)
12. many = a great number of, much = a great deal of
14. some은 '약간의, 몇몇의'라는 뜻이므로 셀 수 있는 명사 앞의 a few와 같은 표현이다.
15. a few는 '조금 있는'의 뜻으로 셀 수 있는 명사 앞에 쓰이며 much는 '많은'의 뜻으로 셀 수 없는 명사 앞에 쓰인다.
16. examples에 복수형 어미 -s가 있으므로 셀 수 있는 명사. a little은 셀 수 없는 명사에 쓴다.
17. 정확하지 않은 수를 말해야 할 경우 우리말과 같이 '몇 몇, 좀, 약간'이라는 뜻을 가진 a few를 사용한다. 단, 셀 수 없는 명사 앞에서는 사용할 수 없다.
18. a little은 셀 수 있는 명사 앞에 쓰일 수 없다.
19. a few+셀 수 있는 명사
20. a little은 양이 '적은' 것을 가리키므로 friends와 같이 셀 수 있는 명사 앞에는 쓰이지 않는다.
21. 그는 친구가 거의 없어 하루 종일 혼자 놀았다.
22. 과거에는 자동차를 가지고 있는 사람들이 거의 없었기 때문에 교통사고가 심각한 문제를 일으키지는 않았다.

Unit 23 부사

[pp.156 ~ 166]

EXERCISE A
01. slow, slowly   02. careful, carefully   03. easily, easy
04. friendly   05. sad, sadly   06. lonely
07. carefully, good

[해석]
01. Mike는 매우 느리다. 그는 매우 느리게 달린다.
02. Jane은 조심스런 소녀였다. 그녀는 사다리를 조심스럽게 올라갔다.
03. 민호는 수학을 쉽게 배운다. 그는 수학이 쉬운 과목이라고 생각한다.
04. 너의 담임선생님은 매우 친절해 보인다.
05. 그 불쌍한 소녀는 슬퍼 보였다. 나는 그녀를 슬프게 쳐다봤다.

06. 그녀는 외로워 보인다.

07. 나는 그 음식을 조심스럽게 맛을 봤다. 그것은 맛이 좋았다.

■ EXERCISE ■ B

01. sadly   02. differently   03. sweetly   04. easily
05. fast   06. late   07. good
08. careful   09. fast runners   10. hard   11. slowly
12. quickly   13. good   14. late

[해석]

07. 그녀는 노래를 잘한다.

08. 나의 아버지는 조심하여 운전한다.

09. 그들은 빨리 달린다.

10. 그는 매우 열심히 일했다. 그래서 그는 피곤했다.

11. 우리는 시간이 많이 있었다. 그래서 우리는 천천히 걸었다.

12. 그는 항상 식사를 빨리 먹는다.

13. Linda는 피아노를 잘 친다. 그녀는 좋은 피아니스트이다.(피아노를 잘 친다.)

14. 나는 오늘 아침에 늦게 일어났기 때문에 그 버스를 놓쳤다.

■ EXERCISE ■ C

01. smart   02. plays   03. reads
04. carefully   05. old   06. She is very cute.
07. It is warm enough for you.
08. I met him in the park yesterday.
09. We were in London last year.
10. My mother made the food in the morning
11. They spent their holiday at home last year.
12. I will play the piano at the party on Saturday.

[해석]

01. Daniel은 정말로 영리한 학생이다.

02. Linda는 피아노를 아주 잘 친다.

03. Laura는 책을 빨리 읽는다.

04. 그는 매우 조심스럽게 운전한다.

05. 나는 혼자 여행할 수 있을 정도로 충분히 나이 들었다.

06. 그녀는 매우 귀엽다.

07. 그것은 너에게 충분히 따뜻하다.

08. 나는 어제 공원에서 그를 만났다.

09. 우리는 작년에 런던에 있었다.

10. 엄마가 아침에 그 음식을 만들었다.

11. 그들은 작년에 휴가를 집에서 보냈다.

12. 나는 토요일에 파티에서 피아노를 연주할 것이다.

■ EXERCISE ■ D

01. Mike is often late for class.

02. She sometimes goes to a movie.

03. I don't usually eat any fruit late at night.

04. I will always help her.

05. We can never watch TV on Sunday.

[해석]

01. Mike는 자주 수업에 늦는다.

02. 그녀는 때때로 영화 보러 간다.

03. 나는 대개 밤에는 과일을 전혀 먹지 않는다.

04. 나는 항상 그녀를 도울 것이다.

05. 우리는 일요일에 결코 TV를 볼 수 없다.

■ EXERCISE ■ E

01. O   02. O   03. O   04. X   05. O   06. O   07. X

[해석]

01. 그는 그 시험을 포기했다.

02. 그녀는 그 계획을 연기했다.

03. 그는 그것을 포기했다.

04. 그는 그것을 포기했다.(He gave it up.이 맞는 표현)

05. 그녀는 그 계획을 연기했다.

06. 여기에서 너의 신발을 벗어라.

07. 그녀는 그들을 돌본다. (She looks after them.이 맞는 표현)

■ 학교시험출제유형 ■

01. ④	02. ③	03. ②	04. ④	05. ④	06. ③	07. ⑤
08. ①	09. ④	10. singer	11. good cook		12. ③	13. ②
14. ②	15. strong enough to carry					
16. enough time to wait for her				17. ④	18. ⑤	19. ①
20. ③	21. ②	22. ③	23. ⑤	24. ③	25. ④	26. ④

01. ①②③⑤는 의미가 같은 '형용사-부사'관계이다.
   ④ late(늦은, 늦게)와 lately(최근에)는 의미가 다르다.

02. ③은 부사, 나머지는 '명사+ly'로 형용사이다.
   단, ④⑤는 부사로도 쓰일 수 있다.

03. 명사에 -al이나 -ly를 붙이면 형용사가 된다.
   friend(친구) - friendly (친절한) / nation(국가) - national(국가의)

04. ④는 '동사-형용사', 나머지는 '형용사-부사'의 관계이다.

05. fast는 형용사와 부사의 형태가 모두 fast이다.

06. hardly(거의 ~않다) ➔ hard(열심히)

07. ⑤는 '친근한'이라는 뜻의 형용사이다. 빈칸에는 동사를 수식하는 부사가 필요하다.

08. fast와 late는 형용사와 부사로 모두 쓰이고 lately는 '최근에'의 뜻으로 late와 의미가 다르다.

09. '잘'이라는 의미로 동사를 꾸미기에 적절한 것은 well이라는 부사이다.

11. cook 요리사 / cooker 요리기구
12. How are you doing? 잘 지내니? /
    How do you like it? 그것이 맘에 드니?
13. enough가 명사를 수식할 때는 명사앞에, 형용사와 부사를 수식할 때는 형용사 혹은 부사 뒤에 온다.
14. <보기> 열심히 ① 몹시(=heavily) ② 열심히 ③ 단단한 ④ 힘든 ⑤ 단단한, too~ to… : 너무 ~해서 …할 수 없다
15. 「형용사/부사+enough to+동사원형」: ~할 정도로 충분히 …한
16. 그녀를 기다릴 충분한 시간이 없다.
17. How often~?은 '횟수, 빈도'를 묻는 말이므로 'really(정말로)'는 적절하지 않다.
18. ①②③④에서 enough는 형용사로 쓰이고, ⑤에서 enough는 부사로 쓰였다.
19. always 항상, usually 보통, 일반적으로, often 자주, sometimes 가끔, 때때로, never 전혀 ~하지 않다
20. 빈도부사는 일반동사 앞, be동사나 조동사 뒤에 위치한다.
21. ① often will → will often ③ late sometimes → sometimes late ④ see always → always see ⑤ always is → is always
22. ①②④⑤ 너무, ③ 또한(역시)
23. 긍정문에서는 too, 부정문에서는 either를 쓴다.
24. trun down (소리를) 줄이다.
    turn down it → turn it down
25. Mike threw away it. → Mike threw it away. : 이어동사의 목적어가 대명사일 경우에 그 목적어는 동사와 부사 사이에 와야 한다.
    try on : 입어보다, 신어보다, cut off 잘라내다, 배어내다,
    get off : 내리다, throw away : 버리다, take off : 벗다
26. trying on it → trying it on

Chapter 09 비교

Unit 24 비교급과 최상급의 형태

[pp.168 ~ 171]

EXERCISE A
01. kinder - kindest
02. shorter - shortest
03. nicer - nicest
04. hotter - hottest
05. bigger - biggest
06. fatter - fattest
07. heavier - heaviest
08. happier - happiest
09. dirtier - dirtiest
10. more beautiful - most beautiful
11. more expensive - most expensive

12. more important - most important
13. more slowly - most slowly
14. more quickly - most quickly

EXERCISE B
01. better - best
02. better - best
03. worse - worst
04. more - most
05. more - most
06. less - least
07. later - latest
08. latter - last

학교시험출제유형

01. ④	02. ①	03. ④	04. ⑤	05. ⑤	06. ①	07. ③
08. ④	09. ①					

01. early → earlier
02. dirty - dirtier
03. good - better
04. cheap은 1음절이므로 비교급은 cheaper라고 쓴다.
05. ① hot - hottest ② easy - easiest ③ long - longest ④ thin - thinnest
06. big - bigger - biggest
07. pretty - prettier - prettiest; 「자음+y」로 끝나는 말은 y를 i로 고치고 -er, -est를 붙인다.
08. most는 many의 최상급이다. good - better - best
09. ② late - later - latest 또는 late - latter - last
    ③ early - earlier - earliest
    ④ good - better - best
    ⑤ slowly - more slowly - most slowly.
    ly로 끝나는 부사는 more, most를 붙인다.

Unit 25 비교급에 의한 비교

[pp.172 ~ 175]

EXERCISE A
01. bigger than
02. hotter than
03. better than
04. earlier than
05. more

EXERCISE B
01. yours
02. Bill's
03. yours
04. prettier

[해석]

01. 내 핸드폰은 너의 것보다 싸다.

02. Susan의 연필은 Bill의 것 보다 길다.

03. 우리 집이 너희 집보다 크다.

04. 그녀는 내가 기대했던 것 보다 귀엽다.

■ EXERCISE ■ C

01. still   **02.** much   **03.** even

[해석]

01. 저 산은 이 건물보다 훨씬 높다.

02. Mike는 그의 친구보다 훨씬 빨리 걷는다.

03. 지구는 달 보다 훨씬 크다.

■ 학교시험출제유형 ■

01. ②	**02.** ②	**03.** ②	**04.** ④	**05.** ①	**06.** more	**07.** ②
08. ②	**09.** ⑤	**10.** ③	**11.** shorter			
12. more expensive	**13.** better than		**14.** earlier		**15.** ④	
16. than	**17.** ④					

01. fast의 비교급은 faster이다.

02. longer (더 긴)

03. pretty의 비교급은 prettier이다.

04. big - bigger

05. ② biger → bigger ③ more faster → faster ④ heavyer → heavier
⑤ longger → longer

06. much의 비교급은 more이다.

07. pretty의 비교급은 prettier로 나타낸다.

08. Tom is older than Bill. Tom은 Bill보다 나이가 많다.

09. Mike is heavier than John.

12. 「A+be동사+형용사의 비교급+than+B」 A가 B보다 더 ~하다

15. ④ She has more money than he does.
= He has less money than she does.

Unit 26 주의해야 할 비교급 표현

[pp.176 ~ 180]

■ EXERCISE ■ A

01. warmer and warmer   **02.** colder and colder

03. more and more

■ EXERCISE ■ B

01. Mary is a year older than Peter.

02. Mary is three years older than Julie.

■ EXERCISE ■ C

01. Who, stronger, or   **02.** Which, warmer

03. Which, better, or   **04.** Who, taller, or

■ EXERCISE ■ D

01. higher, colder   **02.** older, wiser

03. The sooner, the better   **04.** The more, the more

■ EXERCISE ■ E

01. than → to   **02.** call → calling

03. less   **04.** prefer

[해석]

01. 그는 고기보다 생선을 더 좋아한다.

02. 나는 사람들에게 전화하는 것 보다 편지쓰는 것을 더 좋아한다.

03. Mike는 Jane보다 키가 크다.
= Jane은 Mike보다 키가 덜 크다.

04. 나는 중국음식보다 한국음식을 더 좋아한다.

■ 학교시험출제유형 ■

01. ④	**02.** ③	**03.** ②	**04.** ⑤	**05.** ②	**06.** ④	**07.** ④
08. ②	**09.** ④	**10.** ②	**11.** ④	**12.** lower, more		**13.** ③
14. prefer	**15.** better than		**16.** ④			

01. get+원급 : ~하게 되다, get+비교급 : 더 ~하게 되다, get+비교급 : 점점 더 ~하게 되다

03. <more+원급>형태의 비교급을 '점점 더 ~하다'는 의미로 쓸 때는 <more and more+원급>으로 쓴다.

04. more and more people 점점 더 많은 사람들

05. Mary 16세, Sally 13세, Peter 15세

06. 나(16세), Sally(18세), Mike(17세), Mary(20세), Julie(19세)

07. Which do you like better, A or B?
: A와 B 중에 어느 것을 더 좋아하니?

08. 더 높이 올라갈수록 공기는 더 희박해진다.

09. Who is taller, Mike or Bob? : Mike와 Bob 중 누가 키가 크니? /
Mike is taller. : Mike가 더 커.

10. 통신 수단이 발전할수록 세상은 점점 더 좁아진다.

13. 「the+비교급 ..., the+비교급 ~」은 「As+주어+동사+ 비교급, 주어+동사+비교급」으로 바꾸어 쓸 수 있다.

16. prefer A to B : B보다 A를 좋아하다 /
whenever~ : ~할 때는 언제나

Unit 27 원급에 의한 비교

[pp.181 ~ 185]

■ EXERCISE ■ A

01. as old as   02. as tall as   03. as[so] well as

04. bigger than   05. taller than, shorter than

06. older than, younger than

[해석]

03. 우리는 그들보다 축구를 잘했다.

04. 부산은 서울만큼 크지가 않다.

05. 너는 그만큼 크지가 않다.

06. 그의 아버지는 너의 아버지만큼 나이가 많지 않다.

■ EXERCISE ■ B

01. possible   02. he could

03. twice as old as   04. three times as big as

[해석]

01. Mike는 가능한 빨리 달린다.

02. 그는 가능한 빨리 숨었다.

■ 학교시험출제유형 ■

01. ③	02. as	03. as old as	04. ⑤	05. stronger than	
06. as[so] big as	07. ④	08. ③	09. ①	10. ⑤	11. ④
12. ①	13. ①	14. could	15. ③	16. as much as I can	
17. as	18. three, times, as				
19. 35 times as large as Korea		20. ③	21. much	22. ④	

01. 동급비교 구문에서 as와 as 사이에는 형용사/부사의 원급이 와야 한다. warmer → warm

02. A is as+원급+as B (A는 B만큼 ~하다)

03. A is as+원급+as B (A는 B만큼 ~하다)

05. A is not as[so]+원급+as B (A는 B만큼 ~하지 못하다)
= B is 비교급 than A (B가 A보다 더 ~하다)

06. 「A is as+원급(형용사나 부사)+as B」 A는 B만큼 … 하다

07. Tom이 Ann보다 더 빠르므로 Ann은 Tom만큼 빠르지 않다.

08. 보기는 "그녀는 나만큼 열심히 공부하지 않았다."라는 뜻이므로 "나는 그녀보다 더 열심히 공부했다."라는 말과 의미상 비슷하다.

11. 과거시제(ran)이므로 can이 아니라 could가 와야 한다.

13. could를 can으로 바꾼다.

14. as ~ as possible = as ~ as 주어 can(could) 가능한 한 ~하게

15. 「as+형용사[부사]+as+주어+can」: 가능한 한 ~하게 = as ~ as possible

17. as+형용사+as … : …만큼 ~한 / as much as possible 가능한 많이

20. time → times

22. book → books

Unit 28 최상급에 의한 비교

[pp.186 ~ 190]

■ EXERCISE ■ A

01. the tallest   02. the youngest   03. of   04. in

■ EXERCISE ■ B

01. ① She is smarter than any other student in her class.
② No (other) student in her class is smarter than she.
③ No (other) student in her class is as smart as she.

02. ① Tom is taller than any other student in his class.
② No (other) student in his class is taller than Tom.
③ No (other) student in his class is as tall as Tom.

03. ① Health is more important than any other thing.
또는 Health is more important than anything else.
② Nothing is more important than health.
③ Nothing is as important as health.

■ EXERCISE ■ C

01. the richest men   02. the most famous singers

■ 학교시험출제유형 ■

01. ①	02. ②	03. ②	04. ⑤	05. longest	06. ⑤
07. ③	08. ⑤	09. ⑤	10. ④	11. ⑤	12. ⑤
13. runs fastest	14. ③	15. ②	16. Nothing, than	17. ④	
18. ⑤	19. ⑤	20. ⑤	21. oldest cities	22. ④	23. ⑤

01. happy의 최상급은 happiest

02. ① big - bigger - biggest
③ heavy - heavier - heaviest
④ small - smaller - smallest
⑤ dangerous - more dangerous - most dangerous

03. sad - saddest(가장 슬픈) / happy - happiest(가장 행복한)

04. He is fast. 그는 빠르다.; 이때 fast는 형용사이므로 최상급으로 고칠 때 the fastest로 써야 한다.

05. 나일 강은 세계에서 가장 긴 강이다. (longest)

07. 형용사의 최상급 앞에는 the를 쓴다.

08. 형용사 great의 최상급 표현은 greatest로 한다.

09. popular의 최상급은 the most를 붙여서 사용한다.

10. biggest 가장 큰 / bigger 더 큰

11. 최상급+of+숫자/all, 최상급+in+단체/지역

12. A is the oldest of the three cars. /
C is the newest of the three cars. /
A is the cheapest of the three cars.

13. 부사의 최상급 앞에는 정관사 the를 쓰지 않는다.

14. 수진의 몸무게가 가장 무겁다.

15. A 비교급 than any other 단수명사
: A는 어떤 다른 (단수명사)보다 더 ~하다

16. 「부정 주어+비교급+than A」는 '어떤 것도(어느 누구도) A보다 더 ~하지 않다'라는 뜻이다.

17. 「A is 비교급+than any other+단수명사」는 최상급의 표현이다.

18. Jane is as tall as other students in her class. Jane은 학급의 다른 학생들만큼 키가 크다. ①②③④는 모두 'Jane이 학급에서 가장 키가 크다'의 의미로 최상급의 의미를 갖는다.

19. ①②③④는 건강이 가장 중요하다는 말이고 ⑤는 건강이 다른 어떤 것보다 중요하지 않다는 말이다.

20. 시간보다 더 중요한 것은 없다.

21. 「one of the+최상급+복수명사」 가장 ~한 것들 중 하나

22. one of the 최상급+복수명사 : 가장 ~한 것 중에 하나 / flag를 flags로 고쳐야 한다.

23. person → persons

Chapter 10 시제 2

Unit 29 현재완료 형태와 의미

[pp.192 ~ 199]

▮ EXERCISE ▮ A
01. have **02.** has **03.** broken **04.** used
05. was/were - been **06.** did - done
07. went - gone **08.** finished - finished **09.** lost - lost
10. hid - hidden **11.** left - left **12.** arrived - arrived
13. met - met **14.** read[red로 발음] - read[red로 발음]
15. saw - seen **16.** sold - sold **17.** spent - spent
18. knew - known **19.** wrote - written **20.** came - come

[해석]
01. 나는 5년 동안 서울에서 살고 있다.
02. 그녀는 3년 동안 일본어를 공부해 오고 있다.
03. Julie가 방금 꽃병을 깨뜨렸다.
04. 나는 2년 동안 이 컴퓨터를 사용해 오고 있다.

▮ EXERCISE ▮ B
01. lost **02.** has lost **03.** has come **04.** have bought
05. lived **06.** saw **07.** visited **08.** did you have
09. now **10.** since 1995 **11.** ○ **12.** X
13. ○ **14.** X **15.** ○ **16.** X
17. ○ **18.** X

[해석]
06. 나는 어제 그 영화를 봤다.
07. John은 작년에 한국을 방문했다.

08. 언제 점심을 먹었니?
09. 그는 지금 도착했다.
10. 나는 1995년 이후로 그녀를 알고 지낸다.

▮ EXERCISE ▮ C
01. I have not[haven't] touched your cakes.
02. She has not[hasn't] finished her homework.
03. have **04.** haven't

[해석]
01. 나는 너의 케익을 만지지 않았다.
02. 그녀는 그녀의 숙제를 끝마치지 않았다.
03. A : 너는 뉴욕을 방문한 적이 있니?
　　B : 응, 방문한 적이 있어. 나는 작년에 뉴욕에 갔었어.
04. A : 외국인에게 말을 걸어본 적이 있니?
　　B : 아니, 그런 적 없어.

▮ 학교시험출제유형 ▮

01. ③	02. ②	03. ④	04. ①	05. ⑤	06. ②	07. ②
08. ⑤	09. ③	10. ④	11. ⑤	12. ⑤	13. ①	14. ④
15. ①	16. ④	17. ④	18. ②	19. ③	20. ①	21. ①
22. ⑤	23. ⑤	24. ③	25. have lived		26. ④	

01. spend - spent - spent
02. do - did - done
03. ① fall - fell - fallen, ② hide - hid - hidden, ③ cut - cut - cut, ⑤ hear - heard - heard
04. 주어가 3인칭 단수이면 has를 쓴다.
05. have knew → have known
06. went → gone
07. ① → has taken ③ → hasn't taken ④ → has smelled ⑤ → have stolen
08. finish의 과거분사는 finished이다.
09. 현재완료의 부정문 :have[has]+not+p.p. / have[has]+never+p.p
10. 현재완료(have+p.p.)의 부정형은 「haven't(hasn't)+p.p.」로 나타낸다.
11. 현재완료의 의문문 「Have[Has]+주어+p.p. ~?」
12. 주어가 3인칭 단수(He)이므로 has가 와야 한다.
13. 현재완료의 질문에 대한 대답은 Yes, I have. / No, I haven't.로 해야 한다.
14. Have you ever~?이라고 묻는 질문에 Yes, I have. 혹은 No, I haven't. 로 대답해야 한다.
16. 현재완료는 「have+p.p.」의 형태이므로 see의 과거 분사형 seen이 와야 한다.
17. 대답으로 '참 좋은 계획이다'라는 대답이 왔으므로 긍정의 대답이 와야 한다.

18. 과거를 나타내는 부사 yesterday와 현재완료는 함께 쓰일 수 없다.

19. ago는 현재완료형과 함께 쓸 수 없다.

20. ago → before

21. ② see → seen ③ 현재완료는 명확한 과거를 나타내는 (last year)부사와 함께 쓸 수 없다. ④ has she gone → did she go ⑤ didn't → haven't

22. yesterday, last year, a week ago는 과거 시제와 함께 써야 한다.

23. ①②③④는 have를 써서 표현하는 완료 시제. ⑤는 Did를 써야 한다. 또한 과거시제를 나타내는 부사구 last night는 현재완료시제와 함께 쓰이지 않는다.

24. My dad has gone to America. 아버지는 미국에 가셨어. (아직 안 돌아 오셨어.)

25. 6개월 전부터 살기 시작하여 지금도 살고 있으므로 현재완료 시제 (have+p.p.)가 되어야 한다.

26. 누군가가 가방을 가져가서 현재 가방이 없으므로 현재완료의 '결과' 용법으로 나타낼 수 있다. somebody는 3인칭 단수 취급하며, take의 현재분사형은 taken이다.

Unit 30 현재완료의 용법

[pp.200 ~ 205]

■ EXERCISE ■ A
01. already 02. yet 03. yet 04. now
05. still

■ EXERCISE ■ B
01. never 02. ever 03. before 04. been
05. have

■ EXERCISE ■ C
01. have used 02. have lived 03. have been
04. have worked 05. since 06. for
07. For 08. Since 09. since

[해석]
01. 나는 2년 전에 이 컴퓨터를 샀다. 그리고 아직도 그것을 사용한다.
 = 나는 2년 동안 이 컴퓨터를 사용하고 있다.
02. 그들은 5년 전에 여기에서 살기 시작했고 지금도 살고 있다.
 = 그들은 여기에서 5년 동안 살고 있다.
03. 나는 5년 전에 한국에 왔다. 나는 아직도 한국에 있다.
 = 나는 5년 동안 한국에 있다.
04. 나는 6개월 전에 그 가게에서 일하기 시작했다. 나는 아직도 그 가게에서 일한다.
 = 나는 6개월 동안 그 가게에서 일하고 있다.

05. 스페인 사람들은 1944년 이후로 이 토마토 축제를 경축해 오고 있다.

06. 그들은 5년 동안 여기에 살고 있다.

07. A : 한국에 얼마나 오래 동안 있었니?
 B : 3년 동안 있었다.

08. A : 한국에 얼마나 오래 동안 있었니?
 B : 1992년 이후로 한국에 있었다.

09. Mr, Kim은 선생님이다. 그는 작년 이후로 이 학교에서 영어로 가르치고 있다.

■ EXERCISE ■ D
01. has gone 02. has taken
03. 나는 막 내 일을 끝냈다. 완료
04. 미나는 얼마나 오랫동안 아팠니? 계속
05. 나는 제주도에 세 번 갔다 왔다. 경험
06. 그는 제주도에 갔다. 완료 또는 결과
07. 나는 방금 슈퍼에 갔다 왔다. 완료
08. 나는 결코 그렇게 재미있는 경기를 본 적이 없다. 경험
09. 그는 시계를 잃어버렸다. 결과
10. 나는 2년 동안 여기에서 살고 있다. 계속

■ 학교시험출제유형 ■

01. ②	02. ①	03. ③	04. ②	05. ④
06. Have you ever been to Jejudo?			07. ⑤	08. ③
09. have been, for		10. ②	11. ③	12. ⑤	13. ②
14. ⑤	15. ③	16. ①		

01. Have you ever+p.p. ~? ~해본 적이 있니?

02. Have you ever heard his music? '그의 음악을 들어 본 적이 있니?'라는 현재완료의 경험을 나타낸다.

03. Los Angeles에 가봤냐는 질문에 언젠가 가고 싶다고 말하고 있으므로 빈칸에는 가보지 못했다는 답변이 적합하다.

05. Who is he?라고 물었으므로 B는 Picasso에 대해 들은 적이 없는 것을 알 수 있다. 현재완료로 질문할 때 대답은 「Yes, 주어+have[has]」, 또는 「No, 주어+have[has] not」.으로 한다.

06. 현재완료 시제의 의문문은 「Have[Has]+주어+동사 ~?」의 형태로 쓰인다.

07. 과거에 시작한 일이 현재까지 영향을 미칠 때 사용하는 시제가 현재완료 시제이므로 「have+p.p.」의 형태가 들어가야 한다.

08. 현재완료로 묻는 질문에는 현재완료로 답한다.

09. '~동안'을 의미하는 for는 현재완료 시제 문장에서 잘 쓰인다.

10. 과거에 있었던 일이 현재까지 영향을 미치는 경우 현재완료 시제를 쓴다.

11. 보기의 문장은 현재완료의 '계속' ① 완료 ② 결과 ③ 계속 ④ 경험 ⑤ 완료

12. ①②③④는 경험, ⑤는 계속

13. 보기와 ②는 현재완료의 '경험'을 나타내는 용법이다.; ① 결과 ③
계속 ④ 완료 ⑤ 완료

14. 보기와 ⑤는 현재완료 용법 중 '계속'에 해당하고 나머지는 '경험'이
다.

15. ①②④⑤는 모두 「경험」을 ③은 「계속」을 나타낸다.

16. ① for ②③④⑤ since

Unit 31 현재완료진행/과거완료/미래완료

[pp.206 ~ 210]

▌EXERCISE ▌A

01. has been raining   **02.** have been waiting

03. have been studying

04. We have been waiting for her since 2 o'clock.

05. They have been playing badminton for 3 hours.

[해석]

01. 2시간 전에 비가내리기 시작했다. 그리고 아직도 비가 내린다.
= 두 시간 동안 비가 내리고 있는 중이다.

02. 우리는 한 시간 전에 그녀를 기다리기 시작했다. 우리는 아직도 기다
리고 있다.
= 우리는 그녀를 한 시간 동안 기다리고 있는 중이다.

03. 나는 5년 전에 영어를 공부하기 시작했다. 나는 아직도 영어를 공부
하고 있다.
= 나는 5년 동안 영어를 공부하고 있는 중이다.

04. 우리는 2시 이후로 그녀를 기다리고 있는 중이다.

05. 그들은 3시간 동안 배드민턴을 치고 있는 중이다.

▌EXERCISE ▌B

01. had gone   **02.** had eaten   **03.** had broken

04. had known   **05.** had, prepared   **06.** had lost

07. had bought

[해석]

01. 내가 파티에 도착했을 때, Tom은 거기에 없었다. 그는 집에 갔다.

02. Bill은 많은 아이스크림을 먹었기 때문에 아팠다.

03. 민수는 어제 학교에 갈 수 없었다. 왜냐하면 그는 지난주에 교통사고
로 팔이 부러졌었다.

04. 내가 그의 가족을 만나기 전에 나는 오랫동안 그를 알고 있었다.

05. 내가 깨어났을 때, 어머니는 이미 아침 식사 준비를 마쳤다.

06. 나는 어제 잃어버린 그 시계를 찾았다.

07. 나는 그 전날 샀던 안경을 잃어버렸다.

▌EXERCISE ▌C

01. will have worked   **02.** will have finished

■ 학교시험출제유형 ■

01. ③	02. ②	03. ④	04. ⑤	05. have been reading
06. ②	07. raining	08. ③	09. ①	10. ④ 11. ⑤
12. ①	13. had spent	14. ②		

03. 주어가 3인칭 단수이므로 have가 아닌 has를 쓴다.

04. 『have[has] been+-ing』는 현재완료 진행형으로, 과거 어느 시점에
시작된 동작이 아직도 계속되고 있을 때 사용한다.

08. 도둑이 창문을 통해 도망간 것이 먼저 일어난 일이므로 과거완료
(had+p.p.) 시제를 써야 한다.

12. 영화를 본 것이 영화에 대하여 이야기하는 것보다 이전 시제이므로
saw를 had seen으로 써야 한다.

14. know는 진행형을 쓸 수 없다.

Chapter 11 조동사

Unit 32 조동사의 이해, can[could]

[pp.212 ~ 216]

▌EXERCISE ▌A

01. Can   **02.** must   **03.** may   **04.** May

05. may

[해석]

01. 영어를 말할 수 있니?

02. 그는 6시까지 여기에 와야 한다.

03. 너는 내 컴퓨터를 사용해도 좋다.

04. 제가 여기에 앉아도 되나요?

05. 예, 당신은 어느 곳이든지 앉아도 됩니다.

▌EXERCISE ▌B

01. My mother may be angry.

02. Susan can speak Chinese.

03. Can you help me with my homework?

04. He can't swim.

05. They can't come to the party.

▌EXERCISE ▌C

01. can   **02.** couldn't   **03.** couldn't   **04.** Can

05. can't

[해석]

01. 고양이는 점프할 수 있지만 수영할 수는 없다.

02. 내 친구들은 내 숙제를 도와주지 않았다. 그래서 나는 내 숙제를 끝마칠 수 없었다.

03. 나는 하루 종일 내 가방을 찾았다. 그러나 찾을 수가 없었다.

04. A : 여보세요. Tom좀 바꿔 주시겠어요?

　　B : 전데요.

05. 그녀는 지금 친구들과 자전거를 타고 있다. 그녀가 아플리가 없다.

■ 학교시험출제유형 ■

01. ②	02. ①	03. ④	04. ④	05. ⑤	06. ⑤	07. ①
08. am able to	09. ④	10. ①	11. ②	12. ③	13. ⑤
14. ⑤	15. ⑤	16. ④	17. ②			

01. You can do it. 너는 할 수 있어.

02. ①은 Yes와 can't가 함께 쓰여서 어색하다.

04. 조동사 뒤에는 항상 동사원형이 온다. rides → ride

05. ① cans→ can ② makes → make ③ to speak→ speak
　　④ Does he can → Can he

09. ④는 「~일리가 없다」는 부정적 추측, ①②③⑤는 「~할 수 없다」

10. can의 미래형은 will be able to로 쓴다.

17. 그녀는 충분히 먹었다. 그녀는 배고플 리가 없다. stand on one's hands 물구나무를 서다

Unit 33 may, might

[pp.217 ~ 220]

■ EXERCISE ■ A

01. 너는 여기에 머물러도 좋다.<허가>

02. 그는 피곤할 지도 모른다. <추측>

03. 제가 질문하나 해도 되나요? <허가, 부탁>

04. 그는 모레 여기에 올지도 모른다. <추측>

05. 내일 비가 올지도 모른다. <추측>

■ EXERCISE ■ B

01. as well　　　**02.** may well　　　**03.** may well

[해석]

01. 너는 여기에 머무는 편이 낫다.

02. 그가 자신을 자랑스러워하는 것도 당연하다.

03. 그가 놀라는 것도 당연하다.

■ 학교시험출제경향 ■

01. ③	02. ①	03. ④	04. ②	05. ①
06. He may not come tomorrow.		07. ①	08. ⑤	09. ③
10. ④	11. ②	12. ②	13. ⑤	14. ①	15. ④

07. A와 B는 지금 전화통화를 하고 있다.

08. may에는 '~해도 좋다'는 허락의 뜻과 '~일지도 모른다'는 추측의 뜻이 있다. 추측은 대화에 참여하지 않은 제3자(3인칭)에 대한 추측이 많을 것이다. 그래서 조동사가 추측으로 쓰이는 경우는 주어가 3인칭 경우가 많다.

09. ③ 허가 ①②④⑤는 추측

10. ④ 허가, ①②③⑤는 추측

12. ②는 추측을 나타낸다.

14. ① may ②③④⑤는 may not이 적당하다

15. ④ may as well ~ = had better ~ = ~하는 편이 낫다

Unit 34 must, have to

[pp.221 ~ 225]

■ EXERCISE ■ A

01. have to　　　**02.** has to　　　**03.** need not

04. need not　　　**05.** has → have　　　**06.** have → has

07. must to → must　　　**08.** wearing → wear

09. musted → had to　　　**10.** don't → doesn't

11. needs → need　　　**12.** will must → will have to

[해석]

01. 너는 지금 잠자리에 들어야 한다.

02. 그녀는 일찍 거기에 도착해야 한다.

03. 너는 걱정할 필요가 없다.

04. 그는 걱정할 필요가 없다.

05. 너는 너의 이를 닦아야 한다.

06. 그녀는 그녀의 방을 청소해야 한다.

07. 너는 그 약을 먹어야 한다.

08. 그들은 유니폼(단체복)을 입어야 한다.

09. 그들은 어제 일찍 일어나야 했다.

10. 그는 걱정할 필요가 없다.

11. 그는 걱정할 필요가 없다.

12. 나는 이번 금요일까지 내 숙제를 끝마쳐야 할 것이다.

■ EXERCISE ■ B

01. must be　　　**02.** can't be

[해석]

01. 그가 정직한 것이 확실하다.

　　= 그는 정직함에 틀림없다.

02. 그가 정직하다는 것은 불가능하다.
= 그는 정직할 리가 없다.

01. ④	02. must	03. ②	04. ④	05. ②	06. ④	07. ①
08. ②	09. ⑤	10. must	11. ①	12. ③	13. ②	14. ③
15. ⑤	16. ②	17. ③	18. ③	19. ②	20. must not	
21. must	22. need not					

01. ④ : ~ 임에 틀림없다 ①②③⑤ : ~ 해야만 한다

03. 보기와 ②는 '~임에 틀림없다'라는 강한 추측을 나타내며, 나머지는 '~해야 한다'

04. have to ~해야 한다(= must)

06. 「don't have to+동사원형, need not+동사원형」~ 할 필요가 없다

07. 미래에는 일을 하기 위해서 사무실에 출근할 필요가 전혀 없을 것이다./ don't have to의 미래형은 won't have to를 쓴다.not ~at all : 결코 ~ 않다

08. 조동사는 동시에 나란히 쓸 수 없다. must will → will have to

09. ⑤ has to go → have to go

10. must는 '필요'를 뜻하며 '~해야 한다'의 의미이다.

11. don't have to~ : ~할 필요 없다

13. yesterday라는 과거시제 부사가 나왔으므로 has to의 과거형을 써야 한다.; has to → had to

14. must not~:~하지 말아야 한다 = Don't+동사원형~:~하지 마라

16. ②는 '~임에 틀림없다'라는 '추측'의 의미이고 나머지는 '~해야 한다'라는 '의무'의 뜻을 가진다.

17. 그가 건강해 보이지 않는다는 말 뒤에는 He must be sick. 이 어울린다.

19. 그는 건강이 좋아 보이지 않는다. 그녀는 아픔에 틀림없다.

20. Mike는 심한 감기에 걸렸다. 그래서 지금 수영하면 안된다.

21. A : 밖에 나가도 되나요?
B : 그래, 하지만 9시까지 돌아와야 한다.

22. 그녀는 내일 일하지 않는다. 그래서 그녀는 내일 아침에 일찍 일어날 필요가 없다.

Unit 35 should, ought to, had better

[pp.226 ~ 228]

▌EXERCISE ▌ A

01. should   02. ought not to   03. ought to

04. shouldn't   05. shouldn't   06. should

07. should

[해석]

01. 너는 더 많은 과일을 먹어야 한다.

02. 너는 그렇게 운전하면 안 된다.

03. 지금 비가 오고 있다. 너는 우산을 가져가야 한다.

04. 너는 너무 많은 사탕을 먹으면 안 된다. 치아에 좋지 않다.

05. 너는 정말 안 좋아 보인다. 너는 더 이상 일하면 안 된다.

06. 나는 내일 아침 5시에 떠날 예정이다. 그래서 나는 오늘밤 일찍 잠을 자야 한다.

07. 너의 자동차는 너무 오래됐다. 네가 새 자동차를 사야 한다고 생각한다.

▌EXERCISE ▌ B

01. to go → go   02. ran → run

03. didn't have better talk → had better not talk

04. to go → go   05. You should not tell a lie.

06. You ought not to smoke.

07. You had better not eat too much.

[해석]

05. 거짓말하지 말아야 한다.

06. 담배피우지 말아야 한다.

07. 너무 많이 먹지 않는 것이 좋다.

01. ⑤	02. ④	03. ②	04. ①	05. ought not to
06. I should	07. ④	08. ③	09. had better not	

01. ① studies → study ② should do not → should not
③ Do I must go → Must I go ④ have→ has

03. 부정명령문은 must not 이나 should not을 써서 표현할 수 있다.

05. 조동사 ought to의 부정은 ought not to 동사원형이다.

Unit 36 shall, will, would

[pp.229 ~ 232]

▌EXERCISE ▌ A

01. Shall, Why, about, Let's   02. Let's

03. Shall I   04. shall

[해석]

01. 오늘 박물관에 갈까?
= 오늘 박물관에 가는 게 어때?
= 오늘 박물관에 가는 게 어때?
= 오늘 박물관에 가자.

30 정답 및 해설

02. 우리 미래에 관하여 이야기 하자, 그럴래?

03. 내가 그 문을 열기를 원하니?

= 내가 그 문을 열까?

04. 몇 시에 만날까?

EXERCISE B

01. He will be a singer.

02. She will get up early tomorrow.

03. I will have to clean the room.

04. Everyone will be able to take part in the game.

05. will   **06.** will   **07.** Shall   **08.** will

09. Will

[해석]

01. 그는 가수가 될 것이다.

02. 그녀는 내일 일찍 일어날 것이다.

03. 나는 그 방을 청소해야 할 것이다.

04. 누구나 그 경기에 참가할 수 있을 것이다.

05. 나는 그녀가 내년에 그 시험에 합격할 것이라 생각한다.

06. 나는 네가 다음에는 더 잘 할 것이라 확신한다.

07. 날씨가 아주 좋다. 같이 산책할까?

08. 나에게 그 사실을 말해 주시오. 그래 주시겠어요?

09. 나에게 너의 엽서를 보여줄래?

EXERCISE C

01. would   **02.** would   **03.** would   **04.** Would

05. rather

[해석]

01. 그녀는 여기에 온다고 말했다.

02. 나는 그녀가 그 다음날 우리를 방문할 것이라고 생각했다.

03. 나는 그녀가 그 다음날 나에게 전화해 주기를 바랬다.

04. 커피 한잔 하시겠어요?

05. 나는 책을 읽느니 차라리 TV를 보는 것이 낫겠다.

■ **학교시험출제유형** ■

> **01.** ③   **02.** ③   **03.** ③   **04.** ②   **05.** ②   **06.** ③   **07.** would
> **08.** ⑤

01. Shall I ~ : 제가 ~할까요?, Shall we ~? : 함께 ~할까요?

02. What time shall we make it? 몇시에 만날까요?

04. What time shall we make it? 몇 시로 정할까?, 몇 시에 만날까?

05. It must be true. 그것은 사실임에 틀림없다. It cannot be true. 그것은 사실일 리가 없다.

06. Let's에 대한 부가의문문은 shall we?

07. 과거(결심할 때)를 기준으로 미래의 일을 말할 때는 will의 과거형 would를 써야 한다.(주절과 종속절의 시제의 일치)

08. would rather+동사원형 : ~하는 편이 낫다

Unit 37 used to

[pp.233 ~ 234]

EXERCISE A

01. used to   **02.** used to, would   **03.** used to

04. used to, would

[해석]

01. 그는 축구선수였다.(지금은 아니다.)

02. 그는 일요일마다 도서관에 가곤 했다.

03. 나는 서울에 살았었다.(지금은 서울에 살고 있지 않다.)

04. 그들은 방과 후에 축구를 하곤 했다.

EXERCISE B

01. 그녀는 비행기로 여행하곤 했다.

02. 그녀는 비행기로 여행하는데 익숙하다.

03. 그 비행기는 세계를 여행하는데 사용된다.

■ **학교시험출제유형** ■

> **01.** ①   **02.** ②   **03.** ⑤   **04.** ①   **05.** used to
> **06.** used to be   **07.** ④   **08.** ②

03. ①②③④는 ~하곤 했다(조동사) ⑤의 use는 일반동사. 이 돈은 가난한 사람들을 돕는데 사용된다.

04. 「used to+동사원형」은 '~하곤 했다'라는 과거의 규칙적인 습관을 표현한다. be used to ~ing=~하는데 익숙하다

06. 「used to+동사원형」 (과거에) ~이었다

07. ①②③⑤ 는 현재에는 계속되지 않는 과거의 반복된 동작을 나타내며 would와 바꿔 쓸 수 있다. ④는 현재와 대조되는 과거의 상태를 나타내는 말로 would와 바꿔 쓸 수 없다.

08. She used to의 의문문은 Did she use to~?

Unit 38 조동사 have+p.p. / 문장전환

[pp.235 ~ 239]

EXERCISE A

01. 그는 그 답을 알고 있었을지도 모른다.

02. 그들은 바다에서 길을 잃었었음에 틀림없다.

03. 그는 정직했을 리가 없다.

04. 너는 좀 더 공부를 열심히 했어야 했다.

05. 너는 그녀를 만나지 말았어야 했다.

EXERCISE B

01. must be   02. must have been   03. can't know

04. can't have known   05. may be   06. may have been

07. should have studied   08. shouldn't have eaten

[해석]

01. 그는 화가 났음에 틀림없다.

02. 그는 화가 났었음에 틀림없다.

03. 그녀가 그 답을 알리가 없다.

04. 그녀가 그 답을 알았을 리가 없다.

05. 그는 지금 집에 있을지도 모른다.

06. 그는 어제 집에 있었을지도 모른다.

07. 너는 공부를 좀 더 열심히 했어야 했다.

08. 너는 너무 많이 먹지 않았어야 했다.

■ **학교시험출제유형** ■

01. ②	02. ①	03. ①	04. must have gone	05. ①
06. ④	07. ③	08. ①	09. ① 10. ④ 11. ④	12. ③
13. ④	14. ⑤			

02. 「must+have+p.p.」~이었음에 틀림없다(과거의 확실한 추측)

04. 그가 밖으로 나갔음이 확실하다.

05. 그는 항상 일찍 일어나기 때문에, 어제 그가 학교에 지각했을 리가 없다.

06. ③ 너는 좀 더 일찍 잠을 잤었음에 틀림없다.

     ⑤ 너는 좀더 일찍 잠을 잤을 리가 없다.

07. should have+p.p. = ought to have+p.p. = ~했어야 했는데.

   (못했다)

08. We should have practiced more.

   우리는 좀 더 연습을 했어야 했는데.

09. ① 의미상 I shouldn't have played outside가 옳다.

11. ④는 과거의 일에 대한 추측이므로 He may have been rich가 옳다.

13. 회의에 늦었으니 더 일찍 출발했어야 한다고 말하는 문장이 되도록
   해야 한다.

14. should not have p.p. ~하지 말았어야 했는데

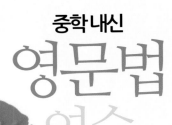

중학 내신

영문법 연습

자세한 문법해설 영문법의 원리를 체계적으로 이해할 수 있도록 설명하였습니다. 학생들이 어려워하는 부분은 더 많은 지면을 할애하여 충분히 이해할 수 있도록 하였습니다. 자주 틀리거나, 시험에서 오답 문항으로 자주 출제되는 문장은 별도로 표기(NOT:~)하여 정확한 개념 이해와 더불어 시험에도 대비할 수 있게 하였습니다.

바로 바로 EXERCISE 교사는 학습자가 제대로 이해하고 있는지 바로 바로 확인할 수 있고, 학습자 입장에서는 배운 내용을 반복 연습하여 몸에 익힐 수 있도록 모든 학습요소마다 Exercise를 실었습니다. Exercise문제는 학교 시험에서 자주 출제되는 주관식문제를 참조하여 1~2권 합계 총 1950문항을 수록하였습니다.

학교시험 출제경향 배운 내용이 학교 시험에는 어떻게 출제되는지 경향을 확인할 수 있도록 학교시험 출제경향문제를 수록하였습니다. 출제 가능한 모든 유형을 실전처럼 풀어 볼 수 있도록 1~2권 합계 총 1350문항을 수록하였습니다.

학교 교육과정과 연계학습 학습 단위(Unit)도 가급적 교과서의 학습단위 구분 방식을 반영하여, 학생이 학교 내신 준비를 위해 요한 단원을 쉽게 찾아 공부할 수 있도록 하였습니다.

접근은 쉽게, 목표는 최고로 쉽게 접근하지만 중학교에 요한 문법사항은 빠뜨리지 고 실었습니다. 중학교 교과수준을 넘어서지만 중학교 상위권 학생들이 꼭 알아야 할 내용이라 판단되는 것은 수록하여 특목고 준비나 고등학교 교과과정과 자연스럽게 연계되도록 하였습니다.

학교시험에 자주 출제되는 영어질문 수록 최근 학교 시험에서 문제에 대한 질문을 영어로 제시하는 경우가 많이 있습니다. 문제의 질문을 제대로 이해하지 못해 오답을 쓰는 일이 없도록 영어 질문 예시문을 부록으로 실었습니다.

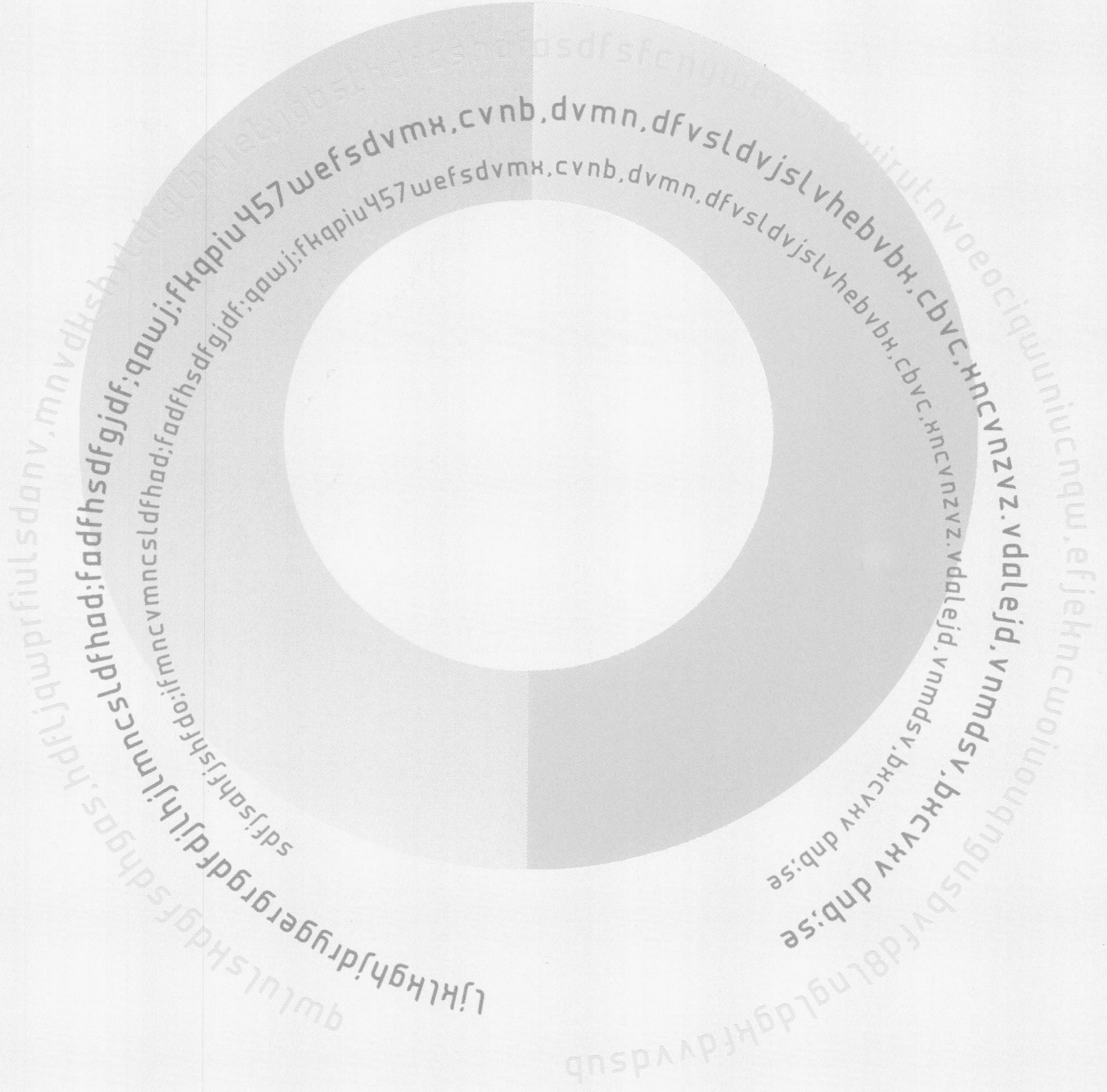
ljklkghjdrgergrgdfdjlhjlmncsldfhad;fadfhsdfgjdf;qawj;fkqpiu457wefsdvmx,cvnb,dvmn,dfvsldvjslvhebvbx,cbvc,xncvnzvz.vdalejd,vnmdsv,bxcvxv dnb;se
sdfjsahfjshfdo;ifmncvmncsldfhad;fadfhsdfgjdf;qawj;fkqpiu457wefsdvmx,cvnb,dvmn,dfvsldvjslvhebvbx,cbvc,xncvnzvz.vdalejd,vnmdsv,bxcvxv dnb;se

hdfljqwprfiulsdanv.mnvdkshvldfglbhjet;jgbslhdfashdfasdfsfcngwevboewirutnvoeocjqwuniucnqw.efjehncqwulshdgfsdhgas,hajlhyjlmncsldfhad.fadfhsdfgjdf;qawj;fkqpiu457wefsdvmk.cvnb.dvmn.dfvsldvjslvhebvbk.cbvc,xncvnzvz.sdfjsahfjshfqo;ifmncvmncsldfhad.fadfhsdfgjdf;qawj;fkqpiu457wefsdvmk.cvnb.dvmn.dfvsldvjslvhebvbk.cbvc,xncvnzvz.sdfjsahfjshfqo;ifmncvmncsldfhad.fadfhsdfgjdf;qawj;fkqpiu457wefsdvmk.cvnb.dvmn.dfvsldvjslhdgfsdhgas,hajlhyjdrgergrgdfdjhj